Hubert Gaisbauer

Ein Heiliger kann jeder werden

Zum Umschlagbild: Johannes XXIII. besucht am 26. Dezember 1958 die Gefangenen im römischen Staatsgefängnis *Regina Coeli:* »*Ho messo il mio cuore vicino al vostro.* – Mein Herz ist eurem Herzen nahe.« (© Foto Archivio Grafico & Arte, Bergamo)

Hubert Gaisbauer

Ein Heiliger kann jeder werden

Lebendig glauben mit Johannes XXIII.

Tyrolia-Verlag · Innsbruck-Wien

Inhalt

Herzlichen Dank
an meine Frau Renate
für ihre Freude an meiner Arbeit,
für viele Gespräche und
wichtige Entscheidungshilfen.

Vorwort

»… übereilt euch nicht so, beginnt damit,
recht entsprechend eurer Berufung zu leben,
sachte, einfach und demütig;
dann setzt euer Vertrauen auf Gott,
der euch heilig machen wird,
wann es ihm gefällt.«
Franz von Sales

Mit sechs Jahren fasste Angelo Giuseppe Roncalli, der spätere Papst Johannes XXIII., den kindlichen Entschluss, »ein Heiliger« zu werden, und zwar nach dem schlichten und wahrhaften Vorbild seines Dorfpfarrers. Was dann folgte, war der genau vorgezeichnete Weg eines jungen Menschen, der sich am Ende des neunzehnten Jahrhunderts entschlossen hatte, Priester zu werden. Eine weltabgewandte Seminarerziehung und die anschließende, streckenweise etwas holprige geistliche Karriere haben ihn nicht daran gehindert, eine Heiligkeit zu erlangen, wie sie der jetzige Papst Franziskus auch den Priestern von heute als Ziel vor Augen stellt: »Heiligkeit bedeutet ein in den Heiligen Geist ›eingetauchtes‹ Leben, die Öffnung des Herzens für Gott, beharrliches Gebet, tiefe Demut, brüderliche Liebe im Umgang mit den Kollegen. Heiligkeit bedeutet auch Apostolat – ein mit Eifer und in direktem Kontakt mit dem Volk Gottes ausgeübter taktvoller, treuer seelsorglicher Dienst.«

Roncalli hatte das Glück und die Gnade, immer Menschen begegnet zu sein, die ihn, den Seminaristen und dann den jungen Priester, gefördert, ermutigt, aber auch gefordert haben. Bei frühen pastoralen Erfahrungen wurde ihm der Blick geöffnet für die Zeichen der Zeit und für die Bedürfnisse der Menschen in der Welt. Im vorliegenden Buch wird daher an seine wichtigsten Lehrer, Anreger und Vorbilder erinnert und an seine frühen historisch-wissenschaftlichen Arbeiten, die keinen geringen Einfluss auf seine spätere Entwicklung zum »Konzilspapst« hatten. Während der Jahre im Dienst der vatikanischen Diplomatie lernte er, den neutralen Status des politischen Beobachters mit dem des Seelsorgers im tatkräftigen Einsatz für Notleidende zu verbinden. Orientierung und Ermutigung fand Roncalli auch bei großen Persönlichkeiten der Kirchengeschichte, jenen vor allem, die ihre Aufgabe in der Umsetzung der Reformen des Konzils von Trient gesehen haben.

Zu Roncallis Auffassung von Heiligkeit gehörten vor allem Güte, Humor, Realitätssinn und sein sprichwörtlicher »Geist der Einfachheit«, der es gestattet, seinen Ausspruch »Papst kann jeder werden« in den Titel dieses Buches zu verwandeln: »Ein Heiliger kann jeder werden.« Ohne große Mühe lässt sich bei Roncalli auch hier der wichtige Zusatz des Originalzitates anhängen: »Der beste Beweis bin ich.« Das Leben von Johannes XXIII. kann als heiligmäßig empfunden werden, weil es nicht nur »eingetaucht« war in den Heiligen Geist, sondern auch in die Schwächen und Nöte seines Charakters, seiner Herkunftsfamilie und in seine Schwierigkeiten mit einer oft unverständigen und überheblichen Umgebung.

Wie in dem Buch »Ruhig und froh lebe ich weiter – Älter werden mit Johannes XXIII.« (Wien 2011) sind auch im vorliegenden Band die wichtigsten Quellen Briefe und Tagebücher von Angelo Roncalli. Möglichst viele Originaltexte aus seiner Feder werden herangezogen, um ein möglichst authentisches und lebensnahes Mosaik zu bieten. Während der Schwerpunkt im ersten Band, dem Untertitel entsprechend, vorrangig auf der zweiten Lebenshälfte lag, wird im vorliegenden Buch besonderes Augenmerk auf die prägenden frühen Jahre gelegt.

Der Untertitel »Lebendig glauben mit Johannes XXIII.« kann als Einladung verstanden werden, wie Roncalli auf seinem Weg vom sechsjährigen Angelino zu Johannes XXIII. »immer in Bewegung zu bleiben«, um in der Lebenswirklichkeit des Glaubens möglichst wahrhaftig einer immer fortschreitenden Entwicklung gerecht zu werden, ohne die »Substanz« zu verraten. Mit dem von Roncalli entdeckten und angewandten Prinzip der »historischen Differenzierung« soll spürbar werden, wie Roncalli glauben lernte und wie seine überzeugende Frömmigkeit aus der ersten Hälfte des 20. Jahrhunderts ins Heute des 21. Jahrhunderts transponiert und vielleicht sogar nachvollzogen werden kann. Es sind ja zeitlos gültige Qualitäten, die sein Profil bestimmten: Gleichmut, Klarheit und Ruhe gegenüber Ereignissen, Nachsicht und Verständnis gegenüber anderen Menschen, Freundlichkeit, Demut und Geduld. Wer will, kann bei Johannes XXIII. lernen, die eigenen Wünsche klar vom Willen Gottes zu unterscheiden und sich in »Gehorsam und Frieden« ruhig und froh der göttlichen Vorsehung zu überlassen.

Im Hause Roncalli, das mehr Köpfe zählte als jedes andere Haus der Ortschaft, gab es täglich dreißig Mäuler zu stopfen.

Am Abend eines jeden Tages war es der alte Onkel Zaverio, das Haupt der Familie, der den Rosenkranz anstimmte; und alle antworteten und bildeten dabei einen vielstimmigen Chor, dessen Nachklang in der Erinnerung, nach so vielen Jahren, die dazwischen liegen, noch immer ans Herz rührt.

Der Kinder waren es zwanzig, Geschwister und Cousins zusammen, und zwar genau zehn Knaben und zehn Mädchen.

Von den Knaben, die die beiden Vettern Battista und Luigi Roncalli der Reihe nach bekamen, war Angelino der erste und wurde sofort, dank seiner spontanen Vorliebe für kirchliche Dinge und seines unschuldigen und ruhigen Aussehens und Gehabens, der Bevorzugte und blieb auch weiterhin Gegenstand besonderer Aufmerksamkeit. Außerhalb des Hauses nannten die Altersgenossen Angelino Roncalli il chierichetto, den ›kleinen Geistlichen‹.

Mit 8 Jahren wurde er zur heiligen Kommunion zugelassen, an einem kalten Morgen der Fastenzeit und ohne besondere Feierlichkeit. Zugegen waren nur die Knaben und Mädchen mit dem Pfarrer und dem Hilfsgeistlichen. Der Papst erinnert gerne an die große Einfachheit dieser Zeremonie und an die folgende Einzelheit, die in seinem Gedächtnis haften blieb: Nach der Zeremonie begaben sich die Erstkommunikanten in das Pfarrhaus, um sich einzeln in die Vereinigung des Gebetsapostolates einschreiben zu lassen; und der Pfarrer Rebuzzini vertraute gerade dem Angelino die Aufgabe an, die Namen seiner Schulkameraden in eine Liste einzutragen. Das war die erste Anwendung der Schreibkunst, an die er sich erinnert, das erste Blatt, dem unzählige folgen sollten in über einem halben Jahrhundert fleißiger Arbeit mit der Feder in der Hand.

Aus »Stichworte für eine Biographie des Roncallipapstes«, verfasst von Johannes XXIII. im ersten Jahr seines Pontifikats, diese selbstbiographische Skizze wurde leider nicht vollendet.

Il chierichetto – Angelino, das Pfarrerlein

Als am 25. November des Jahres 1881 – es war ein windiger, regnerischer, kalter Tag – im engen Schlafzimmer der Eltern Marianna und Giovanni Battista Roncalli ein neuer Erdenbürger geboren wurde, war die Freude groß: nach drei Mädchen endlich ein Bub! Und damit berechtigte Hoffnung auf eine zusätzliche Arbeitskraft auf den Feldern, die von der Familie gepachtet waren. Fünf Hektar Land, dazu im Stall sechs Kühe, Milch und Kälber mussten mit den Grundherren geteilt werden. Viele arme Bauern lebten so vor hundert, hundertfünfzig Jahren in Norditalien, man nannte sie *mezzadri,* Halbpächter. Während der ersten Lebensjahre des Neuankömmlings bewohnte die Großfamilie, die man mit bis zu dreißig Personen

Angelo Roncallis Geburtshaus in Brusicco, Sotto il Monte; vor 1900

eigentlich schon eine Sippe nennen müsste, in Brusicco, einem Ortsteil von Sotto il Monte, ein für die Gegend typisches Wohn- und Wirtschaftsgebäude, das man in seiner Schlichtheit mit stolzer Ironie *Palazzo* nannte. Angelo Giuseppe, so sollte der neue Roncalli mit vollem Namen heißen, wurde noch am Tag der Geburt von Don Francesco Rebuzzini getauft. Nachdem der als Pate ausersehene Großonkel Zaverio gehört hatte, dass es ein Bub sei, rannte er zur nahen Kirche Santa Maria Assunta, um alles für die Taufe zu arrangieren. Aber der Pfarrer war auf einem Krankenbesuch. Barba Zaverio wartete drei Rosenkränze lang in der kalten Kirche. Mit Inbrunst murmelte er halblaut Ave Maria um Ave Maria – »*Maria presenta Gesù al tempio di Gerusalemme*« [...] den du o Jungfrau im Tempel aufgeopfert hast [...]« – und bat die Madonna, dass sie dieses Kind unter ihren ganz besonderen Schutz nehmen möge. Als der Pfarrer am späten Nachmittag endlich zurück war, holte Zaverio eilends den Täufling, gefolgt von Mutter Marianna und Vater Battista. Es war eine schlichte Zeremonie. Im Licht der Taufkerze fragte Don Rebuzzini: »*Credi in Dio, Padre onnipotente, creatore del cielo e della terra?* Glaubst du an Gott, den allmächtigen Vater, den Schöpfer des Himmels und der Erde?« Und Barba Zaverio antwortete für den kleinen Angelo Giuseppe: »*Credo.* Ich glaube!«

Barba Zaverio

Zaverio Roncalli war die unantastbare Autorität innerhalb des vielköpfigen Familienclans und auch innerhalb der Gemeinde. Er war fromm und für einen Bauern überdurchschnittlich interessiert und gebildet, besaß sogar einige Bücher und hatte eine religiöse Zeitschrift abonniert, den *Bollettino salesiano*, der kirchliche Themen auch aus

Großonkel „Barba" Zaverio Roncalli

weltweiter Sicht behandelte, dann katholische Zeitungen aus der Region und Diözese Bergamo, wo bereits damals die Ideen und ersten Aktivitäten der Katholischen Aktion lebendig waren, ja in mancher Hinsicht sogar ihren Ausgang nahmen. Daher war Zaverio auch aufgeschlossen: Mit großer Aufmerksamkeit und Sympathie verfolgte er 1878 den Pontifikatswechsel von Pius IX. zu Leo XIII., dem Papst, der in wichtigen Ansätzen bereits begonnen hatte, die Kluft zwischen Kirche und moderner Welt zu überbrücken. Ein Bild von Leo XIII., das Onkel Zaverio aus einer Zeitschrift ausgeschnitten hatte, prägte dem kleinen Angelino sehr früh die charakteristischen Gesichtszüge des »Vaters der katholischen Soziallehre« ein.

Barba Zaverio nahm seine Patenpflicht sehr ernst: Als Angelino nach achtzehn Monaten im Ehebett der Eltern dem nächsten Bruder weichen musste, nahm er sein Taufkind in seine Kammer – und in seine geistliche Lehre. Man bedenke, wie besonders prägend die ersten drei Jahre im Leben eines Kindes für seine spätere Entwicklung sind. Der achtsame Umgang mit den frühen Bindungsgefühlen eines Kindes hat neben der Sorge um körperliche Unversehrtheit oberste Priorität. Zu einem großen Teil lag diese Obsorge für Seele und Leib des kleinen Angelo in den Händen des Großonkels Zaverio. Er las ihm aus dem Leben der Heiligen vor, erzählte ihm von Jesus und den Aposteln und betete mit ihm. Jeden Morgen beim Aufstehen war Barba Zaverios Morgengruß das gemeinsame Beten des Angelus: *L'Angelo del Signore portò l'annuncio a Maria.* Und Angelino – noch schlaftrunken – hatte zu antworten: *Ed ella concepì per opera dello Spirito Santo.* Dann war es für die beiden auch an den Wochentagen Zeit, in die Frühmesse nach Santa Maria Assunta zu gehen. Angelino zuerst noch am Arm oder auf den Schultern des Großonkels, doch bald schon auf eigenen Füßen und als fleißiger und gewissenhafter Ministrant des Pfarrers Don Francesco Rebuzzini.

Diese Erziehung war so prägend, dass sich – mehr als siebzig Jahre später – der Roncallipapst daran erinnern wird. In der fragmentarischen autobiographischen Skizze nennt er Großonkel Zaverio »ein so wirksames Vorbild, dass der Vorrat an Erbauung nicht nur für einen Priester, sondern auch für einen Bischof und Papst ausreichen konnte.« Als Zaverio Roncalli im Mai 1912 im Alter von achtundachtzig Jahren starb, war sein Patenkind längst Sekretär des Bischofs von Bergamo. In Dankbarkeit und Liebe schrieb Don Angelo, der »liebste Großneffe«, den Text für das Erinnerungsbildchen: »Das heilige Licht des Lächelns Gottes belebe im Himmel ewig seine gepriesene Seele [...]. Er war der Gerechte der Heiligen Schrift. Ehrlich, gottesfürchtig, in der Niedrigkeit seiner Herkunft und im bescheidenen Leben auf den Feldern hatte er lebendig und eindringlich die Gesinnung Christi und die Weisheit der himmlischen Dinge gelernt im Gebet und in der unablässigen Lektüre bester geistlicher Bücher.«

Heilige Priester

Zu den wichtigsten frühkindlichen Erinnerungen des späteren Papstes gehört auch, wie er als kaum Fünfjähriger seinen Pfarrer Don Rebuzzini eines Tages bei der Frühmesse über den eben verstorbenen Priester Don Luigi Palazzolo predigen hörte. Von dieser Predigt hat sich bei ihm ganz tief eingeprägt, wie der Pfarrer voll ehrfürchtiger Bewunderung von der Kanzel rief: »Der Priester Don Luigi Palazzolo ist jetzt bei Gott. Er war und ist ein Heiliger.« Von nun an waren die Worte »Priester« und »heilig« im Gedächtnis und im Herzen Angelos nicht mehr voneinander zu trennen. Vielleicht war dieser 15. Juni 1886 der Tag seiner Berufung zum Priestertum. Damals hätte es sich der kleine Bauernbub nicht träumen lassen, dass er selber siebenundsiebzig Jahre später – am 19. März 1963 – diesen Priester Don Palazzolo, den Gründer der »Gesellschaft der Schwestern der Armen« und Pionier kirchlicher sozialer Einrichtungen in der Diözese Bergamo, mit den Worten seligsprechen werde, sein Leben »war ein wahres Gedicht der Demut, der Verborgenheit eines Opfers, das heute in vollem Licht erstrahlt.«

Ein heiligmäßiger Priester war auch Don Francesco Rebuzzini selber, Angelinos Taufpriester. Er hatte in dem aufgeweckten Buben, der sich gerne in seiner Nähe aufhielt und ein eifriger Ministrant war, mit prophetischem Gespür einen zukünftigen guten Priester gesehen. Spaßhalber und doch voller Ernst reagierte er auf dessen bewunderndes Aufschauen zu ihm mit der vieldeutigen Warnung: »Angelino, ich sag' dir, werd ja kein Priester! Schau auf unser steifes Kollar, wie es am Hals einschneidet und uns würgt!« So wollte er dem Buben klarmachen, dass das Leben eines Priesters aus vielen Entbehrungen und Zwängen besteht. Angelo sah aber nur, wie die Dorffrauen den Pfarrer ehrerbietig grüßten. Den eifrigen Ministranten nannten die Kameraden in der Volksschule bald spöttisch *il chierichetto,* »das Klerikerlein« oder »den kleinen Pfarrer«, vielleicht auch, weil er sich immer gerne etwas hervorgetan hatte. Als einmal ein Schulinspektor die Kinder fragte, was wohl schwerer sei, ein Doppelzentner Stroh oder ein Doppelzentner Eisen, schrie die Klasse »Eisen«, aber Angelino soll etwas überheblich geantwortet haben, Doppelzentner bleibe Doppelzentner, gleich ob Stroh oder Eisen. In den Pausen hatte ihm solche Besserwisserei manchen Fußtritt eingetragen, wie Klassenkameraden später bezeugten. Und der Klassenlehrer, ein antiklerikaler Freigeist, habe diesem Mobbing vielleicht sogar mit Befriedigung zugeschaut, jedenfalls ohne einzugreifen.

Steiniger Beginn

Der Vater hielt nichts von den Plänen Don Rebuzzinis, Angelino zum Pfarrer von Carvico zu schicken, damit ihm dieser die Grundzüge des Lateinischen beibringe. Eine gute Note in Latein war ja merkwürdigerweise das wichtigste Kriterium, ob sich ein Bub für den Priesterberuf eignet. Eine heimliche Allianz von Pfarrer, Mutter und Patenonkel Zaverio schaffte es schließlich, den Widerstand des Vaters so zu mildern, dass Angelo zum Pfarrer von Carvico geschickt werden konnte. Dieser Pfarrer, Don Pietro Bolis, war eine mächtige Erscheinung und hatte Hände wie der homerische Riese Polyphem – und er gebrauchte sie nicht nur für geistliche Handlungen, sondern nur allzu gerne auch für kräftige Ohrfeigen und Kopfnüsse. Besonders schwere grammatikalische Verstöße wurden mit öffentlichem Knien vor dem Pfarrhaus geahndet. Als aus Angelino sechzig Jahre später der ehrwürdige Patriarch von Venedig geworden war, erinnerte er sich mit Schmunzeln daran, aber die Pädagogik von damals lehnte er kategorisch ab: Schläge würden alles nur schlechter machen, man müsse erklären und nicht verdammen – *si deve spiegare e non spregiare!* In der visionären Eröffnungsansprache zum II. Vatikanischen Konzil wird er Ähnliches sagen. Irrende wird die Kirche nicht mehr »mit größter Strenge verurteilen«, sondern »eher das Mittel der Barmherzigkeit« gebrauchen und in der Lehre lieber argumentieren als strafen.

Als Angelo noch keine zehn Jahre alt war, entschieden Pfarrer und Eltern, ihn als externen Schüler an das Bischöfliche Kolleg von Celana zu schicken. Das Internat konnten sich die Roncallis nicht leisten, also wurde Angelo bei Verwandten untergebracht, hatte aber noch immer einen Schulweg von drei Kilometern, täglich zweimal. 1942 erinnerte sich Erzbischof Roncalli in einem Brief an seine Nichte Enrica an die Härte dieses Schulbesuchs: »Nach den Weihnachtsferien begleitete mich unser Vater zu den Wäldern von Faida hin, oberhalb von Villa d'Adda, und ließ mich dann allein nach Pontida weitergehen, wo ich im Haus unserer Verwandten wohnte. Wie ich da allein im Wald und in der Kälte stand und an die Wärme daheim zurückdachte, da weinte ich.«

Das Schuljahr 1891/92 war ein Jahr des Horrors. Täglich drei Kilometer zu Fuß ins Kolleg und drei zurück. Im Haus der Verwandten war ständig Streit wegen irgendwelcher Erbangelegenheiten. Die Mitschüler im Kolleg waren verwöhnte Knäblein aus der ortsansässigen Oberschicht, die den schlecht gekleideten und der italienischen Hochsprache anfänglich nur dürftig mächtigen Bauernbuben ausgrenzten und sogar mutwillig falschen Verdächtigungen aussetzten. Und der Lateinlehrer im

Kolleg? Roncalli erinnert sich später: »Er verstand vielleicht etwas von Latein, aber von Pädagogik hatte er keine Ahnung. Alles was ich in Carvico unter so vielen Schmerzen gelernt hatte, war wie weggeblasen!«

Seminarist und Kleriker

Um der Quälerei im Konvikt von Celana ein Ende zu bereiten und vielleicht auch, um einem Verweis von der Schule wegen schlechter Lernerfolge zuvorzukommen, entschied die tatkräftige Mutter, ihren Buben von der Schule zu nehmen. Der Vater schöpfte wieder Hoffnung auf die Arbeitskraft in der Landwirtschaft und Angelo schlich mit hängendem Kopf zur Feldarbeit. Aber wann immer er konnte, verzog er sich mit einem Buch in einen Winkel, wo ihn niemand sah. Hätten Don Rebuzzini – und mit ihm Mutter Marianna – damals aufgegeben, Kirche und Welt hätten nie einen Johannes XXIII. und vermutlich auch kein II. Vatikanisches Konzil bekommen. Aber der Pfarrer und mit ihm die Mutter glaubten an Angelos priesterliche Berufung und trieben in der Person des Bergamasker Domherrn Morlani einen Wohltäter auf, der sich

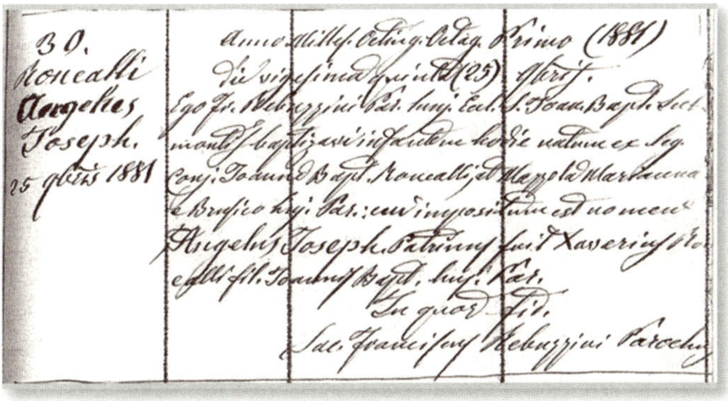

Eintragung der Taufe in den Kirchenmatriken von Sotto il Monte

bereit erklärte, die notwendigen Mittel dafür bereitzustellen, dass Angelo das Kleine Seminar in Bergamo beziehen konnte. Die Grafen Morlani waren die Besitzer der von den Roncallis gepachteten Liegenschaften. Am 3. November 1892 trat also der elfjährige Angelo Roncalli ins Kleine Seminar von Bergamo ein. Tags darauf besuchte er mit Freunden das Grab von Don Palazzolo, der ihm seit jener Predigt Don Rebuzzinis vor fünf Jahren als Priester und als »Heiliger« im Gedächtnis geblieben ist, um davor zu beten.

Ein Jahr später übersiedelten die Eltern Roncalli mit Großonkel Zaverio und dessen Bruder, dem Großvater Angelos, und anderen Verwandten in die angrenzende Colombera, ein Gut mit ca. 4 ha Land, das ebenfalls den Grafen Morlani gehörte.[1] Angelo kam jetzt nur mehr in den Ferien nach Hause, der Fußmarsch von Bergamo nach Sotto il Monte nahm immerhin gut drei Stunden in Anspruch. Doch was alles hat er nicht schon als Kind auf sich genommen um der Erfüllung seines und vielleicht auch der Mutter sehnlichsten Wunsches willen, nämlich Priester zu werden: die Ohrfeigen von Don Bolis, Entbehrungen und Ungerechtigkeiten vieler Art, Mobbing und Spott von Schulkameraden.

In der geordneten Atmosphäre des Knabenseminars fiel es ihm dann allerdings leicht zu zeigen, was in ihm steckte: ein ausgezeichneter Schüler, der gerne lernte und leicht auffasste. Im Jahr 1895, mit vierzehn Jahren, war er

1 Erst 1919 wurden Haus und Land von den Roncallis um 55.000 Lire mit Hilfe eines Bankdarlehens gekauft. Dank eines guten Ertrags aus der ebenfalls betriebenen Seidenraupenzucht konnte die Schuld noch im selben Jahr um 11.000 Lire vermindert werden. 1946 teilte sich die Großfamilie: In der Colombera blieben die Familien von Angelos Brüdern Zaverio, Alfredo und Giovanni. Bruder Giuseppe ließ sich mit Frau und zehn Kindern in einem neuen Bauernhof in der Ortschaft Le Geròle nieder.

seinem Ziel auch äußerlich sichtbar einen Schritt näher gekommen: Angelo trat vom Konvikt des Kleinen Seminars ins Große Seminar von Bergamo über. Er erhielt – man stelle sich vor: mit vierzehn und wahrscheinlich noch vor dem Stimmbruch – als verbindliche Kleidung Talar, breitkrempigen Klerikerhut und die sogenannte Erste Tonsur, bei der ihm ein Büschel aus dem Kopfhaar geschnitten wurde, als Zeichen des Eintritts in den geistlichen Stand. Wenn er in den Ferien nach Hause kam, begegnete man ihm im Dorf und in der Familie plötzlich mit einer merkwürdigen Hochachtung. Er bekam eine kleine Kammer zugewiesen, damit er auch in den Ferien »ungestört studieren« konnte. Er saß mit allen am langen Mittagstisch und aß die tägliche Polenta mit Kohlsuppe oder Bohnen; nur manchmal habe ihm die Mutter »etwas Besseres« zugesteckt, berichtete später einmal einer seiner Brüder. Hier, am heimatlichen Familientisch kam es immer wieder zu kleinen Unstimmigkeiten, da Angelo erst lernen musste, seinen Hang zur Besserwisserei zu erkennen und dann konsequent zu bekämpfen. Mit Beginn seines Lebens als Kleriker führt er auch ein Tagebuch, um seine geistliche Selbsterziehung, seine Frömmigkeitsübungen, seine Erfolge und Misserfolge festhalten zu können.

Das Ende der Kindheit

Der junge Kleriker mit seinen geistlichen Idealen, denen er nachzustreben sich heftig vorgenommen hatte, fand allerdings zuhause längst nicht immer das vor, was man sich unter einer geordneten christlichen Familie vorstellen mag.

Drei Generationen auf gedrängtem Raum – da ist es nicht immer friedlich zugegangen, wie vielen Briefen und Tagebucheintragungen zu entnehmen ist. Je länger er von zu Hause weg war, umso größer wurde eine unübersehbare Entfremdung als Folge der Wahrnehmung verschiedener – auch hygienischer – Unzulänglichkeiten. Vor allem war es die stets prekäre finanzielle Situation der Familie, die gerade ihn, der privilegiert im Seminar keinerlei Entbehrung erleiden musste, besonders stark drückte. So wurden die Ferien oft als quälend empfunden. Dazu noch die alten Roncallibrüder, der Großvater und der Paten-Großonkel, sie lagen in unversöhnlichem Streit und sprachen kein Wort miteinander, sodass Angelo einmal seinen Bruder fragte, wie das wohl einmal im Himmel sein werde mit den beiden, wenn sie überhaupt einmal dahin kommen sollten. Dem Tagebuch vertraut er an: »Diese verflixten Ferien [...]. Angesichts einer solchen Armut, inmitten solchen Argwohns, bedrückt von so vielen Sorgen, muss ich oft seufzen und manchmal kommen mir die Tränen.« Oft – so scheint es – brachte er seine Angehörigen mit den Ratschlägen eines auf seine Art pubertierenden neunmalklugen Seminarzöglings, was er zwar bald als Charakterschwäche erkannte, aber nur mit Mühe lassen konnte. Einmal, gegen Ende der Sommerferien, notierte er im Tagebuch: »Heute ist es mir wieder besonders aufgefallen: ich habe ein gehöriges Mundwerk – *ho sciolto lo scilinquagnolo* – und rede wohl zu viel; ohne es zu merken, fange ich an zu predigen – Sparsamkeit im Reden, das wäre ein Opfer!« Auf der anderen Seite wurde die gute Gesprächsbasis mit den Eltern zusehends schmäler. Die Mutter beklagte sich einmal bitter, dass er ihr kalt und gefühllos begegne. Schuld daran war sicher weniger mangelnde Sohnesliebe als vielmehr ein Prinzip priesterlicher Erziehung im 19. Jahrhundert, in dem Gefühlsregungen selbst innerhalb der Familie nicht gerne gesehen waren. Natürlich waren es auch das intellektuelle Milieu im Seminar von

Bergamo und seine eigene fortschreitende Bildung, die ihn von den schwer arbeitenden Landleuten entfremdeten. Leise nagten Schuldgefühle an ihm, die viele Jahre später noch zu spüren sind, wenn er einmal bekennt, dass er zwar sehr viel in Büchern gelesen habe, das Wichtigste in seinem Leben habe er aber in seiner Familie, bei den Eltern und Geschwistern gelernt. Man wird nicht lange rätseln müssen, was das wohl gewesen ist. Zahllosen Briefen ist es zu entnehmen. Trotz aller menschlichen Schwächen war es die tiefe Gläubigkeit, die sich immer wieder auch als Großherzigkeit den Armen gegenüber erwies, auch wenn man selber nur über das Notwendigste verfügte. Dann war es die Geduld. Geduld, die er lernen musste vor allem im Umgang mit Menschen, die – wenn auch anfällig und schwach – doch seine Nächsten waren. Sicher war ihm die Jesaja-Stelle vom richtigen Fasten (Jes 58,7) geläufig, in der es heißt, dass es genauso wichtig ist, sich »seinen Verwandten nicht zu entziehen« wie mit den Hungrigen das Brot zu teilen, die obdachlosen Armen ins Haus aufzunehmen, die Nackten zu bekleiden. Wie schwierig es sein kann, sich um des lieben Friedens willen mit der eigenen Meinung – oft wider besseres Wissen – zurückzuhalten, zeigen die ehrlichen Eintragungen im Geistlichen Tagebuch. Nachdem er in einer Diskussion wieder einmal den Mund zu voll genommen und die Eltern gekränkt hatte, schrieb er in sein Tagebuch von der Erkenntnis der Notwendigkeit des Schweigens. Sie wird für sein ganzes späteres Leben gültig sein, besonders schmerzhaft empfunden hat er sie als Papst. Er schreibt: »Ich erkenne, dass ich immer dafür leiden muss, wenn ich zu allem schweige, geschehe es auch in bester Absicht; ich muss alles in mir verschließen, auch wenn ich mich dem Ersticken nahe fühle.«

Der Sommer des Jahres 1898 liest sich in der Rückschau des Geistlichen Tagebuchs wie eine einzige endlose Reihe von Selbstbezichtigungen: Nachlässigkeiten im Gebet, Lieblosigkeiten in Gesprächen, Ablenkung mit Zeitunglesen, nicht eingehaltene Vorsätze, das Gefühl, mit Gott nur »zu spielen«, Angst vor dem Fegefeuer etc. Dann aber ein Schlag, der ihn wirklich trifft, der seine Skrupel und Seelenblähungen auf den richtigen Platz verweist. Am Morgen des 25. September, es ist ein Sonntag, betritt Angelo die Kirche Santa Maria Assunta, um bei der Frühmesse zu ministrieren – und findet seinen geliebten Taufpriester Don Francesco Rebuzzini tot auf den Stufen des Altares. »Er kam mir vor – den Mund offen und blutig, die Augen geschlossen – wie Jesus, als er tot vom Kreuz abgenommen wurde.« Alle Schwierigkeiten und Prüfungen in seinem bisherigen geistlichen Leben erschienen ihm mit einem Schlag nichtig. »Was soll ich nun, nach dieser wirklichen Prüfung, nach dem größten Schmerz meines Lebens tun?« Mit dem Tod seines geistlichen Vaters endet die Kindheit – aus Angelino ist endgültig Angelo geworden, der auf dem guten, dem richtigen Weg weitergehen wird, auf den ihn einst Don Rebuzzini unter so vielen Widrigkeiten gesetzt hatte.

Apropos

Man schließe die Augen, nehme sich fünf Minuten Zeit und denke an seine Kindheit zurück, so früh, wie die Erinnerung reicht:
Wer hat mir von Gott erzählt?
Wer hat mit mir gebetet?
Wer hat mir aus der Bibel vorgelesen?

Wem könnte ich von Gott erzählen, wem vorlesen,
mit wem beten oder eine Kirche besuchen?

Man denke: Auch Jesus hatte Eltern, Großeltern und Verwandte, die ihn gelehrt haben, das Sh'ma Jisrael zu beten und in den Prophetenbüchern zu lesen.

Heute Morgen bei der Besinnung habe ich wieder die Eingebung vernommen, meine Gedanken, meine Kämpfe aufs Papier zu bringen, und diesmal soll mich wirklich nichts davon abbringen.

Ich habe wieder einmal festgestellt, dass mir noch sehr, sehr viel zu tun bleibt, um ein guter Kleriker zu werden.

Was die Demut betrifft, so sitzt im Inneren noch eine gute Portion Eigenliebe, die sich noch immer vordrängt. Nächstenliebe, ja, dafür habe ich Eifer, oder wenigstens scheint es mir so, aber die wahre Nächstenliebe der Heiligen, die Liebe, die jeder Erprobung standhält, die starke Liebe zu Gott, zum Herzen Jesu, ist noch weit entfernt. Hoffen wir aber, dass sie noch komme.

Was die Reinheit betrifft, so ist es wahr, dass ich dank der Unbefleckten Jungfrau keine lebhaften Versuchungen verspüre, muss aber zugeben, dass ich in meinem Kopf zwei Augen habe, die mehr als geziemend sehen wollen und bisweilen unbewusst, wie ich glaube, die Oberhand über den Geist gewinnen.

Was die Sanftmut, die Milde und die Ruhe anlangt, das heißt also alles, worin die sanfte Gewalt des heiligen Franz von Sales, meines besonderen Beschützers und ganz besonderen Vorbilds erstrahlt, so habe ich nichts Schlimmes zu verzeichnen, aber auch nicht das, was ich erreichen sollte. Manchmal erhitze ich mich zu sehr in der Diskussion, bisweilen bin ich im Umgang mit meinen Angehörigen nicht gerade angenehm, nicht gerade liebenswürdig, und unendlich viele solcher Dinge.

Von meinen Gebetsübungen will ich lieber nicht reden, z. B. mit dem Rosenkranz bin ich ganz und gar nicht zufrieden.

Und jetzt befassen wir uns mit dem »Tu autem [sequere me]. – Du aber: Folge mir nach!« So erneuere ich meinen Vorsatz, wahrhaft heilig zu werden, und bekenne nochmals vor dir, gütigstes Herz Jesu, dich lieben zu wollen, wie du es wünschst, und mich mit deinem Geist erfüllen zu lassen.

Übrigens habe ich heute früh festgestellt, dass es etwas anderes ist, leichthin Vorsätze zu fassen als sie wirklich durchzuführen.

Geistliches Tagebuch, Eintragung vom
22. August des Heiligen Jahres 1900,
anlässlich der monatlichen Einkehr

Lebensregeln für junge Männer

Bergamo, Città Alta, die historische Oberstadt: eine überschaubare Piazza mit der wunderbar vielgestaltigen Basilika Santa Maria Maggiore, daneben der architektonisch eher konventionelle Dom. Vernunft und Frömmigkeit kennzeichnen die Atmosphäre, kein großstädtisches Gehabe. Der Markuslöwe ist allgegenwärtig, war doch Bergamo 400 Jahre lang westlicher Vorposten der Republik Venedig – und in den unruhigen Jahren der Reformation das nördliche Bollwerk im Abwehrkampf gegen die vom Norden her einsickernden neuen religiösen Ideen. »Backofen des Heiligen Geistes« wurde die Bischofsstadt genannt, weil aus ihr, verglichen mit anderen italienischen Provinzhauptstädten, jahrhundertelang die meisten geistlichen Berufe hervorgingen. Rund ein Vierteljahrhundert verbrachte Angelo Roncalli in dieser geistlichen Meile der Oberstadt zwischen Santa Maria Maggiore mit der schönen Colleoni-Kapelle und dem Priesterseminar, zuerst als Student und Seminarist, dann als Sekretär des Bischofs und schließlich als Spiritual am Priesterseminar.

Das Seminar (wörtlich übersetzt »Samenbeet«) als verbindlicher Ort der Ausbildung zukünftiger Priester ist eine der wichtigsten Errungenschaften des Reformkonzils von Trient. In dem sogenannten Seminardekret ordnete das Konzil für jede Diözese die Errichtung eines Seminars an und dessen qualifizierte Leitung durch Regens, Subregens und Spiritual. So sollte der oft bedenklich niedrige Bildungsstand des Klerus gehoben werden, sollten geistlich und sittlich gefestigte Priester aus den Seminarien in die Seelsorge entlassen werden. Ein besonders eifriger Umsetzer des Seminargedankens war Carlo Borromeo, der heilige Erzbischof von Mailand. Alle seine Apostolischen Visitationsreisen hatten die Gründung oder, wenn eines schon existierte, die strenge Prüfung eines Priesterseminars auf dem Programm. So war auch das Seminar von Bergamo von seiner Gründung an eng mit Carlo Borromeo verbunden. Angelo Roncalli, ein großer Verehrer des heiligen Erzbischofs, hat 1910 als Bischofsekretär in »seinem« Diözesanblatt *Vita Diocesana* die schwierigen Anfänge des Seminars von Bergamo und die ernüchternde Bilanz der Visitation durch Carlo Borromeo beschrieben: mangelnde Disziplin, finanzielle Unregelmäßigkeiten, durchschnittliche Lehrer und schlechte Studienerfolge, wenig begeisterte geistliche Leiter, schließlich die Unfähigkeit des Bischofs, sich gegen den Stadtrat durchzusetzen und Jesuiten nach Bergamo zu verpflichten, die in anderen Städten bereits erfolgreich Priesterseminare leiteten. Ein recht engherziger Regelkanon für die Zöglinge und Alumnen geht ebenso auf den heiligen Karl Borromäus zurück wie die für lange Zeit charakteristische Gebäudeform von Seminarien.

Pädagogisch war Strafe verpönt, zum Lernen sollte eher Freude als Furcht motivieren, Zuspruch eher als Drohung. Jede Insultierung eines jungen Seminaristen, körperlich oder seelisch, wurde als Skandal angesehen, dem der biblische Mühlstein um den Hals gebührt. In ihren Grundzügen traf diese Beschreibung des tridentinischen Seminars auch noch 1895, als der vierzehnjährige

Angelo Roncalli vom Knabenkonvikt des Seminars von Bergamo ins Seminar der Kleriker aufstieg.

Das Seelentagebuch

Bald nach seinem Eintritt ins Priesterseminar kaufte sich Angelo ein Notizbuch mit 64 karierten Seiten und steifem schwarzen Einband, auf dessen Innenseite der Vierzehnjährige schrieb: »Lebensregeln für junge Männer, wenn sie im religiösen Leben Fortschritte machen wollen.« Das war die erste Eintragung in einem *»Giornale dell' anima«,* dem geistlichen Tagebuch, wie es Roncalli bis an sein Lebensende weiterführen wird – und dessen Veröffentlichung sechzig Jahre später, ein Jahr nach seinem Tod, weltweite Verbreitung finden wird. Offenkundig hatte sich Angelo während der drei ersten Jahre im Konvikt einen so guten Ruf erworben, dass er zu den wenigen Auserwählten zählte, denen der Spiritual die sogenannte Kleine Regel überreichte. Angelo erweiterte sie zu seiner individuellen Lebensregel und ging so auch auf erkannte Schwächen und Neigungen ein. »Er schrieb sie mit der Hand in kleiner Schrift ab, bewahrte sie immer bei sich auf und befolgte sie, auch noch als Papst«, berichtet sein ehemaliger Sekretär Capovilla.

Gleich nach der Überschrift findet sich ein Satz, der den schwatzsüchtigen Kleriker Roncalli, zumindest in seiner Selbsteinschätzung, ein Leben lang zu schaffen machte: »Leeres Geschwätz aus dem Munde von Weltmenschen ist nur Geschwätz, aus dem Munde von Priestern aber ist es Gotteslästerung. – *Nugae quae in ore saecularium nugae sunt, in ore sacerdotum blasphemiae.*«

Dann folgt ein Zitat aus dem Tridentiner Dekret über den »vorbildlichen Priester«, der überall einen »ernsten, maßvollen und gottesfürchtigen Eindruck« zu hinter-

Angelo Roncalli, Stipendiat am Seminario Pontificio S. Apollinare, Rom 1901

lassen habe. Unverzichtbar auf »dem Weg der Frömmigkeit und der Studien« ist für den angehenden Priester, sich aus den vorbildlichsten und klügsten Männern einen geistlichen Führer zu wählen, dem er sich wirklich uneingeschränkt anvertrauen kann.

Dann folgte die »geistliche Checkliste«. Sie enthält (1) zwölf Punkte für jeden Tag: geistliche Lesung, mehrere Male Gewissenserforschung, Besuch des Allerheiligsten, Gebete, wenigsten drei Akte der Selbstverleugnung; (2) sieben Punkte für jede Woche: beichten und kommunizieren, Freitag und Samstag fasten, jeden Samstag »ein Tugendbeispiel oder Wunder der Muttergottes erzählen«; (3) fünf Punkte für jeden Monat: Einkehr und Selbstprüfung, einen Studienkollegen um Kritik bitten, den geistlichen Vater zwecks Bekenntnis der Verfehlungen aufsuchen, monatlich einen besonderen Schutzpatron wählen; (4) vier Punkte für jedes Jahr: Exerzitien, Jahresbeichte, Verhaltensregeln für die Ferien erbitten; (5) und schließlich neun Punkte für jede Zeit: sich vor »schlechten Kameraden« hüten, mit Frauen auch die kleinste Vertraulichkeit meiden, Frauen »nicht ins Gesicht starren«, auf Karten- und Würfelspiele verzichten, sich nicht duzen oder mit den Händen anfassen, außerhalb der Mahlzeiten nicht essen oder trinken, oft darüber nachdenken, dass in unserer Seele Unwissenheit und Sünde herrschen, Beleidigungen ertragen, immer schicklich und mit dem geistlichen Gewand bekleidet sein.

Insgesamt also dreiundfünfzig Verhaltensregeln, die einzuhalten sich der Vierzehnjährige fest vorgenommen hatte. Wen wundert es da, dass in den folgenden Eintragungen über Jahre hinweg Selbstbezichtigungen der Untreue, der Unfähigkeit und der Unwürdigkeit den Ton angeben: »Mein Gott, ich schäme mich, Du hast mir so viele Gnaden geschenkt, dass ich ein Heiliger sein müsste, statt dessen bin ich ein großer Sünder.«

Und dann die Angst! Es kann allerdings auch sein, dass das Erschrecken vor dem Zorn Gottes, ja die Angst vor der Hölle, die sich in den frühen Tagebucheintragungen finden, nicht sosehr der eigenen Erfahrung entstammen, als dass sie viel eher dem Stil und dem Wortschatz der geistlichen Literatur der Jahrhundertwende nachempfunden sind. Denn andere Lektüre als aszetische und erbauliche Schriften ist den Alumnen um die Jahrhundertwende ja kaum unter die Augen gekommen, fiel doch auch das Lesen der Tageszeitung unter das Verdikt der dreiundfünfzig Regeln. Wenn Angelo in den Ferien doch einmal Zeit mit Zeitunglesen »vertrödelte«, nahm er es reumütig in das Sündenregister für die wöchentliche Beichte auf. Was hat er da nicht alles aufgelistet, wovon er, zumindest in der kleinlich übertriebenen Tagebuchführung, überzeugt war, dass es einmal »vor das Gericht kommt«: Zerstreuung im Gebet, geistreiche und selbstgefällige Bemerkungen, Tagträume, Luftschlösser und Kartenhäuser, während des Stillschweigens gesprochene Worte, Eitelkeiten, Hochmut und dergleichen. Die alterstypischen Versuchungen der erwachenden Sexualität scheint er erfolgreich bekämpft zu haben. Mit sechzehn Jahren widmet er ein ganzes Kapitel des Tagebuchs »der heiligen Reinheit.« Er berichtet einmal, wie er sie zu bewahren gedachte: »Abends vor dem Einschlafen will ich den Rosenkranz der heiligen Jungfrau um meinen Hals legen, die Arme auf der Brust kreuzen und versuchen, in der gleichen Haltung am Morgen aufzuwachen.« Er fasst auch den Vorsatz, niemals Plakate oder Schaufenster zu betrachten, »wenn sie schamlose Dinge darbieten«, selbst in den Kirchen will er »nie Kunstwerke betrachten, vor allem keine Malereien«, die als anstößig empfunden werden könnten. Beim Weintrinken will sich Angelo auch zurückhalten, »denn im Wein liegt die gleiche Gefahr wie in den Frauen« – offenbar wurde an die Seminaristen zum Essen auch Wein ausgeschenkt.

Ein Bericht des Wachsens

Viele Jahrzehnte später, in einer Predigt an seinem achtzigsten Geburtstag, blickt der Papst dankbar zurück auf diese »Jahre der Unschuld« im Seminar und verweist damit auch all die skrupelhaften frühen Selbstbezichtigungen in den Rang der Nichtigkeit. Vieles davon darf man wohl als Imitation jener geistlichen Sprachattitüde ansehen, die sich sogar ein wenig gefiel in ihrem Hang zur Selbsterniedrigung. Doch im Laufe der Jahre tauchen Begriffe wie Strafe, Gericht, Buße in den Schriften immer seltener auf, das Wort Hölle kommt später so gut wie überhaupt nicht mehr vor. Zu Recht nennt der Roncalli-Biograph Peter Hebblethwaite das Geistliche Tagebuch einen »Bericht des Wachsens«. So rücken an die Stelle von

Pflicht und Leistung, Strenge und Disziplin zusehends Vertrauen und Ergebung, Barmherzigkeit und Güte, Geduld und Liebe. »Gott weiß ja«, schreibt er im dritten Seminarjahr, »dass ich ihn auch in meiner Armseligkeit liebe. Er möge mich segnen und nicht verstoßen. ›Herr, du weißt, dass ich dich liebe.‹« Dieses Wort des Petrus aus dem Johannesevangelium (Joh 21,17) wird sich auch später in den Aufzeichnungen des Papstes immer wieder finden.

Einmal bekennt er geradeheraus, er wolle seinem Namen Ehre machen und »wirklich wie ein Engel werden«. Vorbilder waren ihm dafür die drei »engelgleichen« Jesuitenjünglinge Aloisius von Gonzaga, Stanislaus Kostka und Johannes Berchmans. Sie werden bei allen möglichen Gelegenheiten angerufen und zu ihrer größeren Ehre werden die alltäglichen Demütigungen ertragen. Angelo rief den heiligen Aloisius öfter auch an »als Zeugen von Versprechen« wie etwa den Hochmut zu bändigen oder »die Zeremonien besser zu studieren«. Inzwischen ist er ja bereits zum Ostiarier (früher ein Dienst als Türhüter oder Glöckner) und zum Lektor geweiht worden. Die Heiligen, denen sich die Seminaristen gerne anvertrauten, waren in der Darstellung des 19. Jahrhunderts süßliche, blutarme Gipsfiguren, die als Vorbilder hingestellt waren. Im geistlichen Reifungsprozess des Angelo Roncalli sollte es aber noch einige Zeit dauern, bis er den Mut fand, den Gips der leeren Konvention zu zerschlagen und die wahre Substanz dessen zu entdecken, was diese Heiligen wirklich ausmacht.

Das Leben verlief in dem gewohnten und ruhigen Fahrwasser der Einübung in das angestrebte Ideal klerikalen Lebens. Er wusste, dass »Treue zu dem erkannten Willen Gottes den Kern des Evangeliums« traf. Das glückte Angelo im Seminar bedeutend besser als zuhause in Sotto il

Monte. Immer wieder klagt er über Unstimmigkeiten in der Familie während der Ferien.

Am Samstag, dem 24. September 1898 hat sich Angelo in Sorge um seinen offensichtlich schwer erkrankten siebenjährigen Bruder Giovanni der verzweifelten Familie gegenüber »recht unmanierlich benommen«, dabei wollte er eigentlich nur sein »Bestes tun«. Am Abend besuchte er noch Pfarrer Rebuzzini, vermutlich, um sein Versagen mit ihm zu besprechen, vielleicht auch um zu beichten. Zuhause, in seiner Studierkammer vertraute er sich dem Tagebuch an und seufzt: »Selig, tausendmal selig, sind die Ordensleute, die fern von den Sorgen der Welt nur in Gott leben. Ich beneide euch so sehr!« Das Gespräch mit Don Rebuzzini schien ihn aber doch beruhigt zu haben, denn er beschließt den Tag mit den Worten: »Wenn ich so bedrückt bin, scheint es mir, als könnte ich mit größerem Vertrauen in die Arme Gottes sinken, und ich bin glücklich dabei.«

Am Sonntagmorgen darauf, als er in der Kirche Santa Maria Assunta alles für den Gottesdienst vorbereiten wollte, fand er Don Rebuzzini tot auf den Stufen zum Altar. Ein unglücklicher Sturz infolge eines Schwächeanfalls. »Er starb, als er dabei war, sich selber, seine Krankheit zu bezwingen, nur um die heilige Messe feiern zu können«, schreibt Angelo am Abend ins Tagebuch. »Gestern hat er mir noch *Arrivederci* gesagt. [...] Mögen die Gebete, die der gute Pfarrer für mich, seinen Benjamin, immer aufgeopfert hat, mich zu seinem getreuen Nachfolger werden lassen, damit das *Arrivederci* von gestern Abend in Erfüllung gehe.« Dass der Tod von Don Rebuzzini für den siebzehnjährigen Angelo eine entscheidende Markierung auf dem Lebensweg bedeutet hat, beweist auch, dass sich im Original des Tagebuchs eine handschriftliche Ergänzung des Papstes aus dem Jahr 1962 findet, die er einfügte, als sein Sekretär mit ihm über eine mögliche Veröffentlichung des Geistlichen Tagebuchs sprach: »Geistliche Notizen bei der Monatseinkehr / nach dem Tode von Pfarrer Rebuzzini / das heilige Zeichen meiner Kindheit / und meiner Berufung.«

Ende 1898 starb noch eine wichtige Bezugsperson, Luigi Isacchi, der Spiritual des Seminars von Bergamo. Er hatte den geistlichen Weg Angelos mit viel Wohlwollen begleitet, hatte ihn bestärkt über Fortschritte oder Rückschläge sein Tagebuch zu führen und war ihm ein vertrauter Seelenbegleiter. Der neue Spiritual, Don Quirino Spampatti, hielt nicht viel von der Gewohnheit Angelos, seine »kleinen Angelegenheiten zu Papier zu bringen.« Vielleicht war er auch den ständigen Selbstanklagen gegenüber etwas skeptisch eingestellt. Nach einer zweimonatigen Abstinenz, wahrscheinlich aus Gehorsam, drängte es Angelo doch wieder zu regelmäßigen Eintragungen. Der 19. März, das Fest des heiligen Josef, schien ihm das geeignete Datum dafür. Offenbar hatte er sich mit dem neuen Spiritual bereits arrangiert, denn plötzlich stellt er sich unwissend, »ob ich selber oder jemand anderer« an dieser Schreibpause »schuld war«.

Der Horizont weitet sich

Wenn man den künftigen Weg des jungen Roncalli in den Blick nimmt, darf man nicht ohne Erstaunen feststellen, dass er in dieser geistig doch recht engen Atmosphäre des Seminars von Bergamo keinen Schaden genommen hat. Trotz eines Korsetts von Regeln, trotz zahlloser frommer Pflichtübungen verkümmerte in ihm nicht das freie Atmen des Geistes. Es entstand vielmehr ein tragfähiges Gerüst der Treue und des Vertrauens, das von Angelo nie als Erwerb oder Verdienst nach erbrachter Opfer oder anderer Leistungen angesehen wurde. Vielmehr erkannte er darin die liebende Zuwendung eines väterlichen und – wie er es oft ausdrückt – mütterlichen Gottes. Dieses Bewusstsein ließ den Weg ins Freie einer reifen Geistigkeit offen, jenseits aller Enge statischer, ja statistischer Frömmigkeit.

Mit sicherem Gespür wusste Angelo aber auch, was für sein äußeres Fortkommen gut und wichtig war. So flüchtete er im September 1899 – wieder einmal – aus einer anderen, nämlich der familiären Enge am Hof seiner Sippe. Er wanderte eine Stunde lang in das benachbarte Dorf Ghaie di Bonate Sopra, um den Pfarrer Don Locatelli zu besuchen, bei dem Angelo nach dem Tod von Rebuzzini öfter während der Ferien sein Herz ausschüttete. Doch diesmal war dafür keine Zeit, denn Don Locatelli erwartete noch einen anderen Gast, den geistlichen Grafen und Domherren von St. Peter in Rom, Monsignore Giacomo Radini Tedeschi. Der war ein Jahrgangskollege von Pfarrer Locatelli, und man sagte ihm eine große Karriere an der römischen Kurie voraus. Angelo war fasziniert von der impulsiven Geistigkeit und der weltgewandten Erscheinung

Don Angelo mit Klerikern im „Apollinare" in Rom, 1905

des Prälaten, hätte sich aber nicht träumen lassen, dass er in wenigen Jahren dessen Sekretär sein werde, der »Schatten« des zukünftigen Bischofs und »Löwen von Bergamo«. Jedenfalls war Angelo überglücklich jetzt ein Mitglied der Kurie persönlich zu kennen, hinge doch bei einer »kirchlichen Laufbahn sehr viel von guten Beziehungen und ›zufälligen‹ Begegnungen« ab, wie der Biograph Hebblethwaite etwas boshaft anmerkt. Welchen Eindruck der bäuerliche, aber keinesfalls auf den Mund gefallene Angelo auf Monsignore Radini Tedeschi damals machte, ist nicht überliefert. Es dürfte aber nicht der schlechteste gewesen sein. Vermutlich war diese Begegnung sogar eine Initialzündung der Vorsehung für die wichtigste Periode im Leben des jungen Roncalli.

Die erste Eintragung Angelos im Heiligen Jahr 1900, geschrieben während der Februar-Exerzitien, beginnt höchst pathetisch mit den drei Grundfragen der Philosophie: »Wer bin ich? Woher komme ich? Wohin gehe ich?« Seine ebenso pathetische Antwort: »Ich bin ein Nichts.« Aber dann folgt eine viele Seiten lange Betrachtung über den Sinn seines Lebens als beseeltes Geschöpf Gottes, alle möglichen Höhen und Tiefen der Gottesbeziehung durchmessend: »Wenn ich meinen Stolz, meinen Hochmut, meine Eigenliebe nicht bekämpfe, so erwartet mich die ewige Verdammnis! Habe ich nicht schon vielmals die Hölle verdient? [...] In Betrübnis und Mutlosigkeit ist dies mein Trost: der Hoffnung das Herz weit öffnen, und dann zum Himmel aufschauen. [...] O Himmel, Himmel, du bist schön, und du bist für mich!« Immer wieder wird die Betrachtung unterbrochen von einem Gebet, das passagenweise an die Schönheit der »Bekenntnisse« des heiligen Augustinus erinnert: »Du, mein Gott, der du am Anfang und vor allen Zeiten warst, hast mich aus dem Nichts emporgehoben, mir Natur, Leben, Seele, alle körperlichen und geistigen Fähigkeiten geschenkt; du hast meine Augen diesem Licht geöffnet, das um mich her seinen Glanz verbreitet; du hast mich erschaffen. Darum bist du mein Herr, und ich bin dein Geschöpf. Nichts bin ich ohne dich, und durch dich bin ich alles, was ich bin. Wenn du mich nicht jeden Augenblick trägst, sinke ich ins Nichts zurück, aus dem ich gekommen bin. [...] Ich besitze eine Seele! Ich bin kein Stein, keine Pflanze, auch nicht irgendein Tier; ich bin ein Mensch, ein Mensch, dank der Seele, die mich belebt. Dank der Seele leuchtet ein Strahl des göttlichen Antlitzes über mir, durch das Gedächtnis bin ich dem Vater ähnlich, durch den Verstand dem Sohn, durch den Willen dem Heiligen Geist. [...] O mein Gott, möge, wer will, deine anderen göttlichen Eigenschaften verherrlichen, ich werde niemals aufhören, deine Barmherzigkeit zu besingen!«

In dieser Zeit werden Angelo von der neuen Seminarleitung einige Ämter anvertraut. Er hatte sich um die Pflege des Gregorianischen Gesanges zu kümmern. Außerdem wurde er zum Präfekten bestellt, hatte also eine gewisse Verantwortung für jüngere Seminaristen.

E una buona pasta

Das Heilige Jahr 1900 brachte im September noch eine willkommene Abwechslung. Angelo wurde zu einer Pilgerfahrt der Diözese Bergamo nach Rom, Assisi und Loreto eingeladen. Wieder kam es zu einer Begegnung mit Monsignore Radini Tedeschi, der die Pilgergruppe aus Bergamo zur Freude Angelos durch das Ewige Rom führte. Zum ersten Mal sah der Bauernjunge die großen Basiliken, das Colosseum, das Forum Romanum, die Katakomben und –

den Papst, den verehrten Heiligen Vater Leo XIII.! Dieser machte mit seinen neunzig Jahren noch einen vitalen Eindruck und hatte eine kräftige Stimme.

Im säkularen Rom feierten die Antiklerikalen in gehässigster Weise schon tagelang den 30. Jahrestag des Endes des Kirchenstaates verbunden mit Demonstrationen auf dem Campo dei Fiori, zum 300. Jahrestag der Verbrennung des Giordano Bruno, der mit seiner Vision von der Unendlichkeit des Universums und seinen pantheistischen Ideen auch noch im 19. Jahrhundert Weltbild und Glaubensgewissheit der römischen Kirche in Frage gestellt hat.

Im Heiligen Jahr 1900 wurde auf den Straßen Roms jeder Kleriker in Talar und Tellerhut offen geschmäht und verspottet, eine schlimme Erfahrung auch für den innerhalb seiner Seminarmauern wohlbehüteten Angelo Roncalli. Ernüchternd war für ihn vor allem der Massenauflauf vor dem Marienheiligtum von Loreto. Fast sechzig Jahre später erzählt Johannes XXIII. anlässlich seiner Wallfahrt für das Gelingen des Konzils, er habe damals bei seinem ersten Besuch in Loreto, völlig verstört von der lärmenden und schnatternden Menge, der Madonna gelobt, er werde sie immer lieben, immer dem Glauben treu und ein braver Seminarist bleiben, aber *hier* werde sie ihn nicht mehr sehen.

Nach seiner Rückkehr von der Pilgerfahrt war es der Wunsch von Bergamos Bischof Guindani, dass sich Roncalli um einen der drei Stipendienplätze der Stiftung »Canonico Flaminio Cerasola« am berühmten Römischen Priesterseminar bewerbe. Als er nach einer entsprechenden Prüfung erfuhr, dass er zu den drei auserkorenen Seminaristen gehörte, war er überglücklich, obwohl er sein geliebtes Bergamo verlassen musste. Mit dem Nachtzug kam Angelo am 4. Jänner 1901 in Rom an, um sich »in die edle Kette der Cerasola-Alumnen einzureihen«, so der Rektor des Seminars von Bergamo. Im Beurteilungsschreiben an die Leitung des »Apollinare«, wie das Römische Seminar kurz genannt wurde, ist unter anderem zu lesen: »Roncalli war auch Präfekt am hiesigen Seminar, er ist von guter Art – *e una buona pasta* –, die sich leicht führen lässt – *che si lascia maneggiare come si vuole.*« Oder weniger freundlich in der Sprache der Köche, aus der die Redensart stammt: »Er ist ein guter Teig, der sich leicht formen lässt.« Das Seminar war ein etwas renovierungsbedürftiger Palazzo aus der Barockzeit. Für die Absolventen waren die Prognosen nicht ungünstig, einmal für höhere Ämter vorgesehen zu sein, wurden sie doch fallweise auch zu Diensten in der Kurie herangezogen.

Und so ließ sich Angelo Roncalli im ersten Jahr am Römischen Seminar fotografieren: Da sitzt ein selbstbewusster, hübscher junger Mann in Talar, Mantel und Schnallenschuhen, den rechten Arm aufgestützt auf der Kante eines Fin de Siècle-Tisches mit effektvoll darauf postiertem Kruzifix.

Die Heimat war nun sechshundert Kilometer entfernt, von Bergamo nach Sotto il Monte war es ein Fußmarsch von mindestens drei Stunden, jetzt ist es von Rom nach Bergamo eine Tages- oder Nachtreise mit dem Zug. Damit beginnt eine Quelle zu fließen, die uns neben den religiösen Rechenschaftsberichten des Klerikers im Geistlichen Tagebuch auch profane Einblicke in die Lebensumstände des Menschen Angelo Roncalli gewährt: der Briefwechsel mit der Familie. Dokumentiert sind verständlicherweise nur die Briefe Roncallis, jene seiner Familie an ihn werden sich wohl nur auf die notwendigsten Mitteilungen beschränkt haben. Bereits eine Woche nach Ankunft in

Rom der erste ausführliche Brief Angelos: »Wisst Ihr, das Leben hier ist anders als in Sotto il Monte oder in Bergamo. Wir leben hier wie Herren. Man sagt mir sogar, ich hätte mich schon im Aussehen verändert und werde alle Tage dicker.« Angelo hatte ein spartanisches Einzelzimmer, aber mit allem Notwendigen, das Studium machte keine Mühe, und »in der Kapelle wird eine sehr schöne ›Muttergottes der Zuversicht‹ verehrt, der ich Euch jeden Morgen und jeden Abend empfehle, damit sie Euch segne, Euch Frieden und Trost in all Eurem Verdruss und Eurer Trübsal gebe.«

Bei einer Akademie im Propaganda Fide-Kolleg erlebte er gleich in der ersten römischen Woche Weltkirche. Vierzig junge Missionare hätten einige Tage nach Dreikönig in vierzig [sic!] verschiedenen Sprachen ihre Huldigungen an das Jesuskind, »den Herren aller Völker« vorgetragen. »Wenn ihr das gesehen hättet! Da waren alle Farben vertreten, weiße, gelbe, rote. Einige hatten das Gesicht, die Hände schwarz wie Kohle. – Und der Papst? Ich konnte ihn am Sonntagabend in St. Peter inmitten von tausend Lichtern sehen. Ich konnte nahe bei ihm sein und ihn gut sehen und seinen Segen empfangen. Und er, der gute alte Mann, hat auch Euch alle miteinander gesegnet. Seid also nochmals alle getrost [...]. Schaut nach oben und lasst keinen Zorn aufkommen! Vergesst nicht den ›Engel des Herrn‹!

Grüßt alle! Addio! Der Herr segne Euch!

Euer Kleriker Angelo.«

Apropos

Bergamo ist eine Reise wert. Im völlig umgebauten Priesterseminar erinnert eine große Statue an Papst Johannes XXIII., den einstigen Schüler und Spiritual dieses Hauses. Neben der berühmten Capella Colleoni besuche man die Basilika Santa Maria Maggiore, die eine kunsthistorische Kostbarkeit birgt: die »Tarsie del coro«, dreiunddreißig Szenen aus dem Alten Testament als Holzintarsien nach Entwürfen von Lorenzo Lotto. Von diesem venezianischen Maler, der vom Geist Bergamos geprägt und in Loreto gestorben ist, befinden sich noch mehrere hervorragende Gemälde in der Accademia Carrara (»Das Verlöbnis der heiligen Katharina«) sowie drei große Altarblätter in San Bartolomeo, San Bernardino und Santo Spirito. Roncalli hat sie alle gekannt und ihre feine Psychologie und bodenständige Frömmigkeit geschätzt.

Liebe Mutter,

wieder stehen wir vor dem Annatag. Immer scheint es jedes Jahr der letzte zu sein, an dem wir uns die Glückwünsche senden. Doch der Herr gewährt Euch und mir, jeden Tag weiterzuleben. Preisen wir ihn miteinander und leben wir weiter, als wolle Er uns nicht nur eines, sondern viele Jahre gewähren. Und er wird sie uns gewähren. Wir sind nicht auf der Welt, um nichts zu tun. Ihr arbeitet für die Familie. Ich fahre fort, für die heilige Kirche zu wirken. Eine wertvolle Arbeit sowohl die Eure wie auch die meinige. Ich lege Euch zum Trost einen Hundert-Lire-Schein bei. Die Schwestern bitten mich, Euch zu sagen, dass Ihr ihn für Euch verwenden sollt, das heißt, um Euch in guter Gesundheit zu erhalten, und dass Ihr ihn nicht für die anderen ausgeben sollt.

Brief an die Mutter, Istanbul, 20. Juli 1935

Was Ihr mir über unsere Mutter sagt, gibt mir gewiss zu denken. [...] Macht ihr Mut, heitert sie auf, erfüllt ihr alle Wünsche, sodass diese Jahre, die der Herr ihr noch schenkt, voll großen Trostes seien, weil sie sehen kann, wie ihre Kinder sie achten und lieben. Man darf gerne wissen, wie viel die Roncallis auf die Achtung vor ihren Eltern halten, dass sie wissen, dass die Alten im Hause ein großer Segen sind.

Brief an die Geschwister, Istanbul, 10. Juli 1938

Mein Opfer, gerade im letzten und heiligsten Augenblick fern zu sein, hat seinen vorweggenommenen Lohn darin gehabt, dass meine liebe Mutter fünfzehn Jahre lang, und zwar jedes Jahr einen ganzen Monat, sich der Gesellschaft ihres Bischof-Sohnes erfreuen durfte. Ein Glück, das sie hoch zu schätzen wusste. Wie sie denn am Ende der Ferien sich zu trösten pflegte: ›Was sollen denn wir hier auf dem Lande mit einem Bischof? Man müsste sagen, wenn er nicht abreist, dass da etwas dahintersteckt.‹ Während ich daran denke und das niederschreibe, kommen mir wieder die Tränen, aber in Gedanken an sie, an ihre Einfachheit und Güte und an ihren mütterlichen Schutz vom Himmel herab verleihen sie mir Kraft und Trost zu meiner Arbeit.

Brief Roncallis an einen Bekannten über seine Abwesenheit beim Sterben der Mutter, Istanbul, 6. März 1939

Mamma Marianna

Angelo Roncallis Mutter Marianna Giulia hat dreizehn Kinder geboren. Sie war zweiundzwanzig, als eine Tochter namens Maria zur Welt kam, die keine sechs Jahre alt wurde. Mit einundvierzig gebar sie ihr letztes Kind, den Sohn Luigi, der mit zwei Jahren starb. Dazwischen einen Domenico, der nur einen Monat alt wurde, und Enrica, die mit fünfundzwanzig Jahren sterben sollte. Neun Geschwister, vier Mädchen und fünf Buben, haben die Eltern überlebt, davon lebten noch fünf, als eines von ihnen, der älteste Sohn, in Rom zum Papst gekrönt wurde.

Die wenigen Fotos, die von Marianna existieren, zeigen sie meist im Kreise von Mitgliedern der Großfamilie. Beten, arbeiten und Kinder kriegen, das waren die Lebenskoordinaten der Frauen bei den lombardischen Halbpächtern um die Jahrhundertwende. Marianna hat früh gealtert ausgesehen, sie ist auch in späteren Jahren immer schweigsamer geworden, das enge Zusammenleben mit drei Schwiegertöchtern dürfte nicht immer reibungslos verlaufen sein.

Als sie wenig älter als sechzig war, wurde sie von dem Porträtmaler Giuseppe Gaudenzi aus Bergamo gemalt. Natürlich ging dieser für eine arme Bauernfamilie doch recht erstaunliche Entschluss, sich malen zu lassen, auf eine Initiative des geistlichen Sohns Don Angelo zurück, der damals, 1917, als Feldkaplan die Patienten der Lazarette von Bergamo betreute. Ein Brief von Don Angelo an den Vater, von dem bereits ein Porträt existierte, gibt Aufschluss darüber: »Mein lieber Vater! Ich habe heute zuhause Euer Bild des Malers Gaudenzi gesehen. Es hat mir sehr gut gefallen, und ich bitte die Mutter herzlich, sich gleichfalls malen zu lassen. Sie soll mir ja nicht nein sagen! Und Ihr empfehlt ihr, mir den Gefallen zu tun. Sie soll sich angemessen kleiden, jedoch mit der gewohnten Einfachheit, und versuchen fertigzubekommen, wie immer zu sein: mit ihrem gütigen, heiteren und zufriedenen Gesicht. Ihren eigenen Verdruss und den der anderen braucht der Maler nicht. Ich habe ihm geschrieben und ihn gebeten, auch dieses Bild in den Tagen zu malen, da er sich noch in Sotto il Monte aufhält. An die Bezahlung werde ich denken. [...] Der Herr gewähre Euch und der ganzen Familie alles Gute. Euer Sohn d. Angelo«

Giuseppe Gaudenzi war in den besseren Kreisen Bergamos recht angesehen als Landschafts- und Porträtmaler.

Porträts der Eltern, gemalt von Giuseppe Gaudenzi, Bergamo um 1917

Marianna war gehorsam, ließ sich malen und blickt aus dem Bild ganz so, wie es der geistliche Sohn gewünscht hatte: hochgeschlossen gekleidet, mit einem verhaltenen Lächeln auf den Lippen. Das runde Gesicht Don Angelos findet sich allerdings eher im Porträt des Vaters. Der ist ganz Bergamasker mit Schnauzbart und Fliege, kein Vielredner, sondern *con stretta di mano* – ein Mann von Handschlagqualität.

La Sposalizio

Marianna Giulia Mazzola und Giovanni Battista Roncalli heirateten am 23. Jänner 1877 in Sotto il Monte. Dieser Tag war einst in Italien ein beliebter Hochzeitstermin, da feierte die Kirche die »Vermählung Mariens« mit dem heiligen Joseph. 1725 wurde dieser Gedenktag unter Papst Benedikt XIII. für die gesamte römisch-katholische Kirche eingeführt. Leider ist er im offiziellen Festkalender nicht mehr zu finden. Johannes XXIII. kam bei einer Audienz einmal auf den 23. Jänner und auf die »Vermählung« seiner Eltern zu sprechen: »An diesem Tag höre ich immer noch die Stimme meines Vaters, als er zu mir einmal sagte: ›Heute ist der Tag der Vermählung von Maria mit dem heiligen Joseph, heute ist auch der Tag der Vermählung von Battista Roncalli mit der jungen Frau Marianna Mazzola, der glücklichen und insgesamt guten Eltern von zwölf Kindern, sechs männlichen und sechs weiblichen.‹«

Die Hochzeitsreise von Battista und Marianna war ein Ausflug nach Bergamo und zurück, natürlich zu Fuß. Dass dies kein Spaziergang war, mag ein Tagebuch-Seufzer des Klerikers Angelo vom September 1900 illustrieren: »Gestern abends war ich müde, völlig erschöpft von der Fußreise von Bergamo nach Sotto il Monte, bei der man fast umkommt.«

Am Tag der Goldenen Hochzeit der Eltern, am 23. Jänner 1927, hielt sich Erzbischof Roncalli als Gast der päpstlichen Delegatur in Istanbul auf. Er verwendete gerne den alten Namen Konstantinopel, als er seinen Gratulationsbrief an das Jubelpaar schrieb: »Meine lieben Eltern! Als Ihr vor fünfzig Jahren so wie heute die armselige Kirche S. Maria in Sotto il Monte verließt, ein eben getrautes junges Paar, da konntet Ihr gewiss nicht ahnen, dass ein halbes Jahrhundert später eines Eurer Kinder, der älteste Sohn, Euch seine Glückwünsche zur Goldenen Hochzeit aus Konstantinopel schicken würde. [...]

Für mich ist es eine Freude zu wissen, dass es eine Eurer Tröstungen an diesem Tag ist, von Eurem Sohn, der Bischof geworden ist, einen Segen zu erhalten, der Euch an den erinnert, den Ihr vor fünfzig Jahren von dem verehrten Pfarrer Rebuzzini erhieltet. Oh, wie ist dieser erste Segen vom Herrn bestätigt und mit himmlischen Gnaden erfüllt worden!«

Für religiöse Gespräche oder gar Unterweisungen dürfte Marianna bei ihrer Kinderschar nicht sehr viel Zeit gehabt haben; ihre Katechese war das wortlose, tägliche und treue Vorbild. Umso deutlicher blieben dann einzelne Erinnerungen lebendig, wie jene vom 21. November 1885[1] dem Fest Mariä Opferung, als die Mutter den vierjährigen Angelo zum Fenster der kleinen Wallfahrtskirche Madonna delle Caneve in die Höhe hob, damit er durch das Gitter das Bild der Muttergottes sehen konnte. Oft zitierte er im Wortlaut, was die Mutter damals sagte: »*Guarda, Angelino, guarda la Madonna com'è bella. Io ti ho consacrato tutto a lei!* – Schau, Angelino, schau die Madonna, wie schön die ist. Ihr habe ich dich ganz geweiht!«

1 Näher beschrieben in: Hubert Gaisbauer, »Ruhig und froh lebe ich weiter. Älter werden mit Johannes XXIII.«, Wien, 2011; S. 170ff

Getreu dieser Weihe, die ja auch ein Versprechen war, erreichte sie, vielen Widerständen zum Trotz, auch von Seiten des Vaters, dass »ihr Angelino« sich auf den Weg zum Priestertum machen konnte.

Doch die Erziehung eines jungen Klerikers in den Seminarien des Tridentiner Konzils war eher eine Erziehung zur Loslösung aus den Familienbanden. Mutterliebe zu empfinden wurde zunehmend eine Sache der Sublimierung, was sich einerseits in einer verstärkten Marienverehrung ausdrückte, andererseits auch in der frühen Entdeckung eines weiblichen Gottes- und Christusbildes mit zärtlichen, mütterlichen Eigenschaften. In der umfangreichen und von großer innerer Bewegung getragenen Tagebuchnotiz vom Dezember 1902, während und nach den Exerzitien mit dem verehrten Spiritual P. Pitocchi, schreibt Angelo von Jesus als dem Herrn »mit der Sorge einer liebenden Mutter«, »er erwärmte mich an seiner Brust«, »er gönnt sich keinen Augenblick Ruhe, nicht bei Tag und nicht bei Nacht, und sorgt für mich, mehr noch als eine Mutter für ihr Kind.« Darin spiegelt sich gewiss auch die Erfahrung mit seiner ständig um das Wohl der Kinderschar besorgten Mutter. Im Seminar wurde eine starke Familienbindung nicht gefördert. Elternliebe galt eher als Pflicht der Zehn Gebote und weniger als Neigung. In der großen Gewissenserforschung bei den Exerzitien 1940 stellte er – nach immerhin schon sechsunddreißig Priesterjahren – nüchtern fest: »Übertriebene Anhänglichkeit an Familienmitglieder, die, wenn sie über die Grenzen der Nächstenliebe hinausgeht, zum Hindernis und zur Fessel wird. Das Gesetz des Apostolats und des Priestertums steht über dem Gesetz von ›Fleisch und Blut‹ [...] alles soll mit Zurückhaltung geschehen, in wahrhaft priesterlichem Geist«. So war es Doktrin der Priesterausbildung im Geiste des Konzils von Trient. Manches an Schwierigkeiten, die der junge Kleriker Angelo mit seiner Familie und speziell mit seiner Mutter zeitweilig hatte, lässt sich damit erklären. Aber nicht alles. Im Sommer des Jahres 1900 war es zu einer gewissen Verstimmung gekommen, als sich Angelo »ein wenig gegen ihre Neugier ausgesprochen« hatte. »Sie redete mir zu, wie ich es von meiner Mutter nie erwartet hätte [...], ich sei unhöflich und ohne Manieren, [...] ich könnte sie nicht leiden und anderes mehr.« Zur Reue über die unbedachte Bemerkung kam für Angelo dann jener notwendige Schmerz, den jedes Kind erfährt, wenn es erkennen muss, dass Eltern schwache, fehlerhafte Menschen sind. »Als ich ihre Traurigkeit sah und, offen gesagt, ihre Schwäche [...] war das ein Schlag, der mich mit Bitternis erfüllte.«

»Angelo, du liebst mich nicht mehr!«

Viele Erwartungen, die Marianna an ihren geistlichen Sohn hatte, waren ihr ohne Zweifel von der familiären, vor allem aber von der nachbarlichen Tratsch- und Klatschgesellschaft ins Ohr gesetzt. Neugier und Neid nährten auftretende Verstimmungen zwischen der Mutter und dem geistlichen Sohn, dazu Verleumdungen, etwa durch einen benachbarten Pater, die sogar bis zur Leitung des Seminars drangen und behaupteten, die Mutter zöge Angelo den anderen Geschwistern vor und er käme sich überhaupt als etwas Besseres vor.

Im Jänner 1905, Angelo war kaum ein halbes Jahr Priester, kam es zu einem Höhepunkt der Mutter-Sohn-Krise. Da machte sich Marianna einmal Luft und kritzelte »auf einen Zettel« alles, was sie gekränkt hatte: Angelo habe ihr kein Geld geschickt, der Vater halte ihr gegenüber Angelos Briefe zurück, Angelo habe zwar dem Gemeindepfarrer sein Porträt als Neupriester geschenkt, ihr aber nicht. Und überhaupt: »Du liebst mich nicht mehr, Angelo!«

Don Angelo antwortet »umgehend auf Euren Zettel, den ich mit dem Brief des Vaters und des Bruders Severo erhalten habe. Es tut mir überaus leid, dass Ihr an meiner Liebe und an meinem Andenken, das ich für Euch bewahre, habt zweifeln können. Wer ist – nach Gott, nach den himmlischen Dingen – für mich der liebste Mensch, wenn nicht Ihr? Auch wenn ich verheiratet wäre, würdet Ihr für mich immer die großartigste Frau der Welt sein, das teuerste für mein Sohnesherz. Nein, um Gottes willen, zweifelt nicht an meiner Liebe und an dem innigsten Andenken, das ich stets für Euch bewahre!« Und weiter im Rechtfertigungsbrief von Don Angelo: »Wenn ich jeden Morgen beim Sanctus der Messe die liebsten Menschen dem Herrn empfehle, seid Ihr immer die erste, die mir in den Sinn kommt, zusammen mit dem Vater. Ich denke immer an Eure Arbeit, an Eure Mühen und begleite Euch mit dem Herzen. Ich möchte alles tun, um Euch zufrieden und glücklich zu sehen.« Zum Abschluss kann es sich der junge Herr Hochwürden nicht verkneifen, noch eine Moralpredigt anzuhängen: »Ich empfehle Euch, viel zu beten und der Familie ein Beispiel an Sanftmut und Geduld zu geben. Gewöhnt Euch nach und nach an, nie die Geduld zu verlieren. Euer Schweigen, Euer Sich-Abfinden mit allem wird dazu dienen, allem Murren zu begegnen. Wir alle haben unsere Fehler und müssen uns gegenseitig ertragen. Glaubt nicht denen außerhalb des Hauses, hört nicht auf sie und schenkt ihnen kein Vertrauen!«

Als Don Angelo 1921 zum Päpstlichen Hausprälaten – Monsignore! – erhoben wurde, redeten die Nachbarinnen Frau Marianna an, was denn das sei, dass ihr Sohn jetzt auf einmal so viel Violett an seinem Talar hätte. Sie konnte es entweder wirklich nicht genau sagen oder antwortete recht diplomatisch: »Das sind so Sachen, die sich die Geistlichen unter sich ausmachen!«

Eine Sorge der Mutter war die Zukunft der beiden Töchter Ancilla und Maria. Der Vater sorgte sich natürlich genauso um die materielle Zukunft der Kinder wie Marianna, aber er blieb in der Familienkonstellation – wie der heilige Joseph in der Bibel – immer eher im schweigsamen Dunkel. Da sich für keine der beiden Schwestern der Ehestand ergeben hatte und der geistliche Bruder sich anfangs 1921 in Rom – als Präsident der Missionswerke und als Theologieprofessor – häuslich niederzulassen gedachte, nahm er die beiden Schwestern zu sich. Doch die Idylle währte nicht lange, denn bereits 1925 wurde Roncalli, inzwischen Erzbischof, nach Bulgarien abkommandiert. Für die Schwestern fühlte er sich aber weiterhin verantwortlich, also mietete er für seine Heimaturlaube und für

Die Brüder Saverio, Giuseppe und Alfredo Roncalli, vor 1958

die beiden Schwestern in Sotto il Monte das Haus Camaitino. Im väterlichen Anwesen Colombera walteten drei Schwägerinnen und die Mutter – sechs Frauen auf engem Raum! Das, so fand der Erzbischof, war zu viel. Aus dem fernen Sofia schickt er nun immer wieder Anweisungen, wie dieses oder jenes am Haus Camaitino repariert und verbessert werden solle, auch wenn es nur gemietet war, und er überwies auch das nötige Geld dazu. Bereits zu Weihnachten 1926 wollte er alle Geistlichen des Dekanats zum Panettone-Essen einladen, »ich werde einen von Mailand eigens mitbringen«. Roncalli war gerne Gastgeber. Immer, wenn er im Spätsommer für einige Wochen nach Sotto il Monte kommen wollte, kündigte er dies oft schon im Winter an, allerdings mit einem recht irdischen Hintergedanken, den er in den speziellen Gruß an Mamma Marianna verpackte, »der ich empfehlen möchte, die Bruthenne für die Küken anzusetzen, damit es in den Ferien schöne Hähnchen gibt.« Meist wurden dazu alle geistlichen Herren im Umkreis eingeladen. Und ein anderes Mal schrieb er: »Sagt der Mutter, dass ich mich schon auf die Hähnchen freue, die sie mir zubereiten wird.« Marianna kochte ja nicht nur die beste Polenta das Jahr über, sondern auch – bei besonderen Anlässen – die schmackhaftesten Brathähnchen.

Besondere Ergebenheitsadressen an die Mutter gab es natürlich jeweils zum Namenstag, den Marianna am Festtag der heiligen Anna, also am 26. Juli, feierte. Als am 28. Juli 1935 der Vater starb, tröstete Roncalli die Mutter: »Seht, Eure Kinder sind um Euch, um Euch zu trösten, um Euch beizustehen. Macht Euch nicht zu viel Sorgen um sie! Ruht Euch ein wenig aus! Mein Haus in Camaitino steht Euch ganz zur Verfügung. Geht dorthin mit den Schwestern. Lasst Euch dort von den anderen besuchen! Ihr wisst, dass Euer bischöflicher Sohn nicht reich ist. Doch wird er eher sein Kreuz verkaufen, als dass er es Euch an etwas fehlen ließe in Euren Wünschen oder Bedürfnissen. [...] Euer Battista hat Euch mit einundachtzig verlassen. Ihr werdet daran denken, uns zu verlassen, wenn Ihr über neunzig seid. Und ihr werdet die Freude und die Liebe von uns allen sein.«

Ein bemerkenswertes Testament

Marianna Roncalli starb am 20. Februar 1939 mit vierundachtzig Jahren in Abwesenheit ihres bischöflichen Sohnes und wurde auf dem Friedhof in Sotto il Monte begraben. Die Trauerfeierlichkeiten für den wenige Tage zuvor verstorbenen Papst Pius XI. und die offiziellen Kondolenzbesuche in der Delegatur in Istanbul verhinderten, dass Roncalli nach Sotto il Monte reisen konnte. In seiner Aufbewahrung befand sich ein Schriftstück aus der Hand der Mutter, das er umgehend den Geschwistern zur Kenntnis bringen wollte. Es war das Testament der Mamma Marianna; sehr viel hatte sie ja nicht ihr Eigentum nennen können. Im Brief an die Geschwister schrieb er die, wie ihm schien, wichtigste Passage ab: »Da ich meinem Sohn Alfredo, der ledig geblieben ist, nicht die Vergünstigungen gewähren konnte, wie sie hingegen seinen Brüdern Zaverio, Giovanni, Giuseppino zuteil geworden sind, bestimme ich, dass bei meinem Tode Alfredo mein ganzes Bett, das heißt Bettgestell, Federmatratze, Matratze, 8 (acht) Betttücher und Decken und die Möbel, die in meinem Schlafzimmer sind, gegeben werden. Ich bitte meinen Sohn Mons. Angelo, diesen meinen Willen ausführen zu lassen. Roncalli Mazzola Marianna.«

Alfredo war das neunte Kind der Roncallis und nahm aufgrund seiner hochgradigen Kurzsichtigkeit einen

Sonderstatus in der Familie ein. Sein Bruder Angelo schätzte ihn wegen des trockenen Humors, mit dem er manche gespannte Situation innerhalb der Großfamilie zu entschärfen vermochte. Immer wieder wirkte er auf die anderen Geschwister ein, dass sie sich seiner besonders annehmen sollten. Don Angelo war selber mit gutem Beispiel vorangegangen und hatte dafür gesorgt, dass Alfredo endlich eine Brille bekam, die seine Seh-, Schreib- und Lesebehinderung etwas milderte. »Alfredo sieht jetzt aus wie ein Professor.« Von seinen ersten Ostern, die der junge Erzbischof an seinem Dienstort Sofia feiern musste, schrieb er ausnahmsweise auch einmal an Alfredo: »Ich erwidere Deine Ostergrüße herzlich. Der heilige Joseph trug keine Brille, das kannte man damals noch nicht. Doch hat er uns die Kunst gelehrt, nur das Gute zu sehen und alles beiseite zulassen, was uns nicht nach oben führt. [...] Denk in Deinen Gebeten immer besonders an mich, damit mir der Herr helfe, den Blinden die Augen zu öffnen; es gibt ihrer viele auch in diesem Land, wo die Wahrheit ebenso wie anderswo leuchtet, wenngleich sie sie nicht sehen wollen.

In inniger Zuneigung, Dein Bruder

+ *Angelo Giuseppe Archivesc.*«

Apropos

»La Sposalizio della Vergine«

Die »Vermählung Mariens« hat keine biblische Grundlage, trotzdem erfreute sie sich in der Volksfrömmgkeit und in der bildenden Kunst großer Beliebtheit. Von Giottos Fresko in der Scrovegni-Kapelle in Padua bis zu den frommen Nazarenern im 19. Jahrhundert wurde das Motiv unzählige Male variiert. Das wohl berühmteste Bild der »Sposalizio« befindet sich in der Pinacoteca di Brera in Mailand. Raffael Santi hat es als Einundzwanzigjähriger im Jahr 1504 gemalt. Alles an dem Bild ist »ideal« und erscheint durch den schwebenden Sakralbau bestimmt von der Harmonie gottgewollter, kosmischer Gesetze. Es ist ein Bild des Vertrauens, der Verheißung und der Vollkommenheit.

Wie das vergessene Fest der »Vermählung Mariens« beziehen sich auch die bildlichen Darstellungen auf das apokryphe Jakobus-Evangelium, dem zufolge der Zimmermann Joseph durch das Stabwunder als Bräutigam für die Tempeljungfrau Maria erwählt worden war. Unter den brautwerbenden Witwern des Landes sollte nämlich jener Maria als Frau heimführen, an dessen Stab ein Zeichen Gottes sichtbar würde. Nach einem Gebet des Hohenpriesters habe sich auf dem Stab Josephs eine Taube niedergelassen – in anderen Varianten hätte der Stab zu blühen begonnen – und Joseph nahm Maria »in seine Obhut« und wurde ihr vom Priester angetraut.

Die »Sposalizio« von Raffael ist eines der »capolavori«, der Meisterwerke, der Brera-Pinakothek und Roncalli hat es sicher bei einem seiner zahlreichen Mailand-Besuche bewundert. Dass es genau vierhundert Jahre vor seiner Priesterweihe gemalt wurde, wird er wohl vermerkt

haben. Im Vergleich zu den meisten der zahllosen anderen Künstler, die das beliebte Motiv umgesetzt haben, malte Raffael keinen »alten« Joseph, sondern einen im besten Mannesalter.
Von stets lieblicher Art sind die beliebten Darstellungen der Vermählung Mariens auf den kirchlichen Trauungsurkunden, wie sie im Geist und im Eheverständnis des ausgehenden 19. Jahrhunderts üblich waren und – so darf man annehmen – in der einen oder anderen Variante vom Traupriester Mons. Angelo Giuseppe Roncalli unterschrieben wurden.

Meine Lebensaufgabe lässt sich mit folgenden drei Worten zusammenfassen: Gott zu erkennen, ihn zu lieben und ihm das ganze Leben lang zu dienen. Gottes Wille soll auch mein Wille sein, das ist der erste und oberste Grundsatz.

Und die anderen Dinge um mich herum? Wenn Gott sie mir gegeben hat, sind sie ein zusätzliches Geschenk. Sie sollen dem Menschen dazu dienen, sein Ziel zu erreichen. Jeder andere Gebrauch richtet sich gegen die natürliche Ordnung. Meine Einstellung zu ihnen beruht auf jenem goldenen Gesetz des Gleichmuts. Solche Gelassenheit ist keine natürliche Stumpfheit, wie sie manchen Charakteren eignet, sondern eine Tugend, sich von allem zu lösen, wenn Gott es so will. Ruhe, Ausgeglichenheit, Erhöhung des Geistes und tiefe Erkenntnis werden denen zuteil, die sich nicht um diese nichtigen Dinge sorgen. Wenn sie uns aber angeboten werden, sind sie ein kraftvoller Antrieb zu Gott hin.

Ich führe ein paar Beispiele an, die gut in Erinnerung zu halten sind.

Irdische Güter und Vermögen. Es gefiel dem Herrn, sie mir vorzuenthalten. Warum sollte ich deshalb klagen? Bei aller Sparsamkeit zwingt mich manchmal die harte Notwendigkeit, kleinere Schulden zu machen. Das ist mir peinlich und deprimiert mich. Soll es aber nicht. Gott ist es doch, der dies zulässt, und damit basta.

Ein scharfer Verstand und ein gutes Gedächtnis sind Geschenke Gottes. Ich brauche aber nicht traurig zu sein, wenn andere mehr davon besitzen. Die Ergebnisse bei den Examen und ein gutes Abschneiden liegen mir allerdings sehr am Herzen, ob ich will oder nicht. Wenn ich nun aber alles getan habe, was Gott von mir wollte, was kümmern mich dann gute oder schlechte Resultate?

Bei den religiösen Übungen gelingt mir manchmal überhaupt nichts. Mein Herz ist wie aus Stein, und ständig lasse ich mich ablenken, der Herr scheint sich verborgen zu haben. Traurigkeit und Enttäuschung überkommen mich – weg damit! Bleiben wir ruhig und froh, auch in solchen Umständen. Gott will es so, heißt der Trost.

Aus dem Geistlichen Tagebuch, während der Exerzitien zur Subdiakonatsweihe, Rom, April 1903

Gott ist alles, ich bin nichts. E per oggi basta!

Das erste Studienjahr des Seminaristen Angelo Roncalli in Rom verlief ruhig. Wie sehr er sich seines Standes bewusst war, aber auch, dass er genug Grund hatte, in seinen Gewissenserforschungen »gegen den Hochmut« anzukämpfen, zeigt das Notabene gleich im ersten Brief aus dem Römischen Seminar an die Familie: »Meine Anschrift lautet: *An den ehrwürdigen Kleriker Angelo Roncalli. Seminario Pontificio S. Apollinare. Piazza S. Apollinare. Rom.*« Auf korrekte Adressierung und Anrede, vor allem in den Briefen, die er von seiner Familie erhielt, legte Roncalli großen Wert. Später wird er klar zwischen sich als Person und dem Amt, das er bekleidet, unterscheiden. Die Ehrfurcht gilt dem Amt und seiner Kirche – und damit Gott. Für sich als Person wird er im steten Bemühen um Demut ein Leben lang nicht aufhören, die Nichtigkeit für sich zu beanspruchen.

Bereits im Jänner 1901 erfolgte die militärische Musterung des Neunzehnjährigen: tauglich, erste Kategorie. Angelo hatte sich nämlich bereit erklärt, als Freiwilliger den Militärdienst abzuleisten, um dadurch den jüngeren Bruder Zaverio für die Feldarbeit zuhause freizuhalten. Zumindest berichtet dies Andrea Tornielli, der Autor einer jüngeren italienischen Biographie. Ob Angelo diesen Stellvertreterdienst aus eigenem Entschluss oder auf Drängen der Familie leisten wollte, das weiß offenbar auch Tornielli nicht. Aber er sollte erst im November eingezogen werden, bis dahin studierte er eifrig, erreichte bereits im Juni das Bakkalaureat, den ersten Grad in Theologie mit einem Anerkennungspreis in Hebräisch. Zwischendurch nahm er an dem berühmten *Circolo dell'Immaculata* teil, einer geistlichen Gesprächsrunde »junger Römer« unter der Führung des Prälaten Giacomo Radini Tedeschi, dem späteren Bischof von Bergamo. Man sieht, wohin es Angelo gezogen hat. So fromm, wie es klingt, war dieser Zirkel allerdings nicht. Roncalli, der damit Eingang in Kreise intellektueller und engagierter römischer Katholiken fand, beschreibt später in der Biographie »seines« Bischofs Radini Tedeschi diese Abende und lässt erkennen, dass er sich dabei sehr wohlgefühlt hat: »Da waren jene langen, in Gesellschaft mit ihm [Radini, Anm. Autor] verbrachten Abende, mit dieser mutigen Gruppe junger Römer – heute noch tatkräftige und hoch angesehene Männer – in angeregter und fröhlicher Unterhaltung, oder, was häufiger der Fall war, in harter Arbeit, zu der Monsignore uns mit Wort und

P. Francesco Pitocchi, der geistliche Begleiter des jungen Roncalli

Beispiel ermutigt hatte, um verschiedenen Projekten, die er leitete, zum Erfolg zu verhelfen. Und die Liste scheint endlos: Katechesen, Notunterkünfte und Küchen für die Armen, Erholungsheime für Soldaten und so weiter. [...] Er wusste unsere Herzen höher schlagen zu lassen, vereint mit seinem eigenen Herzen, in heiligem Bestreben, zu den reinsten Idealen des Glaubens und der christlichen Frömmigkeit zu gelangen.« Man darf sagen, Angelo war bereits damals ein großer Verehrer von Radini Tedeschi.

Vom alunno *zum* sergente

Am 30. November trat Angelo den Militärdienst als Rekrut im 73. Infanterieregiment der Brigade Lombardei in der Kaserne Umberto I. in Bergamo an. In die innere Brusttasche steckte er ein Bild der Madonna della Fiducia, der Gottesmutter des Vertrauens, wie er sie in der Kapelle des Römischen Seminars lieben gelernt hat: Maria als schöne junge Frau, das Jesuskind legt zärtlich den Arm um ihren Nacken, beide neigen sich liebevoll dem Betrachter zu. Mutter und Kind sind mit kostbaren Diademen gekrönt. Bei allen örtlichen Veränderungen, die das Seminar im Laufe der Jahrzehnte erfuhr, ist dieses Gnadenbild bis heute das Herzstück in der Kapelle geblieben. Ein besonderer Trost soll von diesem Bild ausgehen. Täglich kniete Angelo während der Seminarzeit davor: *»O Maria, Madre di Dio, a te affidiamo la nostra vita* – Gottesmutter, dir vertrauen wir unser Leben an, wir sind deine Söhne, in deine Hände legen wir unsere Berufung«.

Angelo wurde ein Soldat wie jeder andere. Er lernte schießen, wurde befördert und hatte das Privileg, hin und wieder im Priesterseminar übernachten zu dürfen. Die Kameraden, sonst nicht gerade zimperlich in Sprache und Umgang, respektierten ihn und ließen ihn in Ruhe.

Dennoch streifte ihn der Geruch der »Blumen des Bösen«, wenn er Gesprächsfetzen über Trinkexzesse und Bordellbesuche aufschnappte. Im Tagebuch vom Dezember 1902, während der Exerzitien »nach der Babylonischen Gefangenschaft«, artikuliert er seinen Ekel: »Wie hässlich ist die Welt, wie abstoßend, wie schmutzig. Während meines Militärjahres habe ich es mit Händen greifen können. [...] Ich habe nicht geglaubt, dass vernünftige Menschen sich so erniedrigen können. [...] Ich danke dir, mein Gott, dass du mich vor so mancher Verderbtheit bewahrt hast, das ist wirklich eine deiner größten Gnaden, für die ich dir mein ganzes Leben lang dankbar sein werde.« Im Mai war er zum Korporal befördert worden und am 15. November musterte er im Rang eines *sergente* – Feldwebel – ab. Wie bei Klerikern üblich wurde durch eine Abstandszahlung von 1.200 Lire seitens der Diözese Bergamo sein Präsenzdienst von zwei Jahren auf eines reduziert. Er kehrte nach Rom zurück in den Schoß des Römischen Seminars und wusch sich in einer wahren Flut von Eintragungen in seinem »Tagebuch der Seele« während der folgenden zehntägigen Exerzitien allen Schmutz des vergangenen Jahres von der Seele. Hinter manchen Sätzen spürt man die Strategien der Verführungen, denen er beim Militär ausgesetzt war – und wie er sich dagegen zur Wehr setzen musste. In nahezu biblischen Satzkaskaden bricht jetzt aus ihm die Dankbarkeit heraus, dass Jesus ihn wie einen Jünger berufen und wie das Volk Israel ins Gelobte Land, damit meinte er Rom, geführt hat:

»Er hat mich als kleinen Jungen vom Lande weggeholt und mit der Sorge einer liebenden Mutter mit allem Notwendigen versehen. Ich hatte kein Brot, und er hat es mir gegeben; ich hatte nichts anzuziehen, und er hat mich bekleidet; ich hatte keine Bücher zum Studium, und er dachte auch daran. Bisweilen vergaß ich ihn, doch rief er mich stets behutsam zurück; ich erkaltete in der Liebe zu ihm, und er erwärmte mich an seiner Brust, an der Glut seines ständig glühenden Herzens. Seine Feinde und die Feinde seiner Kirche umringten mich, stellten mir nach, schleppten mich in die Welt, in den Schmutz und Unrat, und er hat nicht zugelassen, dass mich das Meer verschlingt; damit ich meinen Geist zu größerem Glauben und größerer Liebe erhebe, *führte er mich in sein gelobtes Land, in den Schatten seines Stellvertreters, an die Quelle der katholischen Wahrheit, an die Gräber seiner Apostel, wo die Erde noch mit dem Blut seiner Märtyrer getränkt und die Luft vom Wohlgeruch der Heiligkeit seiner Bekenner erfüllt ist*[1]. Er gönnt sich keinen Augenblick Ruhe, nicht bei Tag und nicht bei Nacht, und sorgt für mich mehr noch als eine Mutter für ihr Kind. Und nach all dem hat er nur die zarte Frage: ›Mein Sohn, liebst du mich?‹ Herr, Herr, was darf ich antworten? Sieh, wie die Feder meinen Händen entgleitet. [...] Was darf ich sagen? ›Herr, du weißt, dass ich dich liebe!‹«

»Ich bin nichts«

Am Ende der ersten Woche der Exerzitien, am 16. Dezember 1902, ist gerade ein Heft seines Seelenjournals ausgeschrieben. Roncalli beginnt ein neues Heft und setzt an den Anfang zehn wie in Stein gemeißelte Worte:

»Dio è tutto: io sono nulla. E per oggi basta.«

»Gott ist alles: ich bin nichts. Schluss für heute.«

Diese Worte voller Wucht gehen auf das erste Gespräch Roncallis mit seinem Exerzitienmeister zurück, dem

1 Die kursiv gesetzten Zeilen hat Papst Johannes XXIII. beim Wiederlesen des Tagebuchs im Jahr 1961 rot unterstrichen.

Redemptoristenpater Francesco Pitocchi, der eben Spiritual am Römischen Seminar geworden war. Es war kein ermahnendes Donnerwetter, sondern ein liebevolles einander ins Herz Schauen. »Ich war zwanzig Jahre alt und kam gerade vom Militär; es genügte das erste Gespräch mit Pater Pitocchi, dass ich in meiner Seele die Gewissheit verspürte, dass dieser Mensch mir zur Erkenntnis des Willens Gottes verhelfen würde. Er gab mir am Schluss unserer ersten Begegnung eine Art Leitsatz mit: *Dio è tutto: io sono nulla*. Er wiederholte die Worte mehrmals, leise, nachdrücklich, ja zärtlich. Sie wurden ein Prüfstein, der mir einen neuen unerforschten Horizont enthüllte, voller Geheimnisse und Faszination.« Die Wirkung, die diese Worte auf Angelo hatten, ging von der Überzeugungskraft jenes Mannes aus, der sie gesprochen hat. Dieser lebte, was er glaubte.

Dem Einfluss Francesco Pitocchis auf Angelo Roncalli wird von manchen Autoren geradezu kirchenhistorische Bedeutung beigemessen. »Wie für den heiligen Augustinus die Begegnung mit dem heiligen Ambrosius von Mailand so ist für den späteren Papst Johannes XXIII. die Begegnung mit P. Pitocchi von entscheidender Bedeutung gewesen.«[2]

Die Tätigkeit eines Spirituals und Seelenführers »war alles, was er tun konnte, und es war das Beste, was er tun konnte«. P. Pitocchi litt nämlich an einer unheilbaren Verkrampfung der Halsmuskulatur und war außerstande, ein anderes öffentliches Amt anzunehmen. Er konnte auch nicht die Messe zelebrieren. Papst Leo XIII. setzte ihn persönlich zum Spiritual am Römischen Seminar ein, wo

2 Franz Michel Willam, Johannes XXIII. und das II. Vatikanische Konzil, Zeitschrift »Geist und Leben«, Heft 2, S. 99

Angelo Roncalli als Infanterist, Bergamo 1901

er vielen zukünftigen Priestern und Prälaten ein überaus geschätzter Seelenführer war. Anlässlich seines Todes im Jahr 1922 schrieben viele bedeutende Geistliche Nachrufe, der längste stammt von Roncalli, damals bereits Hausprälat »seiner Heiligkeit« und Präsident der Päpstlichen Missionswerke in Italien. Er erinnert sich darin, dass er, wie viele seiner Kollegen, zweimal in der Woche Pater Pitocchi zum Gespräch aufgesucht hat. Wenn er wegen seiner Krankheit nicht ins Seminar kommen konnte, besuchten ihn die jungen Kleriker in seiner winzigen Kammer im Kloster. Roncalli schreibt in seinem Nachruf: »Er hörte immer mit großer Güte und Liebenswürdigkeit zu, machte nicht viele Worte, oft genügte ein Gedanke aus der Schrift, um uns zu überzeugen, dass er wirklich um unsere Seele so bemüht war, als hätte ihn der Herr zu jedem einzelnen von uns geschickt. Wenn wir ihn verließen, küssten wir das Kreuz auf der Stola und er hob die Hand zur Absolution oder zum Segen. Wir fühlten dann frische Kraft und großen Enthusiasmus; trotz vielen Versagens – ich spreche für mich – waren das die schönsten

Erfahrungen unseres jungen Lebens als Seminaristen.« Die Inschrift auf seinem Grabstein in Vico nel Lazio, wo Pitocchi geboren und als früher Vollwaise von seiner Großmutter erzogen wurde, rühmt seine »geduldige Liebe«, seine »unerschütterliche Ruhe«, und seine »verschwiegene Seele«. Viele Jahre später fasste Roncalli, inzwischen Papst Johannes XXIII., einmal alles über Pitocchi Gesagte in fünf Worte zusammen:

»*Padre Pitocchi: un sant'uomo!* – Pater Pitocchi: ein Heiliger!«

Eine fundamentale Entdeckung

Von Weihnachten 1902 an nimmt sich Angelo in seinem Seelentagebuch vor, immer weniger von sich zu reden und immer mehr von Jesus und von der vertrauensvollen Öffnung für die Gnade. Sich weniger fürchten vor dem möglichen Versagen und vor der eigenen Nichtigkeit und mehr vertrauen auf das Wirken Gottes, was dann von selbst den Weg zur Heiligkeit zeigt.

Fünf Zeilen nach dem Donnerwort *io sono nulla* am Anfang des neuen Tagebuch-Heftes leuchtet voller Optimismus sein intaktes Selbstwertgefühl auf: »Die Demut ist für mich der Weg, auf dem ich zum Triumph des göttlichen Wirkens aufsteigen muss; und zugleich ist sie die sicherste Möglichkeit, mich auf eine große Zukunft wirkungsvoller und segensreicher Tätigkeit im Reiche Jesu Christi vorzubereiten. Alles Übrige wird sich von selbst ergeben. Das ist der Rat meines geistlichen Vaters. Der Heilige Geist spricht durch ihn zu mir.«

Was also Roncalli bei Pater Pitocchi gelernt hatte und worauf er zeitlebens bauen konnte, war, dass alles, was der Mensch vermag, aus der Kraft Gottes kommt. Sechzig Jahre später, kurz nach seiner Wahl zum Papst, bekräftigt er dies mit anderen Worten: »Mir scheint, ich sei ein leerer Sack, den der Heilige Geist unversehens mit Kraft füllt.«

Nur einen Monat nach den Exerzitien mit P. Pitocchi, am 16. Januar 1903, notiert Angelo in seinem Seelentagebuch eine »fundamentale Entdeckung«, bei der es ihm »wie Schuppen von den Augen fiel«. Man darf annehmen, dass auch diese Entdeckung eine Frucht der Gespräche Roncallis mit seinem Seelenführer P. Pitocchi war. Die Eintragung ist eine der originellsten und sprachlich erfrischendsten im ganzen Tagebuch. Jetzt werden die Gipsfiguren der blassen Heiligen von ihrem hohlen Untersatz unkritischer Nachahmung gestoßen. Er schreibt:

»Mit einer Gewalt, dass man es mit Händen greifen könnte, bin ich darauf gestoßen worden, sodass mir eines klar geworden ist: Die Auffassung, die ich mir von der Heiligkeit, der ich nachstrebe, gebildet hatte, ist falsch! Bei meinen einzelnen Handlungen, meinen kleinen, sofort erkannten Verfehlungen stellte ich mir das Bild irgendeines Heiligen vor, den ich mir in allem, auch in kleinsten Dingen nachzuahmen vornahm, genau wie ein Maler ein Bild von Raffael kopiert. Ich sagte mir immer: Wenn der heilige Aloisius in diesem Fall so oder so handeln würde, dann würde er nicht dieses oder jenes andere tun und so weiter. So kam ich dahin, dass ich nie das erreichte, was ich mir eingebildet hatte tun zu können, und das beunruhigte mich. Es ist ein falsches System.

Von der Tugend der Heiligen muss ich das Wesentliche – *la sostanza* – und nicht das zufällige Erscheinungsbild – *gli accidenti* – übernehmen.

Ich bin nicht der heilige Aloisius und muss mich nicht genau so heiligen, wie er es getan hat, sondern wie es mein anderes Wesen, mein Charakter, meine verschiedenen Lebensbedingungen verlangen.

Ich muss nicht die kümmerliche und dürre Reproduktion eines wenn auch noch so vollendeten Typs sein. Gott will, dass wir in Nachahmung der Heiligen den lebendigen Saft ihrer Tugend – *il succo vitale della virtù* – in uns aufnehmen, ihn in unserem Blut umwandeln und unseren besonderen Anlagen und Umständen anpassen – *adattare*. Wenn der heilige Aloisius der wäre, der ich bin, dann würde er auf einem anderen Weg heilig werden, als auf dem, den er eingeschlagen hat.«

Der bedeutende Konzilshistoriker und Roncalli-Biograph Giuseppe Alberigo folgert aus dieser frühen Erkenntnis des späteren Papstes ganz Entscheidendes: »Damit gewinnt das geistliche Leben Roncallis eine Elastizität und eine persönliche Prägung, die – ohne eine engagierte Treue zu verkleinern – in der Anpassung an die konkreten Möglichkeiten bei der Suche der Vollkommenheit auch die Freiheit hochhält.«

Diese Erkenntnis fordert eine zeit- und entwicklungsbedingte kritische Befragung nicht nur von Frömmigkeitsformen wie der Heiligenverehrung, sondern von allem, was Tradition genannt werden kann. Sie wird wichtig sein für sein Reformverständnis als Papst in Hinblick auf das II. Vatikanische Konzil.

Nicht in der Tradition leben, sondern aus ihr

Roncalli war und blieb im besten Sinn des Wortes konservativ, das heißt, er wusste um den Wert der Tradition in seiner Kirche. Aber Tradition ist kein statischer, sondern ein eminent dynamischer Begriff. Tradition leuchtet in die Zukunft mit dem Licht der unvergänglichen Substanz des Vergangenen.

Die Kernaussage der Konzilseröffnungsrede vom 11. Oktober 1962 wird sein, dass das Verständnis der Lehre der Kirche durch Ausdrucksformen des modernen Denkens vertieft werden kann und muss. »Denn eines ist die Substanz der tradierten Lehre; etwas anderes ist die Formulierung, in der sie dargelegt wird.« Roncalli verdankt diese Formulierung vor allem dem Studium der Schriften des Thomas von Aquin im Wintersemester 1902/03. An seinem Festtag, dem 28. Jänner, vermeldet er mit Begeisterung, dass er seine Werke »als die Werke eines Heiligen« im Original lese. Wenige Wochen wird er diese Lektüre nicht nur für theoretische, sondern auch für praktische Erkenntnisse nutzen: »Thomas gibt mir, wie allen Studierenden, eine große Lehre. ›Die Furcht des Herrn ist der Anfang der Weisheit.‹ Wie oft im Eifer des Studiums rückt die Frömmigkeit an die zweite Stelle, und man denkt gleichsam, dass die Zeit, die man mit Gebet verbringt, verloren sei. Und doch war der Aquinate, bevor er der größte Gelehrte seiner Zeit wurde, ein Heiliger, und gerade weil er ein Heiliger war, erreichte er einen so hohen Grad von Weisheit. Heiliger Thomas, während ich deine kostbaren Werke studiere, lass mich verstehen, dass ich mich um jeden Preis heiligen muss, wenn ich für die Sache Christi und der Kirche nützlich sein will.«

Im Dezember 1903, in den Exerzitien kurz vor der Diakonatsweihe, stellt Roncalli nochmals das Prinzip dieser »geschichtlichen Differenzierung« als ein Grundprinzip seines Lebens auf, man kann es sogar sein Grundprinzip in der Verkündigung der Glaubenslehre nennen, dass, wie er schreibt, in allen theologischen Fragen zuerst die »überlieferte Lehre der Kirche zu erforschen und von dieser Grundlage aus auf die neuen Ergebnisse der wissenschaftlichen Forschung einzugehen« ist. Er liebe Kritik, schreibt Roncalli, und er verfolge mit Spannung neue Gedankengänge, Entwicklungen und Tendenzen. Und wörtlich: »Kritik ist für mich Licht, ist Wahrheit – und die Wahrheit ist heilig und unteilbar – *la critica per me è luce, è verità, e la verità è santa ed è una sola*«. Und dann: »Ich tröste mich damit, dass Gott den heiligen Schatz seiner Offenbarung immer reiner und klarer hervortreten lässt.« Sechzig Jahre später, am Sterbebett, wird er diktieren: »Nicht das Evangelium ist es, das sich verändert, wir sind es, die gerade anfangen, es besser zu verstehen.«

Apropos

Der Mensch ist nichts / GOtt alles.
Ich bin nicht Jch noch Du: Du bist wol Jch in mir:
Drumb geb ich dir mein GOtt allein die
Ehrgebühr.

Die Selbst-vernichtigung.
Nichts bringt dich über dich als die Vernichtigkeit:
Wer mehr Vernichtigt ist / der hat mehr Göttlichkeit.

Angelus Silesius (1624–1677)
Epigramme II 180 und 140

0 steht für Nichts, aber jede Zahl können wir durch diese Null zehnfach, hundertfach, tausendfach multiplizieren. So gibt Dankbarkeit dem Leben Fülle, indem sie Nichts hinzufügt. Der volle Kreis ist die leere Null. 0 bedeutet zugleich Fülle und Leere. 0 zu verstehen, indem man 0 wird – darum geht es, wenn wir von Dankbarkeit sprechen.

David Steindl-Rast (*1926)
»Fülle und Leere: 0«

Von einer wiedergewonnenen, nüchternen und gelassenen Zustimmung zur umfassenden Lehrtradition der Kirche erwarten jene, die sich auf der ganzen Welt zum christlichen, katholischen und apostolischen Glauben bekennen, einen Sprung vorwärts, der einem vertieften Glaubensverständnis und der Gewissensbildung zugutekommt. Dies soll zu größerer Übereinstimmung mit dem authentischen Glaubensgut führen, indem es mit wissenschaftlichen Methoden erforscht und mit den sprachlichen Ausdrucksformen des modernen Denkens dargelegt wird. Denn eines ist die Substanz der tradierten Lehre, also des ›depositum fidei‹, etwas anderes ist die Formulierung, in der sie dargelegt wird.

Wir sehen, wie im Wechsel der Epochen einander entgegengesetzte Meinungen der Menschen aufeinander folgen und wie Irrtümer, kaum entstanden, wie der Morgennebel vor der Sonne vergehen. Die Kirche war immer in Widerspruch zu solchen Irrtümern, manchmal hat sie diese auch mit größter Strenge verurteilt. Heutzutage zieht es die Braut Christi vor, eher das Heilmittel der Barmherzigkeit anzuwenden als das der Strenge. Sie ist überzeugt, dass es dem, was jetzt gefordert ist, besser entspricht, wenn sie die Stichhaltigkeit ihrer Lehre nachweist, als wenn sie eine Verurteilung ausspricht.

Mit diesem Konzil bricht in der Kirche ein strahlender, glückverheißender Tag an. Schon kündigt sich die Morgenröte an, und schon fühlen wir uns bei den ersten Zeichen des anbrechenden Tages wohl. Alles atmet Heiligkeit, alles weckt Freude. Und da sollten wir auch die Sterne sehen, die mit ihrem Glanz dieses Gotteshaus erfüllen. Nach dem Zeugnis des Apostels Johannes seid ihr Bischöfe diese Sterne [...] Das fordert von euch Gelassenheit in der Bereitschaft, brüderliche Eintracht, rechtes Maß in den eingebrachten Vorschlägen, Fairness in den Debatten und Klugheit in den Entscheidungen. Mögen eure Anstrengungen und eure Arbeit, auf die sich die Aufmerksamkeit vieler Völker und außerdem die Hoffnung der ganzen Welt richtet, die Erwartungen aller in möglichst großem Maße erfüllen.

Aus der Rede von Papst Johannes XXIII.
zur Eröffnung des 2. Vatikanischen Konzils
am 11. Oktober 1962, übersetzt nach der
italienischen Originalfassung

»Chiamami il Santo Ufficio!«

Einer jener seltenen Momente, in denen Roncalli Freundlichkeit und Geduld verließen, ereignete sich bald nach seiner Wahl zum Papst. Kardinal Alfredo Ottaviani, der Sekretär des Heiligen Offiziums, wurde vorstellig, um eine Unterschrift des Papstes für das Verbot eines Buches einzuholen. Es sollte damit auf den damals noch in Kraft befindlichen Index gesetzt werden. Doch Johannes XXIII. verweigerte seine Unterschrift. Ottaviani verwies hartnäckig darauf, dass das Heilige Offizium doch die Indizierung einstimmig beschlossen hätte. Darauf Johannes: »*Chiama mi il Santo Ufficio!* – Rufen Sie mir das Heilige Offizium, dann werde ich ihm etwas sagen. Ich kenne einen Priester, der beim Heiligen Offizium wegen Verkehrs mit einem Modernisten angezeigt wurde. Er hieß Roncalli, und das bin ich.«

Papst Paul VI. vollzog wenige Jahre später auch offiziell, was im Herzen von Johannes längst beschlossen schien, nämlich den »Index der verbotenen Bücher« als ein aufklärungsfeindliches und unmenschliches Instrument aus den Zeiten der Inquisition ehestmöglich aufzuheben.

Was hatte es aber damit auf sich, dass der junge Roncalli »wegen Verkehrs mit einem Modernisten« in Verdacht geraten war?

Ein gefährliche Freundschaft

Während seines ersten Studienjahres 1901 am Römischen Seminar hatte Angelo Roncalli einen gleichaltrigen Studienkollegen namens Ernesto Buonaiuti. Es war damals in Priesterseminaren üblich, dass ausgelost wurde, wer neben wem in Kapelle und Speisesaal sitzen soll. Und so geschah es, dass der begabte Römer Ernesto, Sohn einer tieffrommen Witwe mit fünf Kindern, für einige Monate mit dem strebsamen lombardischen Bauernburschen Angelo zusammengespannt war, auch bei den seminarüblichen Spaziergängen. Buonaiuti hatte schon einige Jahre am Kleinen Römischen Seminar verbracht. Er wusste aber noch immer nicht, ob er Arzt oder Priester werden sollte. Jedenfalls war er im Seminar ein »alter Hase« und in seiner Heimatstadt Rom ein guter Cicerone für den Neuling aus der Provinz. So lernte Roncalli Rom gründlich kennen, mit seinem christlichen, aber auch mit seinem antiken Erbe. Es ist anzunehmen, dass diese Erkundungen von einem lebendigen Gedankenaustausch begleitet waren, interessierten sich doch beide Kleriker für alle möglichen kirchengeschichtlichen Fragen und Entwicklungen. Wenig Übereinstimmung dürfte es aber bezüglich der Ziele und Methoden der Seminarausbildung gegeben haben. Während Roncalli sich als dankbarer Stipendiat weitgehend angepasst zeigte, stellte Buonaiuti das im Seminar vermittelte Priesterbild als Karikatur bürokratisch funktionierender »Austeiler magischer Gesten« hin, wie später in seinen Erinnerungen zu lesen ist.

Ein Professor des Seminars, der Kirchenhistoriker Umberto Benigni, machte in seinen rhetorisch eindrucksvollen Vorlesungen aus seinem Rigorismus und menschenzverachtenden Zynismus keinen Hehl. Als Buonaiuti dem Professor nach einer Vorlesung die Idee vortrug, eine moderne Theologie müsse doch – wie in den frühkirchlichen Anfängen – die charismatischen Kräfte des Christentums mit den jeweils zeitgenössischen Geistesströmungen in Verbindung bringen, erhielt er zur Antwort: »Mein lieber Freund, glaubst du wirklich, die Menschen seien zu irgendetwas Gutem in der Welt fähig? Die Geschichte ist doch nur ein fortgesetzter verzweifelter Versuch, sich zu erbrechen, und das einzige, was diese Menschheit dringend benötigt, ist die Inquisition.«

Benigni wurde 1906 von Pius X. zur Verstärkung der antimodernistischen Kräfte in den Vatikan berufen. Er gründete das »Sodalitium Pianum«, ein Netzwerk zwischen Geheimbund und Spitzeldienst, unter dem Buonaiuti und viele andere Theologen und Geistliche genug zu leiden hatten. Roncalli war vor den Verstörungen im Seminar offenbar bewahrt geblieben, er hatte eine so gut funktionierende seelische Immunstärke, dass er seine Vorstellung vom idealen Priester, das Fundament seiner Berufung, retten konnte. Sie bestand schlicht und einfach darin, sich im Geiste Jesu »den Seelen der Menschen«

Roncalli mit Jahrgangskollegen in Rom 1902

zuzuwenden. Einen Tag vor der Priesterweihe notiert er: »Wenn ich wahrhaft groß sein will, ein großer Priester, dann muss ich wie Jesus am Kreuz alles ablegen und alle Ereignisse in meinem Leben wie auch die Anordnungen meiner Vorgesetzten mit gläubigem Verständnis beurteilen – *o beata simplicitas,* selige Einfachheit!«

Die Vision Buonaiutis von der Neubelebung »einer missionarischen Tradition der Kirche in der modernen Welt« dürfte Roncalli aber mit ihm geteilt haben, schließlich hatte er später mit dem Konzil im Grunde nichts anderes im Sinn. Ähnliche Reformgedanken kursierten ja schon lange im italienischen Klerus, sogar bei Bischöfen, und zwar bei jenen, die ihr Amt engagiert und in pastoraler Verantwortung ausübten.

Doch das Klima im Seminar war eng und ängstlich, geprägt von der Unruhe, die der aufkommende Streit um den Modernismus bewirkte. Die Seminaristen sollten davor tunlichst abgeschirmt sein. So durften sie angeblich keine Zeitung lesen, nicht einmal den vatikanischen »*Osservatore Romano*«. Allerdings sollen hektographierte Schriften mit den neuesten theologischen Ideen heimlich von Hand zu Hand weitergereicht worden sein. Roncalli lehnte neue Ideen nicht ab, hielt aber vorsichtig Distanz: »Vorsicht vor allem vor Oberflächlichkeit, Leichtfertigkeit, Überspanntheit in Hinblick auf Neuerungen, neue Bücher, neue Systeme, neue Personen. In solchen Fällen meine Zunge besonders im Zaum halten. Ich muss auf alles achten und mit Begeisterung die aufwärtssteigende Bewegung der katholischen Kultur verfolgen, aber auch das notwendige Maß halten. *Ne quid nimis* – nichts im Übermaß! Was lese ich in meinem Kempis? – ›Lass ab von der überspannten Wissbegier, denn es ist viel Zerstreuung und viel Trug dabei.‹«

Buonaiuti hatte sich schließlich doch entschieden, Priester zu werden und wurde ein Jahr vor Roncalli geweiht. Sehr bald schlug er die akademische Laufbahn eingeschlagen, beschäftigte sich mit den Ideen führender europäischer Reformtheologen und zählte in der Folge zu den führenden italienischen Modernisten. 1904 war Buonaiuti noch am Römischen Seminar und assistierte im August bei der Priesterweihe von Angelo Roncalli, er half dem eben Geweihten »das Messgewand anzuziehen und hielt ihm das Messbuch«, wie Roncalli selber in wehmütiger Erinnerung im Tagebuch von 1946 vermerkt, nachdem er vom Tod seines einstigen Seminarkollegen erfahren hatte. Manche Autoren schließen nicht aus, dass der frühe Kontakt mit Buonaiuti im Römischen Seminar zumindest unbewusst inspirierend auf den späten Roncalli gewirkt haben könnte. »Ich habe manches von Don Ernesto gelernt«, soll Roncalli einmal bemerkt haben. Die Verbindung war ja auch Jahre später noch aufrecht, wie eine abgefangene Postkarte von Buonaiuti zeigt. Durch sie wurde auch Roncalli beim *Sanctum Offizium* »des Modernismus verdächtig«, wie unter dem Namen Roncalli in den Akten des Heiligen Offiziums vermerkt ist. Nachdem sich Johannes XXIII. einmal Einblick in seinen Personalakt verschafft und dies gelesen hatte, zückte er die Füllfeder und schrieb darunter: »Ich, Johannes XXIII., Papst, bin nie Modernist gewesen.«

Die völlig unterschiedlichen Wege der beiden ehemaligen Jahrgangskollegen bewirkten wohl eine gewisse – auch örtlich bedingte – Distanz. In einem Nachruf auf Papst Johannes XXIII. im Juni 1963 schrieb das deutsche Nachrichtenmagazin »Der Spiegel«: »Für Roncalli war es selbstverständlich, dass er nicht wie Buonaiuti an den kirchlichen Lehren rütteln durfte. Aber er unterschied zwischen dem Irrtum und dem Irrenden, und er hielt dem Freund die Treue, auch als dieser der Kirche nicht mehr angehörte.«

Was die Modernisten wollten

Um die Jahrhundertwende bemühten sich reformwillige katholische Theologen und Denker – auch hochrangige – das Dogma mit den wissenschaftlichen Erkenntnissen und den gesellschaftlichen Entwicklungen in Einklang zu bringen. Damit sollte die Kluft zwischen Kirche und moderner Welt, die mit Pius IX. schier unüberbrückbar geworden war, zumindest verringert werden. Lehre und Theologie sollten mit Hilfe neuzeitlicher Denkansätze tauglich für das 20. Jahrhundert formuliert werden.

Die römische Kurie nannte diese Bestrebungen abschätzig Modernismus. Im »Programm der italienischen Modernisten«, das Buonaiuti redigiert und zum Teil auch selbst verfasst hat, sind natürlich auch provokante Sätze zu lesen, die man aber – wie die folgenden Beispiele – heute sinngemäß sogar aus dem Mund des Papstes vernehmen kann. Damals, 1907, waren sie unerhört: »Wir sind müde, die Kirche zu einer Bürokratie herabgewürdigt zu sehen, welche eifersüchtig über ihre übrig gebliebenen Machtbefugnisse wacht, zu einer Klasse von untätigen Männern, die, nachdem sie sich dem Priestertum gewidmet haben, fette Pfründen genießen.« Gefordert wird auch »die Rückkehr zu einem einfachen Leben, die der Kirche den Zugang zur Demokratie öffnen und ihr die Fähigkeit geben wird, dieser die Schätze der Religiosität zuzuwenden, welche die christliche Tradition in ihrem Schoß gesammelt hat.«

Während Buonaiuti in Rom geblieben war und mit vierundzwanzig Jahren Kirchengeschichte an römischen

Seminarien lehrte – allerdings nur für zwei Jahre –, ging Roncalli als Sekretär von Giacomo Graf Radini Tedeschi, dem neu ernannten Bischof von Bergamo, in seine Heimat zurück.

Buonaiuti wurde inzwischen als Herausgeber von zwei religionsgeschichtlichen Zeitschriften aktiv, schrieb Aufsätze und Bücher, die allesamt von der Jesuitenzeitschrift *Civiltá cattolica* vernichtend kritisiert wurden und alsbald auf dem Index standen. Don Ernesto wurde als Wortführer der italienischen Modernisten zur bevorzugten Zielscheibe ihrer Gegner. Er besuchte die Köpfe verschiedener europäischer Zweige der Reformbewegung, zum Beispiel Alfred Loisy in Frankreich und George Tyrell in England, distanzierte sich aber später von manchen ihrer Ideen.

1907 veröffentlichte Pius X. die Enzyklika *Pascendi Dominici gregis*, die den Modernismus und »seine Vorstellung von der Entwicklung« in Bausch und Bogen verdammte – übrigens in beziehungsvoller Anspielung auf den Titel von *Dominici gregis custodiae*, jener Konstitution, mit der 1564 der »Index der verbotenen Bücher« eingeführt worden war. Die postwendend darauf erfolgte Antwort war das »Programm der italienischen Modernisten« Buonaiutis, mit seiner Betonung der »fortschreitenden Entwicklung der katholischen Lehre, welche aus dem tiefen Bedürfnis entstanden ist, der neuen religiösen Erfahrung durch die Lehre Christi ihren natürlichen Halt darzubieten.«

Von seiner Kirche wurde Buonaiuti dann mehrfach mit Lehrverbot belegt, wiederholt exkommuniziert und wieder aufgenommen. 1926 wurde er endgültig »durch die Kurie aus dem Schafstall verwiesen«, wie er selber schreibt, und zwar als *vitandus*, das heißt in der damals noch vorhandenen schärfsten Form der Exkommunikation als einer, den Katholiken fortan unter Strafandrohung zu meiden hatten. Seinen staatlichen Lehrstuhl an der Universität Rom verlor er, als er sich 1932 weigerte, den von den Faschisten geforderten Treueeid zu Mussolini abzulegen. Von über 1200 italienischen Universitätsprofessoren fanden neben ihm nur zehn weitere den Mut, diesen Eid zu verweigern. In gewisser Weise war Buonaiuti damit auch ein Opfer des wiederhergestellten guten Einvernehmens zwischen Mussolini und dem Vatikan geworden.

Das Licht des Ölbaums

Die reformierte Theologie in Lausanne bot Buonaiuti Exil und Lehrstuhl an, vorausgesetzt, er würde konvertieren. Er lehnte ab, weil er katholisch bleiben wollte. Finanzielle Schwierigkeiten waren demnach unausbleiblich. Geächtet von Staat und Kirche war er jeder wissenschaftlichen oder geistlichen Funktion und Tätigkeit beraubt. Glücklicherweise war Buonaiuti dann in den Dreißiger- und Vierzigerjahren immer wieder zu den Tagungen des Eranos-Kreises am Fuße des legendären Monte Verità bei Ascona eingeladen, jener Vereinigung, die sich als eine Begegnungsstätte östlicher und westlicher Religion und Geistigkeit verstand. Er hielt dort eine Reihe wichtiger religionswissenschaftlicher Vorträge, verspürte letztlich aber keine Zugehörigkeit. »Das Milieu des Eranos konnte ich nicht gerade als mir besonders geistesverwandt empfinden«, schreibt er in seiner Selbstbiographie. Zunehmend dominierten Experten der Psychoanalyse wie C.G. Jung, Anhänger freier Religionskritik und Erforscher esoterischer Weltanschauungen das Feld. Für Buonaiuti konnten, wie er schreibt, die Forschungen der Psychoanalyse »keine andere Bedeutung und keine andere Tragweite haben als die eines blutlosen und gleichzeitig morbiden Ersatzes unserer wohlerprobten katholischen Seelsorge.«

Immer wieder finden sich selbst in den Eranos-Vorträgen Passagen, die an das »Licht des Vertrauens und die reine Klarheit der Freude« am Evangelium bei Buonaiutis Jugendfreund Angelo Roncalli erinnern. Etwa, dass die Erwartung des Gottesreiches »blinde Überantwortung bedeutet unter der Bedingung völliger Selbstverleugnung und vorbehaltloser Hingabe.« Am Bild von den Wurzeln und Zweigen des Ölbaumes, der alle Kargheit erduldet und mit seinem Öl die Lampen der klugen Jungfrauen nährt, sieht er: »Das Licht des Gottesreiches wird genährt und verstärkt durch Opfer und Verzicht.«

Buonaiuti hat wenige Tage vor seinem Tod sein »Geistliches Testament« geschrieben, darin wünscht er, dass auf seinem Grabstein »die Symbole des ewigen christlichen Priestertums eingemeißelt werden: der Kelch und die Hostie.« Im Unterschied zu anderen exkommunizierten Modernisten ist Buonaiuti dem Zölibat bis zu seinem Tod treu geblieben. Im Testament bekräftigt er noch einmal die wichtigste Antriebsfeder seines Bestrebens: eine geistliche Erneuerung der Kirche im Sinne und nach dem Urbild der frühen Christengemeinden, eine *vita associata,* ein Leben »in Hoffnung und Gemeinschaft«. Nicht die kirchliche Überlieferung zu zerstören war sein Sinn, sondern das Bild einer vom Geist des kommenden Gottesreiches erfüllten Gemeinschaft freizulegen. »Ein einziges Ideal hat mein ganzes Leben von Anfang bis Ende beherrscht: Die ursprünglichen christlichen Werte wieder zur Geltung zu bringen und zu ihrer Verbreitung innerhalb jener neuen ökumenischen Kultur beizutragen, von der meine schwergeprüfte Generation die ersten Strahlen der Morgenröte am Horizont hat aufleuchten sehen.«

Es mag ein Zufall sein, dass man dem Bild von der Morgenröte oft auch in Texten und Ansprachen von Angelo Roncalli begegnet, am prominentesten in der Rede des Papstes zur Konzilseröffnung: »*Tantum aurora est et jam primi orientis solis radii quam suaviter animos afficiunt nostros!* – Gerade erhebt sich die Morgenröte und wie süß erfüllen schon die ersten Sonnenstrahlen unser Herz.«

Tod eines Modernisten

Als *vitandus* exkommuniziert – so ist Ernesto Buonaiuti am Karsamstag des Jahres 1946 gestorben: »*sine luce et sine cruce* – ohne Licht und ohne Kreuz«. Als Erzbischof Angelo Giuseppe Roncalli, damals Nuntius in Paris, davon erfährt, hält er es als »eine traurige Erinnerung« in seinen Notizen fest und schreibt: »[...] natürlich kein Geistlicher, der ihn einsegnet, kein geweihter Platz, der ihn aufnimmt – der Herr möge ihm gnädig sein«. Roncalli hält auch die Umstände des Sterbens seines Studienkollegen fest, so wie

Ernesto Buonaiuti

man sie ihm berichtet hatte: »Es war, als die Glocken nach dem Schweigen der Passion wieder ihre Stimmen erhoben. Um sie besser hören zu können, ließ er [Buonaiuti] auch das andere Fenster seines Zimmers öffnen [...] ungefähr um ein Uhr mittags legte er plötzlich die Hand auf die Stirn, sagte leise ›*vengo meno* – jetzt geht es zu Ende‹ – und stirbt. Er war fünfundsechzig«.

Er fügt seiner Erinnerung noch hinzu, dass Buonaiutis Bewunderer ihn als einen tief religiösen Feuergeist beschrieben haben, »mit jeder Faser am Christentum hängend, unauflösbar verbunden mit seiner katholischen Kirche.« Als er schon Papst war, soll Roncalli 1959 einmal gesagt haben: »Ich bete für Ernesto jeden Abend und jede Nacht. Vielleicht ist das letzte Wort noch nicht gesprochen.«

Dass der junge Roncalli in überlieferten Äußerungen recht kritisch auf die modernistischen Ideen reagierte, entsprach seinem charakterlichen Streben, in dem er sich, ganz im Geiste der »Nachfolge Christi«, eher der Obödienz als der Opposition verschrieben hatte. Während der Exerzitien mit seinem Bischof im Oktober 1910 bedankt er sich im Gebet für die »Einsicht in die Notwendigkeit, meinen ›Glaubenssinn‹ unversehrt und rein zu bewahren.« Er übt Loyalität mit den »päpstlichen Anordnungen, die den Klerus vor Ansteckung durch moderne (sogenannte modernistische) Irrlehren bewahren« wollen, die »auf heimtückische und verführerische Weise die Fundamente der katholischen Lehre zu untergraben suchen.« Er schreibt von »schmerzlichen Erfahrungen dieses Jahres«, aber auch vom guten Willen jener, denen jetzt der »Wind des Modernismus [...] ins Gesicht fährt, die anfangs nur von dem Wunsch getrieben waren, die alten christlichen Tugenden den modernen Bedürfnissen anzupassen.«

Roncalli war wirklich kein Modernist. »Wir Roncallis kommen vielleicht langsam, aber wir kommen auch ans Ziel«, schrieb er später einmal seinem Neffen, der mit dem Studium nicht so recht vorangekommen war. Nicht sehr viel differenzierter als im Tagebuch von 1910 lesen sich frühere Anmerkungen zur Modernismuskrise. Zum Beispiel in seinem wichtigen Vortrag über Cesare Baronius, den »Vater der katholischen Kirchengeschichtsschreibung«. Dazu angeregt hat ihn sein Bischof, also hielt er den Vortrag vor einem durchwegs theologisch vorgebildeten Auditorium in Bergamo. Es war im Dezember 1907, also am Ende jenes Jahres, in dem die Antimodernismus-Enzyklika »Pascendi Dominici gregis« von Pius X. erschienen war. Das hieß für Roncalli, dass Vorsicht geboten war, war doch Bergamo mit seinem sozial engagierten Bischof ohnehin unter permanenter Beobachtung von Modernistenjägern wie der Zeitschrift »Civiltà Cattolica« und Benignis Spionen vom »Sodalitium Pianum«. Doch gewisse Bemerkungen Roncallis zeigen, dass die Notwendigkeit, sich mit den neuen Zeitströmungen auseinanderzusetzen, auch von ihm erkannt worden war. »Zäh verwurzelt« in den »geheiligten Grundsätzen« der Väter und der »berühmten scholastischen Lehrer [...] haben auch wir uns auf das Feld der kritischen Wissenschaft begeben. Dies haben die neuen Zeiten, die neuen Erfordernisse unserer Verteidigung [...] von uns verlangt.« Schließlich sollte niemand sagen können, »die Kirche wolle nichts wissen vom Licht, vom ganzen Licht.«

Apropos

Nicht nur an Menschen, auch in Zeitschriften kann sich im Laufe der Jahrzehnte ein Gesinnungswandel vollziehen. Zum Beispiel bei der Jesuitenzeitschrift »Civiltà cattolica«. Vor hundert Jahren war sie die reaktionäre Speerspitze gegen alle aufkeimenden Reformideen in der katholischen Kirche. Heute veröffentlicht sie das erste umfassende Interview mit Papst Franziskus und steht damit im Dienst der Ankündigung seines Reformwillens und damit des seelsorglichen und sozialen Auftrags dieser Kirche. Die folgende Passage aus dem Interview mit Papst Franziskus soll anregen, sich mit dem ganzen Interview zu beschäftigen, es ist inzwischen auch in Buchform erschienen:

»Wie behandeln wir das Volk Gottes? Ich träume von einer Kirche als Mutter und als Hirtin. Die Diener der Kirche müssen barmherzig sein, sich der Menschen annehmen, sie begleiten – wie der gute Samariter, der seinen Nächsten wäscht, reinigt, aufhebt. Das ist pures Evangelium. Gott ist größer als die Sünde. Die organisatorischen und strukturellen Reformen sind sekundär, sie kommen danach. Die erste Reform muss die der Einstellung sein. Die Diener des Evangeliums müssen in der Lage sein, die Herzen der Menschen zu erwärmen, in der Nacht mit ihnen zu gehen. Sie müssen ein Gespräch führen und in die Nacht hinabsteigen können, in ihr Dunkel, ohne sich zu verlieren. Das Volk Gottes will Hirten und nicht Funktionäre oder Staatskleriker. Die Bischöfe speziell müssen Menschen sein, die geduldig die Schritte Gottes mit seinem Volk unterstützen können, so dass niemand zurückbleibt. Sie müssen die Herde auch begleiten können, die weiß, wie man neue Wege geht.«

Heute, nach genau zehn Jahren Priestertum, spüre ich: Der Herr hielt getreulich sein Versprechen, das er mir am Tag meiner Priesterweihe in Rom gab, damals in der Kirche Santa Maria in Monte Santo: ›Nicht mehr Knechte nenne ich euch, sondern Freunde.‹ Jesus öffnete mir alle Geheimnisse seines Herzens. Wenn ich nicht zugeben würde, dass ich in meinem Geist eine große Freude empfinde, wäre ich nicht aufrichtig. Mancher Same ist aufgegangen, und vielleicht ergeben die Ähren, zusammengenommen, eine kleine Garbe.

Was mich anlangt: Wie viele wären jetzt Heilige, wenn ihnen so viel Gnaden zuteilgeworden wären wie mir, oder auch weniger. Wie viele Impulse haben mein Herz wieder und wieder bewegt und sind nicht befolgt worden.

Ein Gedanke beherrscht mich heute, am zehnten Tag meiner Priesterweihe, am stärksten. Ich gehöre nicht mehr mir selbst oder anderen. Ich gehöre Gott im Leben und im Tode.

Nun, ich will nicht auf solche Weise nach Heiligkeit streben, dass ich meine ursprüngliche Eigenart entstelle und schließlich die unglückliche Figur eines anderen abgebe, der anders geartet ist als ich. Doch dieser Geist der inneren Ruhe, dem ich zuneige, darf nicht der eigenen Bequemlichkeit zugutekommen oder Nachgiebigkeit in Gedanken, Grundsätzen und Haltungen begünstigen.

Das gewohnte Lächeln muss immer den inneren Kampf des Egoismus verbergen, den Sieg des Geistes über die Eigenliebe widerspiegeln, sodass Gott und die Nächsten immer nur den besseren Teil von mir haben.

Die Sorgen, die sich die Eigenliebe um die Zukunft macht, verzögern das Werk Gottes in uns, halten seine Wege auf, und dann nützen sie nicht einmal den materiellen Interessen.

Während ich meine Gedanken sammle und der Tag mit beglückenden Erinnerungen an meine Priesterweihe zu Ende geht, liegt mein verehrter Bischof hier in meiner Nähe darnieder. Wie sehr ich mit ihm und für ihn leide! O Herr, lass ihn gesund werden, wenn es dir gefällt.

Eintragung im Geistlichen Tagebuch
vom 10. August 1914, am Vorabend
des 10. Jahrestages der Priesterweihe

Der Mantel des Elija

Am 26. August 1961, dem Fest des heiligen Stadtpatrons Alexander, hält Don Loris Capovilla, der Sekretär des Papstes, im Dom zu Bergamo die Festpredigt, als Einstimmung auf den bevorstehenden achtzigsten Geburtstag von Johannes XXIII. Am liebsten hätte der Papst wohl selbst gepredigt, denn Roncalli hat den bergamaskischen Schutzheiligen sehr verehrt. Sant'Alessandro war der Legende nach *signifer,* Zeichenträger, in einer römischen Legion und erlitt als Christ unter Kaiser Maximian bei Bergamo den Martertod. »*Exite, flores inclyti* – blüht auf, herrliche Blumen und flechtet dem Märtyrer einen würdigen Kranz«, heißt es im liturgischen Tageshymnus zu Ehren des Heiligen. Don Loris spricht auch einleitend von der in Treue »dargebrachten Blumenspende für den Altar unseres Märtyrers« und spielt damit auf die ersten priesterlichen Funktionen Roncallis in Bergamo an, die der junge Don Angelo »mit Gefälligkeit, Exaktheit und Erfolg« und im »vollkommenen Geist des Gehorsams« ausübte. Dann fragt Don Loris, wie denn der »kraftvolle Aufstieg des kleinen Angelino aus einem einfachen Dorf, aus bescheidenen und keineswegs anspruchsvollen Verhältnissen« überhaupt zu erklären sei. Ein Bauernbub! Don Loris fragt, »welche Personen und Umstände in der Heiligen Schrift uns hier Klarheit verschaffen« könnten. Da er in seiner

Predigt von der Beziehung des jungen Don Angelo Roncalli zu seinem großen Mentor, dem Bischof Radini Tedeschi sprechen will, wählt er als Illustration die alttestamentliche Geschichte von Elija und Elischa, den beiden Propheten aus dem Ersten und Zweiten Buch der Könige. Zum besseren Verständnis sei sie kurz erzählt:

> *Elischa war ein junger Bauer am westlichen Jordanufer. Eines Tages, als er den Acker pflügte, ging Elija, der Prophet, vorbei und warf seinen Mantel über den jungen Mann. Elischa wusste, was diese Geste zu bedeuten hatte. Er verließ Ochsen und Pflug, gab ein Abschiedsessen, folgte Elija und war von nun an des Propheten Schüler, Diener und Sekretär. Als Elija diese Welt verlassen sollte, versuchte er dreimal, Elischa zu bewegen, dass er ihn nicht weiter begleite, sondern sich von ihm trenne. Elischa aber weigerte sich dreimal und blieb bei ihm. Also gingen sie gemeinsam weiter und schritten trockenen Fußes durch den Jordan, nachdem Elija mit seinem Prophetenmantel auf das Wasser geschlagen hatte. Dann sagte der Prophet, Elischa möge sich ein Andenken von ihm wünschen, denn er werde jetzt von dieser Welt genommen. Elischa wünschte sich den ›doppelten Anteil‹ seines Geistes. Damit möchte er als geistiger Haupterbe des Propheten anerkannt werden. Während sie so miteinander gingen, erschien ein feuriger Wagen mit feurigen Pferden und trennte beide voneinander. Elija fuhr im Wirbelsturm zum Himmel empor. Elischa sah es und rief laut: Mein Vater, mein Vater! Wagen Israels und sein Lenker! Als er ihn nicht mehr sah, hob er den Mantel auf, der Elija entfallen war, kehrte um und trat an das Ufer des Jordan. Und siehe: Der Mantel gehorchte auch ihm und Elischa schritt hinüber. Die anderen Prophetenschüler, die*

dabeistanden, applaudierten und bekannten: Der Geist des Elija hat sich auf Elischa niedergelassen.

Capovilla nennt die beiden Propheten »zwei einzigartige Persönlichkeiten, die sich begegnen, verstehen und achten, von denen einer seinen Geist in den anderen überströmen lässt und jeder den Plan, den Gott mit seiner Person hat, erfüllt.« Er sieht in ihnen »den großen Bischof von Bergamo, Monsignore Radini Tedeschi, der am Anfang seines Episkopats den jungen Neupriester Angelo Roncalli holte und immer in seiner Nähe hielt, die ganze Zeit, die ihm noch zu leben vergönnt war, und ihm seinen Geist einflößte.« Im Mantel, den der alte Prophet dem jungen als Zeichen der Berufung über die Schultern warf, sieht Don Loris ein Bild für die Überlieferung, die durch die Weitergabe nichts von ihrer Kraft verliert. Emphatisch ruft Don Loris den versammelten Bergamaskern im Dom des heiligen Alexander zu: »Der Mantel des Elija wurde der Mantel des Elischa und ist jetzt Euch als kostbares Erbe hinter-

Graf Giacomo Maria Radini Tedeschi, Bischof von Bergamo, um 1910

lassen. Es ist der Geist Eures berühmten Bischofs Radini Tedeschi und der Geist des Papstes Johannes!« Der Mantel der Tradition und der vorwärtsdrängende Geist der Propheten stehen in keinem Widerspruch zueinander. Elischa empfing den Geist seines Lehrers, aber er ließ auch den Mantel nicht liegen. Der gelehrige Schüler war ein junger Priester, der ein heiliger Papst werden sollte, und sein Lehrmeister ein Bischof, der viel zu früh von der Erde weggenommen wurde.

Der »Löwe von Bergamo«

Giacomo Maria Radini Tedeschi war von 1905 bis 1914 Bischof von Bergamo.

Als man in Bergamo nach dem Tod des liebenswürdigen Monsignore Camillo Guindani hörte, dass der landesweit bekannte Domherr von St. Peter in Rom Bischof von Bergamo werden sollte, waren die Erwartungen eher Befürchtungen. Manche hielten ihn für einen gescheiterten Karrieristen, der aus Rom entfernt werden sollte, andere fürchteten in ihm einen herrschsüchtigen und strengen Regenten aus aristokratischen Kreisen. Zum Segen Bergamos sollten beide Gruppen unrecht behalten. Der Bischof entwickelte alsbald einen recht modernen Stil, eine Diözese zu führen. Alles sollte der Seelsorge dienen, also den Menschen und damit letztlich Gott. Radini war ein blendender Organisator und zugleich ein tieffrommer Priester. Er war ein Mann des Gebets ebenso wie ein kompromissloser Kämpfer. Sein Einsatz galt der Verteidigung der Rechte der Kirche und gleichermaßen dem Kampf für die Rechte der sozial Benachteiligten, der sogenannten kleinen Leute. Bald wurde er der »Löwe von Bergamo« genannt, was ihm als ein Ehrentitel erschien. »Radini war nicht für einen Krieg mit Nadelstichen«, schreibt Roncalli nach dem Tod seines Bischofs, »er liebte wie ein Kavalier der alten Schule zu fechten, unter freiem Himmel und auf offenem Feld.« Das heißt, dass dieser Spross aus einem deutsch-schweizerischen Adelsgeschlecht für schäbige Kirchenintrigen nicht zu haben war. Ebenso wenig wie für eine diplomatische Karriere. Papst Leo XIII. hatte dem vielversprechenden Assistenten im päpstlichen Staatssekretariat eines Tages vertraulich mitgeteilt, er wolle ihn als Nuntius nach Belgien schicken. »Demütig und respektvoll, aber frank und frei kam die Antwort Radinis: ›Heiliger Vater, ich bin kein Diplomat und ich möchte auch keiner werden. Ich halte es mit dem ›ja, ja, nein, nein‹ Jesu aus dem Evangelium, ein Diplomat hingegen …‹« Man darf sich den Satz zu Ende denken. Als Roncalli dies in den Erinnerungen an seinen Bischof niederschrieb, hatte er noch keine Ahnung, dass er selber einmal päpstlicher Diplomat werden sollte. Radini hat mit seiner offenen und mutigen Ablehnung »weltlicher Ehren und Größe«, denen Geistliche ja nur allzu oft erliegen würden, »das Herz des Papstes gewonnen«, wie es bei Roncalli heißt. So schickte er ihn als seinen persönlichen Gesandten 1891 nach Wien, damit er dem frisch zum Kardinal erhobenen Wiener Erzbischof Anton Josef Gruscha, dem »Wiener Gesellenvater«, das Kardinalsbirett überreiche.

Mit dem Segen von Leo XIII., dem »Vater der katholischen Soziallehre«, engagierte sich Radini-Tedeschi über zwanzig Jahre viel lieber bei den *Opera dei Congressi,* dem Dachverband der sozialen Organisationen des italienischen Katholizismus. Diese Bewegung war von Bergamo ausgegangen, allein in diesem Bistum umfasste sie binnen kurzem zweihundert Konsumvereine, Darlehenskassen, Winzervereine, Genossenschaftsmühlen und Volksküchen. Roncalli interessierte sich schon als Seminarist für die

Arbeit dieser von ihm bewunderten, aber innerhalb der kirchlichen Hierarchie immer umstrittenen Institution. Er berichtet von einem Rundschreiben der *Opera,* in dem die Katholiken aufgefordert werden, »zu handeln, Epochen und geschichtliche Ereignisse als Meilensteine eines Weges nach vorwärts zu betrachten.« Da klingen schon spätere Motive der roncallischen Konzilsidee an, von der Geschichte als der Lehrmeisterin des Lebens bis zum berühmten »Sprung nach vorne – *balzo innanzi*« aus der Konzilseröffnungsrede.

Die *Opera* wurden 1904 von Pius X. auf Betreiben gewisser kurialer Kreise aufgelöst, vielleicht sogar gegen die innere Überzeugung des Papstes. Monsignore Radini Tedeschi wurde zum Bischof von Bergamo befördert. Manche meinten, das wäre geschehen, um ihn zu trösten, andere hingegen waren überzeugt, dass er damit aus der Machtzentrale des Vatikans entfernt werden sollte. Weil Pius gegenüber Radini ein schlechtes Gewissen hatte, nahm er die Bischofsweihe selber vor. Noch dazu in der Sixtinischen Kapelle. Nach einem Sekretär brauchte der neu ernannte Bischof nicht lange zu suchen. Von zwei jungen Priestern, die ihm vorgestellt worden waren, entschied sich Radini für Roncalli, der ihm von verschiedenen Begegnungen bereits bekannt war. Don Angelo war »römisch genug« und kannte sich gut aus in Bergamo. So zogen also der neue Bischof und sein blutjunger Sekretär, »der Löwe und sein Schatten«, am 9. April 1905 feierlich in die Kathedrale von Bergamo ein. Es sollen neun gute Jahre sein, die sie miteinander verbringen werden, diese »zwei einzigartigen Persönlichkeiten, die sich begegnen, verstehen und achten«, wie die Propheten Elija und Elischa in Capovillas Predigt.

Ein Buch gegen das Vergessen

Giacomo Maria Radini Tedeschi starb am 22. August 1914, zwei Tage nach Papst Pius X. Die letzten Tage des Bischofs waren nicht nur von den Schmerzen seiner Krankheit beherrscht, sondern noch viel mehr von den Schmerzen, die ihm die Nachrichten von der Ausbreitung der Kriegshandlungen des Ersten Weltkriegs bereiteten. Roncalli musste nach dem Eintritt Italiens in den Krieg im April 1915 einrücken; zuerst als Militärseelsorger, dann als Feldkaplan für die Lazarette in Bergamo. Schon bald nach Radinis Tod begann er, Material für eine Biographie seines Bischofs zu sammeln. *»Il Mio Vescovo«* sollte sie heißen, »Mein Bischof«. Die Arbeit an dieser Hommage ließ ihn seine innere Leere leichter ertragen, die der Heimgang Radinis bewirkt hatte. Die Erinnerung an ihn war noch frisch, sie in Worte zu fassen war jetzt »das Aufheben des Mantels des Elija«. Im August 1916 erschien das Buch im Verlag S. Alessandro, Bergamo; Roncalli übergab die ersten beiden Exemplare Monsignore Luigi Maria Marelli, dem neuen Bischof von Bergamo und dem neuen Papst Benedikt XV., Giacomo della Chiesa, der ein enger Freund Radinis gewesen war.

Als Historiker wusste Roncalli, dass die schönste Würdigung wertlos ist, wenn sie sich nicht an der Wahrheit orientiert. Dass er als Sekretär selber Zeuge war, ja vielfach sogar Beteiligter bei zahlreichen pastoralen und sozialen Unternehmungen, von denen er berichtet, wird von ihm durch konsequente Selbstverleugnung völlig im Dunkeln gelassen. Man kann auf einer Hand abzählen, wie oft das Wörtchen »Ich« in diesem Buch vorkommt. Das ganze Licht sollte auf den Bischof fallen, kaum ein Strahl auf den Sekretär. Mit dieser Biographie zeigt der junge Roncalli, dass er nicht nur gerne, sondern auch gut schreiben kann.

Mit sicherem Gespür für Emotionalität und Dramatik lässt er zum Beispiel im letzten Kapitel seine Leser die letzten Stunden des Bischofs miterleben. Manchmal meint man, er berichte bereits prophetisch von seinem eigenen Sterben, das fünfzig Jahre später den Sekretär Don Loris Capovilla ähnlich fordern wird wie ihn jetzt.

Im zwölften Kapitel schaut Roncalli zurück auf die höchst feierliche Bischofsweihe Radinis in der Sixtinischen Kapelle am 29. Jänner 1905. Er zählt lang und breit alle geistlichen und weltlichen Würdenträger auf, die dabei waren, lässt aber kein Wort darüber fallen, dass er selber in einer nicht unwichtigen Rolle an dieser Zeremonie beteiligt war. Doch dann, im letzten Kapitel, wenn er vom Sterben seines Chefs schreibt, wagt er endlich die Ichform: »Beim Läuten der Abendglocke lag Monsignore mit einer solchen Würde auf seinem Bett, als säße er bei einer feierlichen Liturgie auf dem Bischofsstuhl in der Kathedrale. Als ich neben dem sterbenden Mann kniete und seine Seele mit allen möglichen Gebeten ihrem Schöpfer empfahl, erinnerte ich mich an den ersten Dienst, den ich ihm erweisen durfte: Am Tag seiner festlichen Konsekration in der Sixtinischen Kapelle legte ich das Evangelienbuch auf seine Schultern, als wäre es das Joch Christi, während Papst Pius X. ihm die Hände auflegte und ihm die Fülle des Priesteramtes übertrug und die Kraft des Heiligen Geistes. Zehn Jahre sind inzwischen vergangen, Seite an Seite mit ihm, seit jenem Tag. Es erschien mir jetzt als ein großes Privileg und als ein Segen, dessen ich mich ein Leben lang erinnern werde, dass ich gewürdigt wurde ihm bis zum Ende beizustehen und dass ich sein Sterben bezeugen durfte, kostbar in den Augen des Herrn. Das letzte Gebet, das er hörte, habe ich ihm halblaut vorgesprochen:

›O mein gekreuzigter Jesus, ich bringe dir freiwillig, ja freiwillig, das Opfer meines Lebens dar, in Vereinigung mit deinem Opfer am Kreuz, [...] als Sühne für meine eigenen Sünden und die meines Volkes, [...] für die heilige Kirche, für den neuen Papst, den du ihr geben wirst, [...] für meine Priester, meine Stadt, meine Seminarien, [...] für alle, die leiden, [...] für alle, die mich geliebt haben, genauso wie für alle, denen ich nichts bedeutet habe, [...] für alle, die meinem Herzen am nächsten waren, für alle, nah und fern, [...] für mein Land‹ – in diesem Augenblick öffnete er die Augen und mit kräftiger, klarer Stimme sagte er: ›Und für Frieden, und für Frieden!‹

Das waren seine letzten Worte, sein letzter Gedanke, sein letzter Atemzug. Ich schloss ihm die Augen und küsste ihn auf die Stirn. Seine rechte Hand hielt den Rosenkranz und das kleine Kruzifix seines Vaters. [...]

Giacomo Maria Radini Tedeschi hat siebenundfünfzig Jahre gelebt, davon vierunddreißig als Priester und neuneinhalb Jahre als Bischof. Zum Schluss noch beschwor er mich: ›Bewahre immer deine Liebe zum Papst. Du weißt, das war eines der schönsten Ideale meines Lebens, und jetzt, wenn ich hintrete vor den Herrn, meinen Richter, ist es eine große Tröstung für mich zu wissen, dass meine Ergebenheit nie aufgehört hat und heute genau so rein, unversehrt und herzlich ist wie am Tag meiner Weihe zum Bischof. Und du weißt auch, dass es – besonders in den letzten Jahren – an Stimmen und Versuchungen nicht gefehlt hat, die mich hart auf die Probe gestellt haben. Aber ich habe ihnen widerstanden – und jetzt bin ich glücklich darüber.‹«

Viele Jahre später, kurz vor seinem Tod, sagte Johannes XXIII. über »seinen« Bischof: »[...] der, ja der wäre würdig gewesen, Papst zu sein!«

Don Angelo Roncallis Lehrjahre

Roncallis Jahre bei Bischof Radini waren der beste Anschauungsunterricht für angewandte bischöfliche Seelsorge. Er schreibt, der Bischof – und mit ihm er als sein Sekretär – habe innerhalb von vier Jahren tatsächlich alle 352 Pfarreien der Diözese Bergamo besucht. »Manche Priester«, so Roncalli, »die den Bischof nur vom Hörensagen kannten – was nicht immer richtig und fair war –, fürchteten sich vor dem Besuch. In den persönlichen Gesprächen zeigte sich aber sein väterliches Herz und sie erwiderten ihm mit Liebe und Vertrauen.« Die Folge war »ein allgemeines Wiedererwachen des religiösen Lebens«.

Der Bischof schonte seinen Sekretär nicht. Neben der administrativen und organisatorischen Unterstützung Radinis hatte Don Angelo bereits 1906 am Priesterseminar Vorlesungen in den Fächern Kirchengeschichte, Apologetik und Patrologie zu halten. Ferner musste er den Bischof bei den zahlreichen Reisen und Pilgerreisen in Italien, in halb Europas und im Nahen Osten begleiten, musste Französisch lernen, entwarf Hirtenbriefe, gründete ein Kirchenblatt, war im Rahmen der Katholischen Aktion sozial und karitativ tätig, initiierte eine katholische Gewerkschaft der Telefonistinnen und so weiter. Besonderen Wert legte der Bischof darauf, dass Don Angelo lernte »in Komitees zu arbeiten«, Meinungsverschiedenheiten auszugleichen, Gegner in einen Dialog zu führen. Ein besonderes Anliegen war Bischof Radini das von ihm ins Leben gerufene »Sekretariat für Auswanderungsfragen«. Immerhin fand in Italien in der zweiten Hälfte des 19. und in der ersten Hälfte des 20. Jahrhunderts die größte Massenmigration der jüngeren Geschichte statt. 25 Millionen Italiener suchten bessere Lebensbedingungen in europäischen Ländern, aber auch in Amerika und in Lateinamerika. »Mit viel Bitten und vielen Aufrufen an Klerus und Bevölkerung erreichte der Bischof die Billigung und Unterstützung dieses in seinen Augen wichtigen Unternehmens.« Neben der materiellen Hilfe wurden Informationsdienste angeboten und kirchliche Kontaktstellen in den Einwanderungsländern geschaffen, die den Auswanderern bei der Integration in der neuen Heimat behilflich sein sollten.

Treu zur Seite stand Don Angelo seinem Bischof, als im Jahr 1909 die Textilarbeiter im benachbarten Ranica einen Streik ausgerufen hatten und Monsignore Radini den Ausstand »nicht nur von der Kanzel« unterstützte, sondern auch finanziell großzügig einsprang, »um Brot für die Arbeiter zu kaufen«, wie Roncalli in der Biographie des Bischofs festhält, denn »das Evangelium und die Enzyklika ›*Rerum novarum*‹ waren stets gegenwärtig in seinem Sinn« und »der Streik dauerte fünfzig Tage«. Organisiert hatte ihn das sogenannte »Arbeitsbüro«, ein Zweig der Katholischen Aktion, mit dem Ziel, dass in den Betrieben eigene, christliche Organisationen gebildet werden konnten. Bischof Radini, der sich um feindselige Kritik an seiner fortschrittlichen Haltung nicht kümmerte, wurde beim Papst denunziert, doch Pius X. hielt sich heraus und schrieb nach Bergamo: »Wir können die Maßnahmen, die Ihr für klug befunden habt, nicht missbilligen, da Ihr mit den örtlichen Gegebenheiten, den in Frage kommenden Personen und den Umständen voll vertraut gewesen seid.« Roncalli hingegen lobt seinen Bischof: »Wir ehren Monsignore Radini dafür, dass er es als seine Pflicht gespürt hat, dieses Zeichen zu setzen und dass er den Mut hatte, entsprechend zu handeln.«

Im Anschluss daran zitiert Roncalli aus einer Ansprache des Bischofs: »Die Leute reden immer über Klugheit!

Wie ich Euch schon oft gesagt habe, besteht die Klugheit nicht aus Nichtstun, sondern daraus, Etwas zu tun, und zwar dieses Etwas gut zu tun. Wer aktiv ist, sogar mit den besten Absichten, wird Fehler machen, aber das ist keine Entschuldigung dafür, nichts zu tun oder nicht wenigstens zu versuchen, etwas besser zu machen.«

Radini stand unter Verdacht des Modernismus. Und mit ihm sein Sekretär. Weitere soziale und pastorale Initiativen, wie sie die Zeit und sein Gewissen forderten, trugen dem Bischof schließlich sogar eine gestrenge Visitation ein; auch das Zimmer seines Sekretärs soll heimlich durchsucht worden sein. Die Sorge, ob der Papst nicht vielleicht doch an seiner Loyalität gezweifelt hat, quälte Radini noch auf dem Sterbebett.

Radini Tedeschi hatte natürlich mit jenen Bischöfen benachbarter Diözesen beste Kontakte, die seine Ansichten und Anliegen teilten. Damit konnte auch Roncalli großartige Persönlichkeiten des italienischen Episkopats kennenlernen, Priester, die ihn begeisterten und inspirierten. Einmal besuchte er auf dringende Empfehlung Radinis für drei Tage Monsignore Geremia Bonomelli, den Bischof von Cremona, einen »alten Vulkan, der immer noch innen glüht« und der schon im Seminar »der Adler« genannt wurde. Bonomelli hatte bereits in den Anfängen der großen italienischen Auswanderungswellen eine Verpflichtung der Kirche darin gesehen, dass sie die Emigranten bei ihrer Suche nach besseren Lebensbedingungen in anderen Ländern Europas oder in Übersee unterstützt. Er gründete ein Hilfswerk, das noch heute besteht, die *Opera d'assistenza degli emigranti,* und rief die Katholiken auf, sich für die Menschen an den Rändern der Gesellschaft einzusetzen: »Wir haben aus den Tempeln und Kirchen hinauszugehen zu den Menschen, nicht zuletzt, um ihre Rechte einzumahnen.« Über dieses Hilfswerk sollte Roncalli in Cremona Erkundungen einziehen und sie für Radinis Initiative in Bergamo nutzbar machen.

Geremia Bonomelli war selbst noch im Alter ein Vulkan, bei dem man nie sicher sein konnte, ob er nicht jeden Moment wieder ausbrach. Er hatte für die Trennung von Kirche und Staat gestritten und war damit in Gegensatz zu Leo XIII. geraten, der ihn besserwisserisch und widerspenstig nannte. Seine anonyme Schrift über die »Römische Frage« mit der Autorenangabe »Von einem italienischen Prälaten« erschien 1889 und wurde auf den Index gesetzt. Die Treue zum Papst, auch im Widerspruch, bewog ihn aber schließlich dazu, sich als Autor zu bekennen und sich »zu unterwerfen«. Mit dem von Roncalli verehrten Erzbischof von Mailand, Andrea Carlo Ferrari und dem Bischof von Piacenza, Giovanni Battista Scalabrini, auch ein Pionier der Emigrantenhilfe, zählte Bonomelli zu jenen italienischen Bischöfen, die eine zunehmende Erstarrung der Kirche nicht hinnehmen wollten. Scalabrini war – ähnlich wie Radini – von pastoralem Geist erfüllt, er soll jede seiner Pfarreien fünfmal besucht haben. Um auf eine der drängendsten Fragen, der massenhaften Auswanderung zigtausender Italiener, eine Antwort zu geben, gründete er die *Congregazione per li emigrati italiani* zur seelsorglichen Betreuung der Auswanderer und zur Gründung italienischer Gemeinden in den Einwanderungsländern, zum Beispiel auch in Lateinamerika. Bischöfe wie Scalabrini, Bonomelli, Radini Tedeschi waren von der Notwendigkeit einer »Antwort der Kirche auf die Fragen der neuen Zeit« überzeugt, vielleicht sogar durch ein »großes ökumenisches Konzil«, von dem Bonomelli auch Roncalli gegenüber gesprochen haben dürfte. Ein Konzil »sollte frei und öffentlich die großen Probleme des religiösen Lebens diskutieren«, es könnte die Aufmerksamkeit der Welt auf die Kirche richten und »Wege für die Zukunft eröffnen«. Bonomellis Geburtsort Nigoline am Lago d'Iseo nennt sich stolz *Nigoline Bonomelli*, und ruft – anlässlich des hundertsten Todestages – das Jahr 2014 zum »Bonomelli-Jahr – *anno Bonomelliano*«, aus.

Der Historiker Giuseppe Alberigo fasst zusammen, was Roncalli bei Radini gelernt hat, »ohne dass er je seine ganz persönliche innere Selbständigkeit aufgeben musste«: »Hochgemutes und weites Denken, kulturelle Offenheit und Toleranz, das Bemühen um liturgische und ökumenische Initiativen, das Studium der Heiligen Schrift, Wertschätzung der jungen Katholischen Aktion, Begegnungen mit emanzipatorischen katholischen Frauenkreisen, zum Beispiel in der Person der Adelaide Coari, einer katholischen Vorkämpferin der politischen Rechte der Frau. Roncalli lernte, Netzwerke auf nationaler und internationaler Ebene zu knüpfen und zu pflegen, auch durch zahlreiche und ausgedehnte Reisen. Nicht zuletzt eröffnet sich für Don Angelo in der Arbeit mit Bischof Radini eine völlig neue Sicht der Stellung der Laien in der Kirche. Noch bis zum Beginn des 20. Jahrhunderts war ja der Begriff ›Apostolat‹ nur dem Klerus, eventuell noch Ordensgemeinschaften vorbehalten. Erst unter Pius XI. wird er auch Laien zugestanden. Bis dahin handelten die Laien ja nur *für* die Kirche, nun billigt man ihnen ein Handeln *als* Kirche zu. So wünscht ein paar Jahre später der junge Erzbischof Roncalli einmal einer Frau (!) ›neue Energien für ein gutes Apostelamt!‹«

Kann ein Löwe fromm sein?

Radini Tedeschi war von einer verblüffend geradlinigen Rechtschaffenheit. Wenn er heftig wurde – und das war nicht selten der Fall –, dann hatte sein Unmut etwas von einem »heiligen Zorn«, zumindest in der Sicht Roncallis. Radinis Führungsprinzip war bestimmt von entschiedenem Handeln. Man habe ja in der säkularen Politik gesehen, wohin Entscheidungsschwäche führt, meint Roncalli. Vorbilder fand Radini bei den heiligen Bischöfen Carlo Borromeo und Gregorio Barbarigo, zwei Hirten, die mit Entschlusskraft und kerniger Frömmigkeit in ihren Diözesen die Reformkonzepte des Konzils von Trient umsetzten.

Während der ersten Jahre in Bergamo erntete der Bischof – vielleicht mit einer unpopulären Personalentscheidung – viel Unmut und respektlose Kritik. »Die Freude war aus seinem Antlitz gewichen«, schreibt Roncalli, »seine Lippen waren verschlossen und er verharrte länger im Gebet als sonst, bis er endlich *einem sein Herz ausschüttete, der ihm nahestand* und seinen Kummer verstehen konnte.« So schreibt Don Angelo, und der, *der ihm nahestand,* war er, der Sekretär. Wie einst der Evangelist Johannes von sich sprach, wenn er vom »Jünger, den Jesus liebte« schrieb. Daran, was ihm sein Bischof damals sagte, erinnert sich Don Angelo Wort für Wort: »Das ist der Lauf der Welt: Niemand kennt die Fakten, aber jeder fällt sein Urteil. Ein Wort von mir und die Flüche auf mein Haupt würden sich in Segenssprüche verwandeln. Aber dieses Wort würde einen anderen bloßstellen. Ich würde mich lieber von meinem Klerus steinigen lassen, als das eine Wort preisgeben, das den guten Ruf eines meiner Priester zerstört.« Wie oft mag Roncalli später, als Diplomat und als Papst, an diese Worte gedacht haben: »Niemand kennt die Fakten, aber jeder fällt sein Urteil.«

Radinis Frömmigkeit war handfest und herzerwärmend. Abends um sieben versammelte sich die bischöfliche Hausgemeinschaft zum Rosenkranzgebet, der Bischof betete laut vor und die anderen antworteten. So war es jahraus jahrein und so wird es auch der junge Sekretär all die späteren Jahre getreulich pflegen, selbst noch als Papst Johannes XXIII. »Ach, wie liebte doch Monsignore Unsere Liebe Frau«, ruft Roncalli aus. Als Giacomo Radini Tedeschi zum Bischof geweiht wurde, fügte er seinem Vornamen noch den Namen Maria hinzu, damit stellte er sich und sein Bischofsamt unter den speziellen Schutz der Gottesmutter.

Noch zu Lebzeiten von Papst Johannes XXIII. wurde von Don Giuseppe de Luca, einem Freund und Berater des Papstes, eine gekürzte Neuauflage der Radini-Biographie vorbereitet. Der Papst war gebeten sie durchzusehen und allenfalls Änderungen oder Ergänzungen vorzunehmen. Doch »um der Wahrheit willen, die in uns bleibt und bei uns sein wird in Ewigkeit« (2 Joh 1), wollte Johannes weder etwas streichen noch hinzufügen.

Dieser Neuausgabe, die 1963 erschienen ist, wurde eine Fotografie beigefügt, die der Bischof dem jungen Sekretär Don Angelo zu seinem Amtsantritt geschenkt hatte. Roncalli hielt sie hoch in Ehren und nahm sie auf seinem Lebensweg überallhin mit. Die Widmung darauf lautet:

Der allmächtige Gott erfülle dich mit allem Segen!
Deus omnipotens repleat te omni benedictione
+ *Jacobus Maria Episcopus*

Apropos

Ein italienischer Auswanderer

Der Platz vor der schmucklosen Kirche von Portacomaro Stazione in der Nähe von Asti im Piemont hat einen Namen bekommen: Piazza José Mario Bergoglio. Es ist der Name des Vaters von Papst Franziskus. Wie viele seiner Landsleute wanderte er 1929 mit seinen Eltern aus dem Piemont nach Argentinien aus. In Buenos Aires lernte er »in der Kirche« seine Frau Regina Maria Sivori kennen, deren Eltern auch aus Norditalien emigriert waren. Das erste ihrer fünf Kinder war Jorge Mario, um dessen Erziehung sich besonders die Großmutter Rosa Margherita kümmerte. Von ihr lernte er den piemontesischen Dialekt noch bevor er Spanisch sprach. Sie lehrte Jorge Mario beten und erzählte ihm von Gott und den Heiligen. »Ressource für das Leben« nennt es heute der Papst. Sie kochte die beste Bagna Cauda, eine piemontesische Spezialität aus rohem Gemüse, Olivenöl, Sardellen und Koblauch.

Als sich Jorge Mario auf das Priestertum vorbereitete, sagte ihm die geliebte Nonna einmal: »Vergiss nicht, die Feier der Messe ist das Wichtigste im Leben eines Priesters. Feiere jede Messe so, als ob sie deine erste und deine letzte wäre.« In seinem Brevier, so erzählt der Papst in einem Interview, steckt immer ein gefalteter Zettel, darauf hat die Großmutter allen ihren Enkelkindern ihr Testament geschrieben:

»Mögen meine Enkelkinder, denen ich mein ganzes Herz geschenkt habe, lange und glücklich leben. Wenn Schmerz, Krankheit oder der Verlust eines lieben Menschen sie mit Trauer erfüllt, mögen sie Atem schöpfen vor dem Tabernakel, wo der größte und erhabenste Märtyrer gegenwärtig ist, und ein Blick auf Maria unter dem Kreuz wird wie Balsam die tiefsten und schmerzlichsten Wunden heilen.«

Nun sei mir gestattet, auf ein Phänomen meiner Erfahrung im diplomatischen Leben hinzuweisen, das mich bei jeder Wiederholung neuerlich tief ergreift. Wenn ich zu Beginn des Jahres die Ehre habe, dem Präsidenten der Republik die Wünsche des Diplomatischen Corps zu entbieten, ist es selbstverständlich, dass der Vertreter des Heiligen Stuhles doch den einen oder anderen Tropfen der ihm vertrauten religiösen Inspiration in seine Worte einfließen lässt.

Nun habe ich festgestellt, dass unter den siebzig diplomatischen Vertretern, von denen nur dreißig katholisch sind, gerade jene Botschafter für diese religiöse Inspiration am empfänglichsten sind, bei denen eine buddhistische, eine konfuzianistische oder islamische religiöse Tradition besteht.

Es gibt also gewisse elementare Grundsätze sittlicher und religiöser Natur, die das angestammte Erbe aller Völker bilden und die man als die unabdingbare Grundlage jeden gemeinsamen Lebens gelten lassen muss, wenn man zum Aufbau einer echten sozialen Weltordnung der Gerechtigkeit und des Friedens gelangen will.

Aus der Predigt beim Eröffnungsgottesdienst
des Kongresses der UNESCO
am 18. Juni 1951 in Paris

Die UNESCO ist zu einem gewaltigen Feuer geworden, dessen Funken überall eifrige und aktive Kräfte und eine weltumspannende Zusammenarbeit wecken, um den Zielen der Gerechtigkeit, der Freiheit und des Friedens unter allen Völkern der Erde ohne Unterschied der Rasse, der Sprache oder der Religion zu dienen.

Jawohl, ohne Unterschied der Rasse, der Sprache und der Religion.

Auf dem Gebiet der Erziehung und vor allem der Grundausbildung ist die Technik ständig auf dem Weg der Vervollkommnung. Was aber diese Entwicklung steuern kann und soll, ist ein höherer Beweggrund. Dieser Beweggrund liegt für die Kirche in der echten Liebe zu den Seelen. Bei allen Seelen, die guten Willens sind, strahlt das Antlitz als Widerschein des Antlitzes Gottes das Bewusstsein der Brüderlichkeit aus.

Aus der Rede bei der Generalversammlung
der UNESCO am 11. Juli 1951 in Paris

»Man muss die Freiheit aller Menschen achten. Gott tut es auch«

Bergamo, 29. Jänner 1906, Fest des heiligen Franz von Sales. Der junge Bischofssekretär und Doktor der Theologie Angelo Roncalli hatte in Sant'Alessandro in Colonna seine erste große Predigt zu halten. Von den geistlichen und weltlichen Honoratioren der Stadt hob sich eine kleine Schar bäuerlicher Gestalten ab, die mehr als drei Stunden zu Fuß aus dem Dorf Sotto il Monte gekommen war, um »ihren Don Angelo« endlich einmal predigen zu hören. Dieser hatte sich natürlich sorgfältig vorbereitet. Aber jetzt, in der Sakristei, war der Mund trocken, der Kopf leer, er ging auf und ab, flüsterte nervös vor sich hin. Wie sollte er jetzt mindestens vierzig Minuten frei reden, das erwartete man nämlich von einer ordentlichen Predigt

Der Papst sitzt Modell für den Künstler Giacomo Manzù, 1962

damals in Bergamo. Wie üblich hatte der Mesner den Prediger zur Kanzel zu geleiten und während der Predigt hinter der Kanzel zu warten. Während Don Angelo die Stufen emporstieg, spürte der Mesner offenbar die Ängste des jungen Priesters und raunte ihm im Bergamasker Dialekt unauffällig zu: »*El se faghe coragio che la à benone!* – Nur Mut, es wird sicher gutgehen!«

Siebenundfünfzig Jahre später schrieb Johannes XXIII. diese Begebenheit in Hergang und Wortlaut auf und schickte den Text am 31. Dezember 1962 dem Bildhauer Manzù, dem er während der letzten zwei Jahre wiederholt für verschiedene Porträtbüsten Modell gesessen hatte. Der Mesner nämlich, an den sich der Papst liebevoll erinnerte, war der Vater des Künstlers, Angelo Manzoni, ein Schuster aus der Unterstadt, der zudem Mesner und Totengräber war, um seine vierzehn Kinder ernähren zu können. Das zwölfte davon, geboren am 22. Dezember 1908, war Giacomo, der sich später im bergamasker Dialekt Manzù nannte und einer der bedeutendsten italienischen Bildhauer des zwanzigsten Jahrhunderts werden sollte. Manzù war getauft und im christlichen Geist erzogen. Im Widerstand gegen das Mussolini-Regime wurde er überzeugter Kommunist und blieb es auch bis zu seinem Tod. Seine Beziehung zur katholischen Kirche war demnach schlecht, trotz freundschaftlicher Beziehungen zu hochrangigen Geistlichen. Er starb am 17. Jänner 1991 in Ardea bei Rom, »gestärkt mit den Tröstungen der Religion«, wie sein Freund Erzbischof Loris Capovilla, der einstige Privatsekretär von Johannes XXIII., berichtet. Die Morgenausgabe der »*Repubblica*« vom 19. Jänner teilt in ihrem Nachruf auf den Künstler mit, dass das feierliche Requiem um 10 Uhr 30 in der Basilika San Giovanni in Laterano stattfindet.

Man erinnere sich, dass die römische Kurie 1958 schwere Bedenken dagegen hatte, diesem »atheistischen« Künstler einen Auftrag zu erteilen, der immerhin das höchste Amt der katholischen Welt betraf. Es sollten nämlich von dem frisch gewählten Papst einige Porträtbüsten angefertigt werden und dafür war von der näheren Umgebung des Papstes Giacomo Manzù ausersehen worden. Den Einwand des Atheismus seitens der Kurie tat Johannes XXIII. mit einer einfachen Handbewegung und der schmunzelnden Bemerkung ab, Manzù stamme doch – wie er selber – aus der Provinz Bergamo, und »ein Bergamasker kann kein Atheist sein!«

Von lebendigstem Geist

Im Jahr 1956 lernten anlässlich der Biennale von Venedig drei katholische Priester und ein kommunistischer Bildhauer einander näher kennen: Giacomo Manzù, der Bildhauer, Angelo Giuseppe Roncalli, der Patriarch von Venedig, und Loris Francesco Capovilla, der Sekretär des Patriarchen. Der Katalysator dieses merkwürdigen Zusammentreffens war Don Giuseppe de Luca, ein römischer Priester, Schriftsteller und Verleger mit besten Kontakten zu Kultur und Politik. Als spirituell und historisch versierter Autor schrieb er 1956 im Auftrag des Patriarchen Roncalli einen Vortrag zum 500. Todestag von Lorenzo Giustiniani, den ersten Patriarchen von Venedig, den Roncalli wegen seiner Bescheidenheit und Frömmigkeit sehr verehrte. Von nun an war Don Giuseppe immer in der Nähe Roncallis zu finden, insbesondere auch nach dessen Wahl zum Papst. Johannes XXIII. holte gerne seinen Rat ein, interessierte sich für seine wissenschaftliche Arbeit über die »Geschichte der Frömmigkeit in Italien« und fand in ihm einen Berater in künstlerischen Fragen. Das neue

Bildprogramm von Manzùs »*Porta della morte*« ist sicher nicht ohne seine Zustimmung beschlossenen worden.

Giuseppe De Luca stammte aus der süditalienischen Provinz Potenza, dem antiken Lukanien des Dichters Horaz, das heute zu den bedürftigen Regionen der Europäischen Union gehört. Neben Theologie studierte er Literaturwissenschaften und beschäftigte sich mit der Herausgabe von antiken Klassikern. Nach der Priesterweihe wirkte er fast fünfundzwanzig Jahre als Seelsorger bei den Kleinen Schwestern von San Pietro in Vincoli, die sich um Arme und Alte kümmerten; mit ihnen betreute er während des Faschismus auch ein Refugium für jüdische Flüchtlinge. Als Gelehrter begründete De Luca ein historisches Jahrhundertwerk, das »Italienische Archiv der Geschichte der Frömmigkeit«, dem er seine ganze wissenschaftliche Kraft widmete. Fundiert plädierte er in den Fünfzigerjahren für eine Rückkehr zu den ungetrübten Quellen, zur Bibel und zu den Kirchenvätern. Seelsorgliche und liturgische Praxis erschienen ihm oft wie verstopft durch routinierte Frömmigkeitsübungen. Seine weit gefächerte Kompetenz stand entschieden unter dem Vorzeichen der Gottesfurcht, dem Anfang der Weisheit. »Wir werden unsere Seele nicht retten«, schrieb Giuseppe De Luca einmal, »ohne die Intellektualität auf das Fundament der Versenkung in Gott – unter dem Kreuz! – zu verpflichten.« Der kunstsinnige Monsignore schätzte die künstlerische Qualität des Bildhauers Manzù sosehr, dass er bald nach dem Amtsantritt des Roncalli-Papstes empfahl, Manzù solle die Porträtbüste des neuen Papstes anfertigen. Johannes XXIII. folgte – wie in manch anderen politischen und kulturellen Fragen – der Empfehlung De Lucas. Sein ambitionierter Kleinverlag *Edizioni di Storia e Letteratura* konnte sich durch Wiederauflagen von Angelo Giuseppe Roncallis frühen kirchenhistorischen Schriften – nach dessen Wahl zum Papst – vor dem Konkurs retten.

Wenige Tage bevor Don Giuseppe de Luca an seinem Namenstag, dem 19. März 1962 starb, besuchte ihn Johannes XXIII. im Krankenhaus. Nach dieser Begegnung sagte de Luca den bemerkenswerten Satz: »Dieser Mensch hat keine Angst vor der modernen Welt. Er spürt, worauf es ankommt. Mit dem Konzil wird er nicht nur der Kirche, sondern der Welt neue Horizonte eröffnen.« Giuseppe de Luca wurde von Loris Capovilla in einem Nachruf als ein »Priester mit lebendigstem Geist – *vivacissimo ingegno* – charakterisiert. Auch Giacomo Manzù setzte dem Freund ein liebevolles Denkmal, und zwar auf der Innenseite der Torflügel der *Porta*. In Erinnerung an den 11. Oktober 1962, den Tag der Konzilseröffnung, schuf er einen Relieffries, der die Aufbruchsstimmung dieser Versammlung des Weltepiskopats zeigt und, wie man sieht, bei einigen Bischöfen (der Kurie?) auch Skepsis und Verunsicherung. Ganz links verlässt ein Priester mit gesenktem Kopf das Bild. darunter ist zu lesen: *»A Don Giuseppe de Luca questa porta della morte dedica Giacomo Manzù 1963* – Don Giuseppe de Luca ist diese Tür des Todes gewidmet«.

Der »Künstler des Papstes« und die »Pforte des Todes«

Manzù schuf mehrere Porträtbüsten von Papst Johannes. Bei den Sitzungen dazu entstand eine Freundschaft mit langen Gesprächen zwischen den beiden, mit Gesprächen, die getragen waren von großem Respekt vor der Überzeugung des jeweils anderen. In seinen Tageskalender notierte der Papst am 16. Juni 1960: »Ein Tag geistlicher Morgenruhe. Einzige Ablenkung das Modellsitzen in der Bibliothek für den guten Manzù, der an meiner Porträtbüste arbeitet. Ich denke, dass unser Kontakt seinen Geist beflügeln und ermutigen kann.«

Eines Tages kam auch die Rede auf ein heikles Thema, nämlich auf die Torflügel der »*Porta della morte*«, des ersten der fünf Portale an der Fassade des Petersdomes. Dieses Tor war in früheren Jahrhunderten Begräbnisprozessionen vorbehalten, daher der Name »Pforte des Todes«. Bereits 1952 vergab der Vatikan den Zuschlag zur Neugestaltung dieser *Porta* an Manzù, den Gewinner eines ausgeschriebenen Wettbewerbs. Manzù erklärte viele Jahre später, es wäre das einzige Mal gewesen, dass er sich an einem Wettbewerb beteiligt hätte – und er hätte es getan dem tiefen Glauben seiner Mutter Maria Manzoni zuliebe. Aber Manzù hatte die Lust daran verloren. Mit dem von den Auftraggebern gestellten Thema »Der Triumph der Heiligen und Märtyrer in der Kirche« konnte er inzwischen überhaupt nichts mehr anfangen. Außerdem war das Gesprächsklima zwischen Manzù und der arroganten vatikanischen Kunstkommission nicht gut. »Ich werde einfach den Tod darstellen«, sagte Manzù einmal in einem dieser Gespräche. »Tod ist gut«, antwortete man ihm, aber es müsse ein katholischer Tod sein. »Der Tod ist weder katholisch noch antikatholisch«, antwortete Manzù. »Der Tod ist der Tod, *e basta.*« Und so kam es immer wieder zu endlosen Verzögerungen.

Doch jetzt, in Folge der Gespräche mit dem Papst, da geschah es plötzlich, dass »*per la sensibilità religiosa di Manzù e l'intervento di Papa Giovanni* – durch die religiöse Sensibilität von Manzù und das Eingreifen von Papst Johannes« der Bann gebrochen wurde. Manzù musste Johannes versprechen die Türen fertigzustellen, er, der Papst, wolle ihm dafür die nötige künstlerische Freiheit garantieren. »Handeln Sie nach Ihrem künstlerischen

Gewissen«, sagte der Papst, »und wenn Sie etwas brauchen, dann kommen Sie zu mir!«

Und Manzù handelte. Er machte statt des »Triumphes der Heiligen« die Leiden der Menschen zum Thema des Tores. Die Leiden der Menschen und das Mitleiden Gottes in der Person seines Sohnes, von dem der Philipperhymnus verkündet, dass er sich entäußerte, ein Sklave wurde, den Menschen gleich, und dass er gehorsam geworden ist bis zum Tod. So begann Manzù die Arbeit an den Torflügeln ohne jeden Kompromiss. Jetzt stand ja der Papst hinter ihm und garantierte ihm Freiheit: »Ich denke unentwegt an die Armut und an das Elend«, sagte Manzù in einem Zeitungsinterview, »ist das nicht auch eine gute Art, an Gott zu denken?«

In den beiden beherrschenden Relieffeldern der vollendeten *Porta* stellt Manzù den Tod von Jesus und Maria dar. Der tote Jesus wird vom Kreuz genommen, Engel empfangen Maria, deren hingesunkene Gestalt wunderbar an die Ekstase der heiligen Teresa von Bernini erinnert. In acht kleineren Feldern Todesarten von Märtyrern, einem Partisanen, einer Mutter, dem heiligen Josef und einem Astronauten. Nur ein Feld zeigt einen Lebenden, den betenden Johannes XXIII.

Dass sich Manzù selber stolz *»L'artista di Papa* – der Künstler des Papstes« – nannte, zeugt von Bewunderung, Respekt und Liebe. Als fast Achtzigjähriger schreibt er 2002 in einem Artikel zu seiner Ausstellung *»Manzù a Bergamo«:* »Ich habe Giovanni geliebt, und ich habe bei seinem Tod mehr gelitten als beim Tod meines Vaters. Der Punkt, wo wir uns trafen, war die Liebe und die Sehnsucht nach einem geschwisterlichen Zusammenleben aller auf dieser Welt voll Krieg und Hass [...] seine Seele war voll Licht, voll Geist, voll Armut, voll Frieden. Er war wirklich irgendwie Christus ähnlich.« Manzù hat dieser Liebe in der »*Porta della morte*« sichtbare Gestalt verliehen.

Als er am 3. Juni 1963 abends vom Tod des Papstes hörte, eilte er in sein Atelier und löschte in einem Anfall von hilfloser Wut ein halbfertiges Relieffeld am Tonmodell des linken Torflügels, bachte frischen Ton auf und begann mit einem Messer die Gestalt des geliebten Papstes zu skizzieren, kniend im Gebet versunken. Über der abgesetzten Tiara liest man die ersten Worte seiner wichtigsten Enzyklika: »*Pacem in terris*«, Friede auf Erden. Der Name »Pforte des Todes« erhielt bald eine zusätzliche Bedeutung: Johannes XXIII. hat die Fertigstellung »seines« Tores nicht erlebt.

Welche Verbindung außer der zeitlichen Nähe gibt es zwischen der Enzyklika und Giacomo Manzùs »*Porta della morte*«? Die wichtigste für Manzù dürfte gewesen sein, dass der Papst, ganz erfüllt von den Gedanken dieses Rundschreibens, ihm als Künstler den Freiraum schuf, den er brauchte, um die Torflügel fertig zu stellen. Wie die Friedensenzyklika eine radikale Absage an Krieg, Gewalt und Unterdrückung ist, so sollte die »*Porta della morte*« das künstlerische Echo davon werden. Es ist beim Künstler und ehemaligen Widerstandskämpfer Manzù sicher kein Zufall, dass er das Relief des Papstes am linken Torflügel jenem eines gehängten Partisanen gegenübersetzt. Bereits 1938 schockte Manzù mit der Reliefserie »*Cristo nella nostra umanità* – Christus in unserer Menschlichkeit« – die katholische Öffentlichkeit Italiens, weil er darin den nackten Jesus mit der Gestalt eines brutal Gehenkten zusammenführt und kirchliche Würdenträger teilnahmslos zuschauen lässt. In der Person von Johannes XXIII. und in seiner letzten Enzyklika wird für Manzù jetzt eine andere Kirche sichtbar: eine, die auf der Seite der Freiheit und auf der Seite der Unterdrückten steht.

Ein Rundschreiben als Vermächtnis

Als das Tor am 28. Juni 1964 in einer auffallend schlichten Feier enthüllt wurde, war Johannes XXIII. schon über ein Jahr tot. Manzù beschreibt, wie Paul VI. mit einem kleinen Gefolge vor das fertige Tor trat: »Er sah so überrascht aus, als ob er auf seinem Balkon gerade etwas ganz Ungewöhnliches entdeckt hätte.« Kühl, kurz und teilnahmslos der Rest. »Gott segne Sie«, sagte der Papst und verschwand im Petersdom.

Heute strömen täglich tausende Menschen zwischen den bronzenen Torflügeln der *»Porta della morte«* hinaus auf den Petersplatz, meist gehen sie achtlos vorbei an dem stillen Denkmal dieser denkwürdigen Freundschaft, deren tiefster Kern die Überzeugung war, dass alle Menschen guten Willens – Christen wie Nichtchristen – Verantwortung für einen Frieden tragen, der sich auf Wahrheit, Gerechtigkeit, Liebe und Freiheit gründet. Manzù und Roncalli waren verwandte Seelen, die sich mit unterschiedlichen Mitteln für diese vier Säulen der Enzyklika *»Pacem in terris«* einsetzten.

Mit dem Pontifikat des Roncalli-Papstes und im Besonderen mit diesem Rundschreiben hat sich in der römisch-katholischen Kirche ein grundlegender Wandel in Hinblick auf die Würdigung der Menschenrechte, der Religions- und Gewissensfreiheit vollzogen. Auf den Punkt gebracht wird es in jenem Schlüsselsatz aus dem kurzen Vermächtnis, das Johannes auf dem Sterbebett diktierte: »Mehr denn je, bestimmt mehr als in den letzten Jahrhunderten, sind wir heute darauf ausgerichtet, dem Menschen als solchem zu dienen, nicht bloß den Katholiken, darauf, in erster Linie und überall die Rechte der menschlichen Person und nicht nur diejenigen der katholischen Kirche zu verteidigen.«

Am Gründonnerstag, dem 11. April 1963, übergab Johannes XXIII. seine Friedensenzyklika *»Pacem in terris«* der Öffentlichkeit. Am Karsamstag darauf werden ihm drei seiner Porträtbüsten präsentiert: Eine war bestimmt für die Vatikanischen Museen, eine für San Marco in Venedig und eine für seinen Sekretär Monsignore Loris Francesco Capovilla. Letztere war wohl als Abschiedsgeschenk gedacht, denn Johannes wusste, wie es um ihn stand. Deshalb drängte er darauf, dass *»Pacem in terris«* rasch fertiggestellt werde, damit noch er selber sie »allen Menschen guten Willens« in die Hände und ans Herz legen könnte.

Mit dankbarer Befriedigung und Freude vernahm Johannes XXIII. in den letzten Tagen seines Lebens das positive Echo auf seine Enzyklika. Neben der Konzilseröffnungsrede war auch für ihn dieser Text die wichtigste Botschaft seines Pontifikats. In den letzten Maitagen, kurz vor seinem Sterben, antwortete er auf die Frage, wie groß sein unmittelbarer und persönlicher Anteil an dieser Enzyklika wäre – und es wäre nicht Roncalli, hätte er nicht wieder einmal auf die »Nachfolge Christi« verwiesen:

Zwei Relieffelder an der „Porta della morte" von St. Peter in Rom (1964) von Giacomo Manzù, rechts der betende Papst Johannes

»Mein Anteil an ›*Pacem in terris*‹ ist vor allem das Beispiel, das ich während meines ganzen armen Lebens geben wollte: ›*De bono pacifico homine* – Vom guten und friedenstiftenden Menschen‹, wie das III. Kapitel des Zweiten Buches der ›Nachfolge Christi‹ überschrieben ist.« Bei einer seiner letzten Audienzen empfahl er den Zuhörern, sich dieses »bewundernswerte und kostbare kleine Buch« zu beschaffen und »oft darin zu lesen, besonders in den unvermeidlichen schmerzlichen Augenblicken des Lebens. In ihm findet man Licht, Ruhe, Freude und vor allem Frieden, das heißt: den wunderbaren Reichtum derer, die das Kreuz zu tragen verstehen.«

1951 wurde Nuntius Roncalli zum offiziellen Beobachter des Vatikans bei der UNESCO ernannt. In einer Ansprache vor der Generalversammlung am 11. Juli begrüßte er »die Ziele der Gerechtigkeit, der Freiheit und des Friedens ohne Unterschied der Rasse, der Sprache und der Religion.« Und bekräftigte nachdrücklich: »jawohl, der Rasse, der Sprache und der Religion.«

Hier klingt schon das Thema der Religionsfreiheit an, dem später das II. Vatikanische Konzil die Erklärung *»Dignitatis humanae«* widmen wird. Darin wird festgestellt, dass das Prinzip Religionsfreiheit keine Anpassung an die »liberale Gesellschaft« ist, sondern »eine innere Konsequenz des christlichen Glaubens selbst.« Von Johannes XXIII. ist der Satz überliefert: »Man muss vor allem die Freiheit anderer Menschen achten. Gott tut es auch.«

Für Papst Johannes XXIII. gehörte es zu den Antworten auf die »Zeichen der Zeit« und zum *»aggiornamento«* der Katholischen Kirche im 20. Jahrhundert, dass er kraft seines Amtes endlich die UNO-Menschenrechtserklärung als unverzichtbaren Einsatz für die Menschenrechte würdigte.

Die ersten persönlichen Notizen des Papstes zur Enzyklika *»Pacem in terris«* datieren vom 16. November 1962. Noch im gleichen Monat bildete er eine Arbeitsgruppe, der er als Leitlinie für ihre Arbeit seine Grundideen und vor allem die Weisung mitgab, keine Verurteilungen zu formulieren, »denn sonst wird es keinen Dialog geben, und alle Türen werden sich schließen.«

Bereits im Jänner 1963 lag ein erster Entwurf vor, Johannes zeigte sich sehr einverstanden und auch mit ersten Reaktionen seiner Mitarbeiter zufrieden. Er notiert: »Alle sind mit den vier ersten Teilen der Enzyklika einverstanden. Beim fünften Teil, bei den pastoralen Weisungen, kann der Papst nicht in den Wolken bleiben. Er muss auf das Problem eine Antwort geben, wie die Katholiken in der Gesellschaft handeln können.« Gerade jener Angelo Roncalli, der noch zu Zeiten der Anfänge des italienischen Faschismus eher zu politischer Zurückhaltung riet, forderte jetzt, dass sich Christen befähigen, am öffentlichen und politischen Leben verantwortlich teilzunehmen.

Wie aktuell diese Enzyklika gelesen werden kann, soll nur an zwei Details sichtbar werden. Gleich zu Beginn wird das Recht auf lebensnotwendige Dienste betont, nämlich eine Grundversorgung jedes Einzelnen, »um die sich der Staat gegenüber den Einzelnen kümmern muss«, also Unversehrtheit des Leibes, die Möglichkeit einer angemessene Lebensführung mit Arbeit, Wohnung, Kleidung, Nahrung, Erholung, ärztlicher Behandlung. Ferner sind die Chancen der Jungen ebenso zu gewährleisten wie entsprechende Hilfe im Alter. Zu all dem das Recht, frei nach der Wahrheit zu suchen und »Gott der Norm des Gewissens entsprechend zu verehren«. *»Pacem in terris«* fordert – vor 50 Jahren! – die Anerkennung von Würde und persönlichen Rechten von Flüchtlingen und spricht von einer »Pflicht der Staatenlenker, ankommende Fremde aufzunehmen« und »dem Vorhaben derer entgegenzukommen, die sich einer neuen Gemeinschaft anschließen wollen.«

Apropos

Man besuche das 1958 von Giacomo Manzù geschaffene Portal des Salzburger Domes, bewundere es als »Porta dell'amore« mit seinen Gesten der Liebe: dem Teilen des Mantels durch Martin, dem Trösten des Severin und der dienenden Wohltätigkeit von Notburga und Konrad von Parzham, der erklärten Armut des Franz von Assisi.
Dann aber widme man sich den unscheinbaren Türgriffen an der Innenseite. Die beiden vergoldeten, etwa drei Handbreit hohen Türgriff-Bischöfe in Augenhöhe, Miniaturausgaben von Manzùs berühmten stehenden »Kardinälen«, sind mit den Namen Sanctus Virgilius und Sanctus Rupertus versehen.
Wozu Türgriffe innen? Man könnte sich mit ihnen gegen das Öffnen der Flügel von außen stemmen. Eine Manzù-gerechtere Interpretation wäre aber folgende: Die beiden Figuren sind keine Individuen, also verkörpern sie als idente Typen den kirchlichen Amtsträger. Und zwar jenen, der sich in den Dienst des Öffnens stellt, des Hereinlassens, aber auch des Hinauslassens! Jenen, der »sich in die Hand zu geben« bereit ist. Der sich von Händen angreifen lassen will. Der aber selber nicht »die Hand« ist. Und wozu dann noch der dritte kleine Griff innen, der wie ein Türklopfer gestaltet ist?

Wer anklopft, kommt doch von außen. Giacomo Manzùs Türklopfer am Salzburger »Tor der Liebe« ist aber innen. In den drei Türgriffen liegt die prophetische Dimension des »Tores der Liebe« von Giacomo Manzù, sein visionärer Blick auf das kommende Konzil, von dem am 28. Juli des Jahres 1958, dem Datum der feierlichen Enthüllung des Tores, noch keine Morgenröte zu sehen und Kardinal Angelo Roncalli noch Patriarch von Venedig ist. Kardinal Jorge Mario Bergoglio, heute Papst Franziskus, sagte in seiner Ansprache vor dem Konklave zu seinen Amtsbrüdern: »In der Offenbarung sagt Jesus, dass er an der Tür steht und anklopft. In dem Bibeltext geht es offensichtlich darum, dass er von außen klopft um hereinzukommen. Aber ich denke an die Male, wenn Jesus von innen klopft, damit wir ihn herauskommen lassen. Die Kirche, die nur sich selber sieht, beansprucht Jesus für sich drinnen und lässt ihn nicht nach außen treten.«

Mein Denken und mein Herz wenden sich nicht nur unseren katholischen Brüdern zu, sondern auch [...] den ›Söhnen der Verheißung‹, den Söhnen Israels, denen ich so oft begegnete, da ich im Dienst des Heiligen Stuhles im Orient weilte, in mancher Stunde der Bedrängnis, stets aber im gegenseitigen Erweis menschlicher Brüderlichkeit. Ich betrachte sie alle gerne im Lichte Abrahams, des großen Patriarchen aller Glaubenden. Ihnen allen gilt mein steter Wunsch, dass die Liebe des Herrn in ihren Herzen aufstrahle, sie alle eine und sie den erhabensten Gütern erschließe, der Ordnung, der Wohlfahrt, dem Frieden, jenem Frieden, dem das Sehnen der ganzen Welt gilt.

Ansprache am 19. März 1950 in der
Elisabeth-Kirche in Algier

Ich bin es, Joseph, euer Bruder [...] Gewiss besteht ein Unterschied zwischen jenen, die nur das Alte Testament als ihren Führer zulassen, und jenen, die das Neue Testament als höchstes Gesetz und Führer hinzufügen. Aber diese Unterscheidung tilgt nicht die Bruderschaft, die von einem gemeinsamen Ursprung herrührt. Wir sind alle Kinder desselben Vaters. Wir kommen vom Vater und müssen zum Vater zurückkehren.

Ansprache anlässlich der Audienz
für 130 amerikanische Juden am 17. Oktober 1962

Im Bewusstsein des Erbes, das sie mit den Juden gemeinsam hat, beklagt die Kirche, die alle Verfolgungen gegen irgendwelche Menschen verwirft, nicht aus politischen Gründen, sondern auf Antrieb der religiösen Liebe des Evangeliums, alle Gasausbrüche, Verfolgungen und Manifestationen des Antisemitismus, die sich zu irgendeiner Zeit und von irgendjemandem gegen die Juden gerichtet haben.

Aus der Erklärung des
II. Vatikanischen Konzils »Nostra aetate«

Wir Kinder des einen Vaters

Am Samstag, dem 17. März 1962 fuhr Johannes XXIII. in seinem Mercedes-Benz den *Lungotevere dè Cenci* entlang, als er gegenüber der Tiberinsel plötzlich den Chauffeur aufforderte anzuhalten. Es war vor der Großen Synagoge und nach dem Shabbat-Gottesdienst, viele gläubige Juden verließen gerade die Synagoge. Johannes ließ das Verdeck seines Wagens öffnen, erhob sich und segnete die Juden. Betretenheit und Verwirrung im Augenblick, die sich aber schnell löste, die Menschen umringten ihn und applaudierten begeistert. Augenzeuge dieses Ereignisses war Elio Toaff, der spätere Großrabbiner von Rom, der im April 1986 an diese Begebenheit erinnerte, als er Johannes Paul II. als ersten römischen Papst in der Geschichte begrüßte, der die Große Synagoge besuchte. Die anschließende Begegnung »zwischen getrennten Geschwistern, die sich nach langer Zeit, in der es an Unverständnis, Ablehnung und Leid nicht fehlte, wiedergefunden haben«, fand ihr schönstes Zeichen in der Umarmung des Großrabbiners mit dem Papst. Begonnen hat das historische Ereignis mit dem Charisma des Roncalli-Papstes, das sich so oft gerade darin erwies, dass er seinen Eingebungen spontan und mutig folgen konnte.

Mitte November des Jahres 1939. Monsignore Angelo Giuseppe Roncalli, der Päpstliche Delegat für die Türkei und Griechenland, absolvierte im Haus »Herz Jesu« bei den Jesuiten von Ayazpasa in der Nähe von Istanbul seine jährlichen Exerzitien. Er saß wie gewohnt am Abend, wenn alles still war, noch lange am Schreibtisch und reflektierte für das Geistliche Tagebuch sein Leben, seine religiösen und diplomatischen Pflichten und, ohne Bitterkeit, seine Nicht-Karriere. Er stand vor der Vollendung seines 58. Lebensjahres. Vom Fenster aus beobachtete er die vielen kleinen beleuchteten Fischerboote – wie sie auf dem Bosporus vom Goldenen Horn her auftauchten. Die Fischer, die selbst bei strömendem Regen nicht von ihrer mühevollen Arbeit ließen, versetzten Roncalli in eine melancholische Stimmung. »Wie beschämend ist dieses Beispiel für mich als Menschenfischer«, schreibt er, »eine Vision der uns gestellten apostolischen Aufgabe. Vom Reich unseres Herrn Jesus Christus ist hier recht wenig übrig geblieben. Überbleibsel und Same. Und wie viele Seelen, die hier im Meer des Islams, des Judentums, der griechischen Orthodoxie herumirren, gilt es für Christus zu gewinnen!«

Ein Jahr später, rund um den 59. Geburtstag im November, machte er wieder Exerzitien, diesmal bei Schwestern unserer Lieben Frau vom Berge Sion, die aus Rumänien geflüchtet waren und hier in Terapia am Bosporus von Roncalli seelsorglich betreut wurden. Er meditierte den Psalm 51 und notierte Vers für Vers, was ihm dazu durch den Kopf ging. Erstmals liest man darin eine so entschiedene Ablehnung des Krieges, dass man schon einen Keim der späteren Friedensenzyklika »*Pacem in terris*« zu erkennen vermeint: »Das Lebensgesetz der Menschen und Völker ist die Gerechtigkeit und das universale Gleichgewicht, die Grenzen im Gebrauch der Güter. [...] Im Maß, wie dieses Gesetz verletzt wird, ergibt sich dann die schreckliche und unerbittliche Strafe [...] Krieg ist nicht von Gott gewollt, sondern von den Menschen, [...] allen geheiligten Gesetzen zum Trotz.« Roncalli erinnert sich an seinen Dogmatikprofessor Tabarelli in Rom, der es nicht leiden konnte, wenn man die persönliche Verantwortung auf die geheimen Kräfte des Bösen abschieben wollte und ausrief: »Was Teufel, die Teufel sind wir, wir sind die Verantwortlichen!« Beim Vers 15 (»dann lehre ich Abtrünnige deine Wege und die Sünder kehren um zu dir«) nimmt sich der Erzbischof zuerst einmal vor, in Wort und Tat ein Vorbild für alle sein zu wollen, ohne Unterschied, für »Abtrünnige« – lateinisch heißt es *impii,* »Unfromme« –, mit denen er es eben in seinem Amt zu tun hat, und er nennt Katholiken genauso, wie Orthodoxe, Türken und Juden. Wenige Zeilen später sieht er nicht nur seine, sondern aller Priester, ja aller Katholiken »schwere Aufgabe, mitzuwirken an der Bekehrung der ungläubigen Welt, an der Rückkehr der Abgefallenen und Irrgläubigen in die Einheit der Kirche, an der Verkündigung Christi auch bei den Juden, die ihn getötet haben *(agli Ebrei che hanno ucciso)*«. Die Juden als Christusmörder, das war zu diesem Zeitpunkt – 1940 – noch immer offizielle Lehrmeinung der römisch-katholischen Kirche, von der die private Überzeugung des päpstlichen Delegaten nicht abwich. Noch nicht.

»Ich bin Joseph, euer Bruder!«

Ein Sprung über zehn Jahre. 1950, Roncalli ist Nuntius in Frankreich und – wie so oft und sehr zum Missfallen des Papstes in Rom – auf Reisen. Einen Monat lang besuchte er Nordafrika. Sein silbernes Bischofsjubiläum am 19. März feierte er in Algier. Die Ansprache, die er am Tag seiner Ankunft in der Katharinenkirche von Algier hielt, war ein großes Dokument des Wunsches nach interreligiöser Verständigung. Man spürt, die Worte kommen unmittelbar aus seinem Herzen und enthalten bereits den Geist jener Konzilserklärung *»Nostra aetate«*, die fünfzehn Jahre später eine Wende im kirchlichen Verhältnis zu den nichtchristlichen Religionen markieren wird:

»Ich segne alle Gläubigen, gleich, welchem Stand, welcher Richtung und welcher Überzeugung sie angehören. Mein Denken und mein Herz wenden sich nicht nur unseren katholischen Brüdern zu, sondern allen Christen der verschiedenen Bekenntnisse. Dann der großen Zahl von Arabern und den unzähligen Völkerschaften der verschiedensten Nationalität und der verschiedensten Sprachen, die die große Mehrheit der Bewohner dieses afrikanischen Erdteiles ausmachen, der so viel Geheimnisvolles und Anziehendes an sich hat. Den ›Söhnen der Verheißung‹, den Söhnen Israels, denen ich so oft begegnete,

Johannes XXIII. auf einer seiner zahlreichen Fahrten in die Vorstadtpfarren Roms

da ich im Dienst des Heiligen Stuhles im Orient weilte, in mancher Stunde der Bedrängnis, stets aber im gegenseitigen Erweis menschlicher Brüderlichkeit. Ich betrachte sie alle gerne im Lichte Abrahams, des großen Patriarchen aller Glaubenden. Ihnen allen gilt mein steter Wunsch, dass die Liebe des Herrn in ihren Herzen aufstrahle, sie alle eine und sie den erhabensten Gütern erschließe, der Ordnung, der Wohlfahrt, dem Frieden, jenem Frieden, dem das Sehnen der ganzen Welt gilt.«

Noch einmal ein Sprung über zehn Jahre. Im Jänner 1960 empfing Roncalli, inzwischen Papst Johannes XXIII., eine Abordnung der amerikanischen B'nai B'rith und wenige Tage nach der Konzilseröffnung im Oktober 1962 eine Delegation von 130 Mitgliedern des *United Jewish Appeal*. Die Worte, mit denen er sie begrüßte, sind oft zitiert: »*Son io, Giuseppe, il fratello vestro!* – Ich bin es, Joseph, euer Bruder.« Mit diesem Zitat aus der Jüdischen Bibel, dem Ersten Testament der Christen, übersprang Johannes XXIII. die jahrhundertealten Mauern zwischen Judentum und Kirche. Er gebrauchte gezielt seinen Taufnamen und nicht den Amtsnamen – und mit der Bezeichnung Bruder nahm er die künftige offizielle Sicht der katholischen Kirche vorweg, dass die Juden die älteren Geschwister der Christen sind: »Wir sind alle Kinder desselben Vaters. Wir kommen vom Vater und werden zum Vater zurückkehren.«

Kaum frühe Kontakte

Roncalli hatte während seiner Lehrjahre in Bergamo und Rom kaum Gelegenheit, das Judentum oder jüdische Menschen kennen zu lernen. Als Historiker wird er vielleicht gewusst haben, dass im Italien des beginnenden 19. Jahrhunderts Juden noch ermordet und verbrannt wurden, so zum Beispiel in Siena um 1800, wo in den Chroniken von einem *olocausto spaventoso,* einem schrecklichen Holocaust, zu lesen ist. Nach dem kurzen republikanischen Zwischenspiel im Kirchenstaat 1848/49 verwies der anfänglich liberal und judenfreundlich eingestellte Pius IX. in einer scharfen Kehrtwendung die Juden Roms zurück ins Ghetto. Sprachrohr der neuen antijüdischen Stimmung unter den Katholiken wurde die 1850 gegründete Jesuitenzeitschrift »*Civiltà Cattolica*« (Zitat: »Die jüdische Herde bedroht die ganze Welt mit Intrigen und Unterwanderung.«). Die erwünschte Wirkung, ein Zurückdrängen der Juden in der italienischen Politik, blieb allerdings aus, und kein Staat in Europa um die Jahrhundertwende hatte so viele jüdische Abgeordnete und Minister. Schuld daran war die katholische Kirche selbst, und zwar durch ihre Selbstisolierung, denn weder aktiv noch passiv durften Katholiken an demokratischen Wahlen teilnehmen. Dieses Verbot wurde von Pius IX. in der Bulle »*Non expedit* – Es ist nicht angebracht« verkündet und war formal sogar bis 1919 gültig.

In Bergamo gibt es so gut wie keine Spuren von einer jüdischen Gemeinde, einer Synagoge oder einem Friedhof. Es müssen aber im 15. und 16. Jahrhundert Juden dort gelebt haben, denn der Franziskanermönch Bernardin von Feltre, der in ganz Italien als Prediger gegen die Juden umhergezogen war, sollte auch in Bergamo predigen, wurde aber vom Landesherrn daran gehindert. Die Franziskaner hatten ja in vielen italienischen Städten – so auch in Bergamo – sogenannte »*Montes pietatis* – Berge der Barmherzigkeit« gegründet, eine Art sozial ausgerichteter Banken, bei denen kleine Kredite zu geringen Zinsen aufgenommen werden konnten. Damit sollten die jüdischen Geldverleiher aus den Städten gedrängt werden.

Eine Pilgerreise nach Palästina, ins »Heilige Land«, die Roncalli 1906 mit seinem Bischof Radini Tedeschi unternahm, verlief, wie damals üblich, als fromme Besuchstour der heiligen Stätten. In der Grabeskirche verspürte Angelo das disparate Nebeneinader der Konfessionen und sehnte sich nach der Rückkehr der »Schismatiker in den Schoß der Kirche«. Erst zwei Jahrzehnte später wird er sie die »orthodoxen Brüder« nennen.

Roncallis Schilderung einer Bootsfahrt über den See Genezareth vor Sonnenaufgang erweist ihn als empfindsamen Schreiber schlichter, gläubiger Poesie: »Nach und nach, je weiter das Boot auf den See hinausfuhr, färbte das erste Licht der Frühe die Fluten, die Häuser und die umliegenden Hügel. Wir sprachen nicht, aber unsere Herzen waren bewegt. Es war, als könnten wir Jesus sehen, wie er in Petri Boot diesen gleichen See überquerte. Jesus stand vor uns, und wir konnten ihn sehen: Obgleich wir unwürdig waren, fuhren wir ihm auf dem Wasser entgegen, und unser Gebet war stumm, doch spontan und beredt [...] als wir ans Ufer kamen, ging die Sonne auf.«

Über Juden und Judentum gewann der junge Bischofsekretär keine besonderen Erkenntnisse oder Eindrücke, lediglich in Tiberias notierte der archäologisch interessierte Historiker mit Bedauern, dass »heute« nichts mehr an das alte Tiberias erinnere, wohin sich die Juden nach der Zerstörung Jerusalems geflüchtet hätten. Respektvoll hält er in seinen Notizen fest, dass »hier« der Talmud entstanden ist.

Roncalli verrichtete, wie die meisten Priester seiner Generation, lebenslang äußerst gewissenhaft das tägliche Breviergebet. Ihm, dem Kenner der Kirchenlehrer und Kirchenväter, wird der Antijudaismus in deren Schriften – manchmal latent, manchmal ganz offenkundig – nicht verborgen geblieben sein. So heißt es einmal, in Anspielung auf die jahrhundertelang praktizierte Karfreitagsfürbitte, in einem Brief des Bernhard von Clairvaux an einen Mönch: »Ist etwa jenes allgemeine Kirchengebet umsonst eingeführt, das für die ungläubigen Juden vom Anfang der Sonne bis zum Niedergang verrichtet wird, dass der Herr die Hülle von ihren Herzen nehme, damit sie aus ihrer Finsternis zum Licht der Wahrheit gelangen?« Ein milder Text, wenn man damit ein Zitat des großen heiligen Johannes Chrysostomus vergleicht, in dem die jüdischen Synagogen »ebenso wie die Seelen der Juden selbst« als »Herbergen des Teufels« bezeichnet werden. Solche Ungeheuerlichkeiten, denen ein Kleriker zu Anfang des 20. Jahrhunderts immer wieder ausgesetzt war, können in der Seele Roncallis keinen bleibenden Schaden angerichtet haben. Schließlich war er es, der die entscheidenden Schritte setzte, durch die im Verhältnis der katholischen Kirche zum Judentum wirklich eine Wende eintrat.

Arme Kinder Israels

Die intensivsten Kontakte mit dem Judentum hatte Roncalli während der Zeit des Nationalsozialismus, dessen erklärtes Ziel es war, Europa »von den Juden zu reinigen«. Es waren Begegnungen, die dem Apostolischen Delegaten für die Türkei und Griechenland in Istanbul in hohem Maß persönlichen Einsatz und diplomatisches Geschick abverlangten. Roncalli hat sich weder geschont noch gescheut, alles zu tun, was ihm seine dienstlich auferlegte Neutralität gestattete. Und wahrscheinlich viel mehr. »Die ganze Welt leidet sehr«, schreibt er an die Schwestern in Sotto il Monte, »und wir müssen den Egoismus wegräumen: In unserem Herzen darf nur Platz für Nächstenliebe, Mitleid und Opfer sein.«

Bereits am 5. September 1940 empfing er eine Gruppe polnischer Juden, denen er bei der Durchreise nach Palästina behilflich sein konnte. Im Winter 1941/42 organisierte er mit Hilfe des Heiligen Stuhles und der türkischen Regierung die Verteilung von Nahrungsmitteln an hungernde Griechen und Juden angesichts der krassen Notlage, verursacht durch die britische Seeblockade und die Beschlagnahme von Lebensmitteln durch die deutsche Besatzungsmacht. Es ist heute fast vergessen, dass 300.000 griechische Zivilisten in jenem Winter verhungert und 90.000 Juden verschleppt oder ermordet worden sind.

Einen Schock bei Roncalli löste die Versenkung der Struma im Februar 1942 aus, eines Schiffes für 150 Passagiere, das auf dem Weg nach Palästina mit 770 jüdischen Auswanderern an Bord mit einem Motorschaden zwei Monate lang vor Istanbul lag. Nach ergebnislosen Verhandlungen zwischen Türken und Briten wurde das Schiff schließlich auf das offene Meer hinausgeschleppt und am 25. Juni durch einen russischen Torpedo versenkt. Dieses Ereignis erschütterte Roncalli zutiefst. In einem Briefwechsel mit der Priorin der Sionsschwestern von Bukarest artikuliert der Erzbischof seine Ratlosigkeit angesichts dieser Unmenschlichkeit, Ratlosigkeit auch in seinem Glauben: »Wir haben mit einem der großen Mysterien in der Geschichte der Menschheit zu tun. Arme Kinder Israels. Täglich höre ich ihr Stöhnen um mich. Sie sind doch Verwandte und Landsleute Jesu.« Und dann der gläubig-naive Satz: »Möge der göttliche Heiland ihnen zu Hilfe kommen und sie erleuchten.«

Die Internationale Raoul Wallenberg Foundation – an der Spitze ihr Gründer Baruch Tenembaum – hat eine lange Liste von Aktionen Roncallis zusammengestellt, die nachweislich zur Rettung vieler Tausenden Juden geführt oder diese Rettung ermöglicht haben. Tenembaum bemüht sich seit Jahren, Angelo Giuseppe Roncalli die Ehre eines »Gerechten unter den Völkern« zukommen zu lassen. Die wichtigste jüdische Persönlichkeit, mit der Roncalli intensiv zusammenarbeitete, war Chaim Barlas, der Delegationsleiter der Jewish Agency in Istanbul. Barlas beschreibt den Delegaten als »zutiefst einfühlsam und bereit zu helfen und zu retten.« Am 22. Jänner 1943 bat Barlas Roncalli, in Rom die Bitte vorzulegen, der Vatikan möge bei neutralen Staaten anfragen, ob sie bereit wären Juden Asyl zu gewähren. Auf die deutsche Regierung sollte der Heilige Stuhl sanften Druck ausüben und sie davon informieren, dass die Jewish Agency über 5.000 Einwanderungsgenehmigungen für Palästina verfüge. Außerdem möge Radio Vatikan eindringlich und wiederholt melden, dass die Hilfe für Juden als christliche Tat der Nächstenliebe zu werten ist.

Die Antwort war enttäuschend. Nicht zuletzt aus Sorge um die Heiligen Stätten lag es nicht im Interesse des Vatikans, dass es zu vermehrten »Umsiedlungen der Juden« nach Palästina kommen sollte. Einmal, im März 1943, mitten in der Nacht, kam Barlas zu Roncalli – er hatte nach eigenem Zeugnis immer Zutritt zur Delegatur – und bat dringend, der Vatikan möge bei Jozef Tiso, dem Ministerpräsidenten der Slowakei, einem katholischen Priester und Antijudaisten, nachdrücklich intervenieren, dass die Deportationen von Juden nach Auschwitz eingestellt würden. Noch in Anwesenheit von Barlas, nach einem stillen Gebet, setzte sich Roncalli hin und schrieb das Telegramm. Nach fünf Tagen kam die positive Antwort, Tiso hatte entsprechend reagiert.

Barlas berichtete, Roncalli habe immer »außerhalb der Dogmen, der Religion und der Kirche geholfen«, und oft weit über seine Befugnisse hinaus. Im April 1944 übergab Chaim Barlas dem Delegaten den Bericht von zwei slowakischen Juden, die aus Auschwitz flüchten konnten. Offenkundig handelte es sich dabei um jenen Bericht von Augenzeugen, der als »Auschwitz-Protokolle« in die Geschichte eingegangen ist. Roncalli habe ihn mit Erschütterung gelesen und »mit Tränen in den Augen« den Propheten Ezechiel zitiert: »So spricht der Herr: Siehe, ich will eure Gräber auftun und will euch, mein Volk, aus denselben herausholen und euch ins Land Israel bringen.« Gerade diese zitierte Prophetenstelle zeigt, dass Roncalli sein Schriftverständnis in durchaus positiven Bezug zu zionistischen Bestrebungen bringen konnte.

Den Bericht schickte Roncalli sofort an den Heiligen Stuhl, das geht eindeutig aus dem Briefwechsel mit Chaim Barlas hervor, den man in dessen privatem Nachlass in Israel gefunden hat. Daraus folgern Historiker, dass die bis heute verbreitete Version, der Vatikan habe »erst im Oktober 1944 über genauere Details der Vorgänge in Auschwitz verfügt«, nicht der Wahrheit entspricht. Da die diplomatische Korrespondenz Roncallis noch nicht zugänglich sei, wäre eine Einsichtnahme im Archiv nicht möglich, lautet die entsprechende Stellungnahme des Vatikan. Barlas berichtet, dass Roncalli einmal leise und indirekt Kritik an seinen Vorgesetzten geübt habe, bezüglich ihres Schweigens. Auf die Frage nach den Gründen dieses Schweigens antwortete Roncalli ausweichend mit dem Hinweis, Gott werde die Gründe schon kennen, die den Menschen noch verborgen sind.

Aber Roncallis Engagement erschöpfte sich nicht mit Berichten in den Vatikan. Er nutzte erfolgreich die guten Beziehungen zum bulgarischen Königspaar aus seiner Zeit in Sofia, um zu verhindern, dass Juden von Bulgarien an

Deutschland ausgeliefert würden. Vielfach kooperierte Roncalli auch mit anderen Nuntiaturen, zum Beispiel mit Erzbischof Angelo Rotta in Budapest. Zur Rettung von Juden in Griechenland und Ungarn ließ er auch zahllose Taufscheine ausstellen, was in Biographien oft verschwiegen oder mit *convenience birth certificates* umschrieben wird. Er hat »ohne mit der Wimper zu zucken alle falschen Taufscheine, um die man ihn bittet", unterschrieben. »Ihm sei es gleich, ob die Juden wirklich das Sakrament empfingen oder ob sie, wenn der Krieg vorbei war, wieder aus der Kirche austreten wollten. Ihm gehe es nur um die Rettung von Menschenleben«, zitiert ihn 1973 indirekt der Biograph Lawrence Elliott. Im Februar 1944 bedankt sich Isaac Herzog, der Oberrabbiner von Jerusalem, »für die energischen Schritte, die Sie unternommen haben und unternehmen werden, um unser unglückliches Volk zu retten. – Segenswünsche Jerusalems und Sions!«

Hilfe bei der Staatsgründung Israels

Vor dem Jahreswechsel 1944/45 wurde Roncalli völlig überraschend als Nuntius nach Paris berufen. Acht Jahre voller diffiziler diplomatischer Probleme warteten auf ihn. Offenkundig hat sein Verhalten während der schwierigen Zeit in Istanbul beim Heiligen Stuhl doch einigen Eindruck hinterlassen.

Im Zusammenhang mit der Shoa war 1946 das Problem aufgetreten, wie mit Anfragen jüdischer Institutionen umgegangen werden soll, die nach dem Verbleib jüdischer Kinder fragten, denen während der Verfolgung bei Familien oder in Klöstern Unterschlupf gewährt worden war. Die französischen Bischöfe erwarteten auf diese heikle Frage eine Antwort des Vatikans. Die Antwort war allerdings so diffizil, dass sie von Roncalli erst mit einiger

Verzögerung an den französischen Episkopat weitergegeben wurde, getreu einer roncallischen Devise, dass man heiße Probleme vor dem Essen etwas auskühlen lassen sollte. Sie besagte nämlich, dass sich die Kirche vorbehalte jeden Fall einzeln abzuwägen und dass die Kinder, die getauft worden waren, nicht »Institutionen anvertraut werden dürften, die ihnen keine christliche Erziehung garantieren könnten«. Roncalli war sicher nicht glücklich mit dieser kurialen Anweisung, allerdings dürften die französischen Bischöfe in der Folge ohnehin weniger dogmatisch als vielmehr pragmatisch damit umgegangen sein.

Im Jahr 1947 hatte Roncalli in Frankreich noch einmal die Möglichkeit, seine Liebe zum jüdischen Volk politisch unter Beweis zu stellen. In seiner Funktion als Nuntius wurde er von jüdischer Seite gebeten, den Vatikan umzustimmen, damit dieser nicht die in der UNO-Resolution 181 vorgeschlagene Teilung Palästinas durch Einwirken auf lateinamerikanische Staaten blockiere. Eine Ablehnung der Resolution hätte die Gründung des Staates Israel – vom Vatikan misstrauisch beäugt – zumindest zu jenem Zeitpunkt verhindert. Roncalli erwirkte ein Treffen zwischen Monsignore Tardini und Dr. Moshe Sneh, einem linken Aktivisten bei der Staatsgründung Israels. Er fuhr sogar selbst nach Rom, um sich vom Zustandekommen des von ihm eingefädelten Treffens am 30. Oktober 1947 überzeugen zu können. Der Vatikan hielt sich dann offenbar tatsächlich zurück, und so stimmte kein lateinamerikanischer Staat gegen die Teilung. Dass Roncalli dadurch bei der Geburt des Staates Israel hilfreich sein konnte, bestätigte Yair Tsaban, der spätere Minister für Einwanderung, dem es Moshe Sneh noch am Sterbebett erzählt hatte.

Roncalli selber stand ja eigentlich sehr lange – treu der römischen Doktrin: »die Kirche ist das Neue Israel« –

einem »Judenstaat« in Palästina skeptisch gegenüber. Er hatte also inzwischen seine Haltung geändert oder war über seinen Schatten gesprungen. Nach den Einsichten, die er in Istanbul gewinnen musste, darf man annehmen, dass ersteres der Fall war.

Nostra aetate

Wie kaum ein anderes Dokument des Zweiten Vaticanums ist die Erklärung *Nostra aetate* mit Johannes XXIII. verbunden. Und natürlich mit Prälat Johannes Österreicher, der dem Papst eine Petition überreichte mit der Bitte, ein Dekret zur Judenfrage zu veröffentlichen. Er wurde dann 1961 als Konsultor des Einheitssekretariats berufen. Von ihm gingen wichtige Impulse für das künftige Konzilsdokument *Nostra aetate* aus.

Der neue Horizont, den der neue Papst während seines ersten Pontifikatsjahres vor allem mit der Ankündigung des Konzils aufgerissen hatte, ermutigte auch jüdische Kreise, angesichts des bevorstehenden Konzils dem Papst Anfragen und Wünsche zukommen zu lassen. So geschehen am 13. Juni 1960 bei dem Besuch von Jules Isaac bei Johannes XXIII. Jules Isaac (1877–1963), ein französischer Historiker, Überlebender der Judenverfolgung unter dem Vichy-Regime, hatte Frau und Kinder bei der Naziverfolgung verloren. Mit seinen 83 Jahren sehnte sich Jules Isaac geradezu nach einem entscheidenden Schritt des Oberhauptes der katholischen Kirche in Richtung einer grundlegenden Neuorientierung der Kirche den Juden gegenüber und zu einem Ende der »Lehre der Verachtung«. Mit dieser Hoffnung überreichte er dem Papst ein Dossier mit den entsprechenden Bitten. Die Folge war ein längeres Gespräch Isaacs mit Kardinal Bea über die Möglichkeiten der Annäherung zwischen Juden und Christen.

Jules Isaac starb am 6. September 1963, drei Monate nach Johannes XXIII. und zwei Jahre vor der Veröffentlichung von *Nostra aetate.* Erzbischof Capovilla erkannte als Augenzeuge die Bedeutung des Besuchs von Jules Isaac für eine künftige »Judenerklärung« und hielt fest, dass für Johannes XXIII. ein Text zur Überwindung des christlichen Antijudaismus ein dringendes Anliegen geworden ist. Johannes Österreicher, der Pionier der jüdisch-christlichen Verständigung, betonte, dass die spätere Konzilserklärung *Nostra aetate* unmittelbar »aus dem Herzen von Johannes XXIII. hervorgegangen« ist.

Auch wenn der die Juden betreffende Abschnitt nur knappe fünfzig Zeilen umfasst, ist seine Bedeutung nicht hoch genug einzuschätzen. Wie es in einem Kernsatz von *Nostra Aetate* heißt, »sind die Juden nach dem Zeugnis der Apostel immer noch von Gott geliebt um der Väter willen; sind doch seine Gnadengaben und seine Berufung unwiderruflich. Mit den Propheten und mit demselben Apostel erwartet die Kirche den Tag, der nur Gott bekannt ist, an dem alle Völker mit einer Stimme den Herrn anrufen und ihm ›Schulter an Schulter dienen‹ (Soph 3,9).«

Eine Herzensangelegenheit

Bis zum 18. März 1959 lautete die sechste der Großen Fürbitten in der Karfreitagsliturgie: »*Oremus et pro perfidis Judaeis, ut Deus et Dominus noster auferat velamen de cordibus eorum, ut et ipsi cognoscant Jesum Christum Dominum nostrum* – Lasset uns auch beten für die treulosen Juden, dass Gott, unser Herr, wegnehme den Schleier von ihren Herzen, auf dass auch sie erkennen unsern Herrn Jesus Christus«. Schon am ersten Karfreitag seines Pontifikates veränderte Johannes XXIII. den Text der Fürbitte für die Juden spontan, indem er in der Gebetsaufforderung das

»*perfidis*« einfach wegließ und anschließend eine neue, nicht diskriminierende Formulierung für die Kirche verbindlich machte.

Bekannt ist der Vorfall, dass bei der römischen Karfreitagsliturgie in Santa Croce in Gerusalemme im Jahr 1962 in Anwesenheit des Papstes der zelebrierende Kardinal wieder die alte Formulierung verwendete, vermutlich aus theologischem Protest gegen die päpstliche Neuerung. Wie einen Schuljungen wies ihn der Papst zurecht und forderte ihn auf, die Fürbitte zu wiederholen – und zwar in der richtigen, der neuen Form.

Im Jahr 1959 ließ Johannes XXIII. auch noch aus einem anderen offiziellen Gebet zwei Sätze streichen, die in der Tat im krassen Widerspruch zum Geist des 4. Kapitels der späteren Erklärung *Nostra aetate* standen. Die beiden Sätze standen in dem auf Leo XIII. zurückgehenden »Weihegebet des Menschengeschlechts an das Herz Jesu« und waren in dieses Gebet erst nachträglich durch Pius XI. eingefügt worden. Die beiden Sätze lauteten: »Blicke endlich voll

Nuntius Roncalli als Beobachter bei der Generalversammlung der UNESCO, Paris 1951

Erbarmen auf die Kinder des Volkes, das ehedem das auserwählte war. Möge das Blut, das einst auf sie herabgerufen wurde, als Bad der Erlösung und des Lebens auch über sie fließen.«

Die »Amici Israel«

Versuche, das *perfidis* aus der Karfreitagsbitte zu entfernen und generell antisemitischen Haltungen im Katholizismus entgegenzutreten, gab es bereits zwischen 1925 und 1928, und zwar von den sogenannten »Amici Israel«, den Freunden Israels, oder *Opus sacerdotale Amici Israel,* wie sie sich offiziell nannten. Entsprechende Eingaben dieser Bewegung an die Kurie unangebracht – *nihil esse innovandum,* nichts müsse geändert werden. Die »Amici Israel« wurden 1926 gegründet und waren – immerhin für zwei Jahre – eine respektable Bewegung innerhalb der katholischen Kirche: An die 3.000 Priester, 287 Bischöfe, 19 Kardinäle und sogar zwei Kurienmitglieder gehörten ihr an. Trotzdem wurden sie 1928 vom Heiligen Offizium aufgehoben, zynischerweise ausgerechnet am Karfreitag. Im Dekret dazu wurde zwar der Antisemitismus als solcher verurteilt, aber das Leitungsgremium wurde zum Widerruf genötigt. Ein Grund für die Ablehnung könnte das idealistische Hauptziel der Initiatoren gewesen sein, für die erwartete messianische Endzeit sei die Rückkehr des Volkes Israel nach Palästina eine Voraussetzung. Zionistische Bestrebungen waren dem Vatikan allerdings überhaupt nicht willkommen.

So war also Johannes XXIII. mit seiner Abschaffung des skandalösen *perfidis* unfreiwillig ein verspäteter *»Amicus Israel«* geworden. Wie viel er damals, 1928, von den innerkirchlichen Auseinandersetzungen um diese Bewegung und ihre Vorschläge mitbekommen hatte, wissen wir nicht. Roncalli hatte ja zum Zeitpunkt der heißen Phase als Päpstlicher Visitator in Bulgarien seine eigenen Probleme mit der römischen Administration. Gänzlich von der Hand zu weisen ist es allerdings nicht, dass er davon Kenntnis bekommen hat, war doch einer der Hauptakteure, Kardinal Willem van Rossum, als Präfekt der Kongregation *de Propaganda Fide* sein früherer Chef. Van Rossum war nämlich der erste Ansprechpartner der Initiatorin der »*Amici*«, der konvertierten und charismatischen Jüdin Sophie Francisca van Leer. Sie hatte ihn 1925 in einem persönlichen Brief gebeten hatte, sich dafür einzusetzen, dass die Juden-Fürbitte am Karfreitag geändert werde. Leider vergeblich. Neben Sophie Francisca van Leer gehörten zur Gründungsgruppe noch der Franziskaner Laetus Himmelreich und der Kreuzherr Anton van Asseldonk. Der neuerliche Vorstoß dieses Kerns der »*Amici*« bei der Ritenkongregation der römischen Kurie führte 1928 schließlich dazu, dass die Vereinigung von Rom aufgelöst wurde. Die Ritenkongregation hatte sich zwar für die Änderung der Fürbitte ausgesprochen, das Heilige Offizium aber war strikt dagegen und mit ihm auch Papst Pius XI. Der Konsultor der Liturgischen Kommission der Ritenkongregation hatte sich ja für die erbetene Änderung der Karfreitagsbitte ausgesprochen. Es war dies kein geringerer als Ildefons Schuster, der Abt von St. Paul vor den Mauern, später Erzbischof von Mailand und inzwischen seliggesprochen. Auch er musste seinem Gutachten abschwören. Aus grundsätzlichen Überlegungen, vertreten vor allem durch das Heilige Offizium, wurden die »*Amici*« dann überhaupt aufgehoben. Enrico Rosa, Chefredakteur der Jesuitenzeitschrift »*Civiltá Cattolica*« und bekannt als Modernistenjäger unter Pius X., kommentierte diese Aufhebung wohlwollend. Es sei angebracht, schrieb er, eine allzu positive Haltung und philosemitische Tendenzen den Juden gegenüber zurückzuweisen, schließlich müsse man die Gefahr erkennen, die religiös und politisch von den Juden ausgehe. Das Gespenst der jüdischen Weltverschwörung zeigte sich auch im Vatikan. Dass sich unter den Unterstützern und Mitgliedern der *»Amici«* hochrangige katholische Würdenträger befanden, ist vielleicht damit zu erklären, dass man die romantisch-utopischen Ziele des Gründungsteams – die endzeitliche Verwirklichung des Messiasreiches in Israel – zu wenig erkannt hatte. Viele werden in den »Amici« vor allem eine »Gebetsbruderschaft zum Zweck der Konversion möglichst vieler Juden« gesehen haben.

Dies ereignete sich zehn Jahre vor Beginn der »Endlösung der Judenfrage« durch den Nationalsozialismus und vierzig Jahre vor dem Konzilsdokument *Nostra aetate.*

Anton van Asseldonk hat kurz nach der Wahl von Johannes XXIII. und der Ankündigung des Konzils seiner Hoffnung Ausdruck verliehen, »seine Aufgabe jetzt nicht mehr alleine tragen zu müssen.« Er starb 1973. Johannes hatte ihn nicht enttäuscht.

Sophie Francisca van Leer gab ihren Traum von einem jüdisch-christlichen Zionismus und von der Gründung eines Kibbuz für katholische Juden in Israel bis zu ihrem Tod 1953 nicht auf.

Apropos

So lautet die sechste der Großen Fürbitten in der katholischen Karfreitagsliturgie seit 1969:

6. Für die Juden

Lasst uns auch beten für die Juden, zu denen Gott, unser Herr, zuerst gesprochen hat: Er bewahre sie in der Treue zu seinem Bund und in der Liebe zu seinem Namen, damit sie das Ziel erreichen, zu dem sein Ratschluss sie führen will.

(Beuget die Knie. – Stille – Erhebet euch.)

Allmächtiger, ewiger Gott,
du hast Abraham und seinen Kindern
deine Verheißung gegeben.
Erhöre das Gebet deiner Kirche für das Volk,
das du als Erstes zu deinem Eigentum erwählt hast:
Gib, dass es zur Fülle der Erlösung gelangt.
Darum bitten wir durch Christus, unseren Herrn.

• • • und dann trat er mit großer Ehrfurcht in die Basilika ein, wandte sich sogleich zur bronzenen Statue des heiligen Petrus, die sich damals noch bei den Portalen befand, und nachdem er dem Apostel den Fuß geküsst hatte, sagte er stets die beiden Worte PAX ET OBOEDIENTIA [...] es war Baronius. In dem kurzen und schlichten und beharrlich wiederholten Akte finde ich ihn ganz wieder; die beiden Worte füllen sich für mich mit einer höchsten Bedeutung, und wenn ich mich nicht täusche, so beleuchten und deuten sie sein Leben ausgezeichnet: Pax et oboedientia, Friede und Gehorsam: das war sein Traum, das Ideal, das ihm in seinen ununterbrochenen täglichen Anstrengungen, in der Erhebung der Seele, zulächelte; Gehorsam, der allerdemütigste und blindeste Gehorsam, wie der eines Kindes, seinem geistlichen Vater Filippo Neri gegenüber, solange dieser lebte, und gegenüber dem Papst, wie dieser auch heißen und welchen persönlichen Charakter er immer haben mochte – und man bedenke, dass während seines Lebens die verschiedenartigsten Männer, Programme und Richtungen auf dem Stuhle Petri sich folgten – es war die einzige Regel seines Lebens, und ich möchte beifügen: das wahre Geheimnis seines Gelingens.

Aus dem Vortrag von Angelo Roncalli:
»Il Cardinale Cesare Baronio«, Bergamo 1906

... das ist das Geheimnis meines Lebens. Sucht nicht nach anderen Erklärungen. Ich habe mir oft die Worte des heiligen Gregor von Nazianz wiederholt: ›Voluntas tua pax nostra – Dein Wille, Herr, ist unser Friede‹. Dieselbe Bedeutung haben auch die Worte ›Oboedientia et pax‹, an die ich mich immer gehalten habe.

Johannes XXIII., Notiz aus dem Jahr 1959

Meine persönliche Ruhe, die in der Welt so viel Eindruck macht, liegt nur im Vertrauen auf die Barmherzigkeit des Herrn. Immer bereit sein zu gehorchen, wie ich es immer getan habe.

An den Bruder Saverio,
Vatikan, 3. Dezember 1961

Oboedientia et Pax –
»Gehorsam und Friede«

»*Era buono come il Signore* – Er war gut wie der Herr«, mit diesem Urteil eines einfachen italienischen Mannes begann der Kölner Erzbischof Josef Frings, eine der großen Gestalten des II. Vatikanischen Konzils, 1963 seinen Nachruf auf Johannes XXIII. Weniger schmeichelhaft war im Oktober 1958 die Begrüßung des neuen Papstes. Frings sah wie viele in Roncalli zuerst nur den »Statthalter für einen größeren kommenden Papst«. Umso mehr überraschte, dass dieser Roncalli-Papst wenige Wochen nach seiner Wahl ein Ökumenisches Konzil ankündigte, das hat Kardinal Frings – wie viele Brüder im Bischofsamt und im Kardinalsrang – zuerst einmal gründlich verwirrt. Als er dann beobachten durfte, wie Johannes in der Anfangsphase das Konzil behutsam lenkte, »mit solchem Takt, mit solchem Geschick, mit solch väterlicher Güte, dass alle davon entzückt waren«, schloss er Johannes zunehmend ins Herz.

»Er war gut wie der Herr.« Die eindringlichste und theologisch treffendste Charakterisierung »des Herrn« finden sich im Hebräerbrief (5,8: »[...] er hat Gehorsam gelernt«) und im Hymnus des Philipperbriefs (2,8: »Im Gehorsam gegen Gott erniedrigte er sich so tief, dass er sogar den Tod auf sich nahm«). Gehorsam ist seitdem ein Schlüsselwort christlichen Glaubens und Lebens. In Dietrich Bonhoeffers Schrift »Nachfolge« steht der Satz: »Nur der Glaubende ist gehorsam, und nur der Gehorsame glaubt.« Gehorsam ist ein immer tieferes Eintauchen in Gott, man könnte auch »Heiligung« dazu sagen. Heiligung, wie sie von Angelo Roncalli lebenslang angestrebt wurde, folgt nicht dem Ruf: »Rette deine Seele«, sondern mündet im Dienst eines Menschen an den Menschen. Christus »wurde ein Mensch und teilte das Leben der Menschen.«

Zum Thema Gehorsam hatte die französische Philosophin Simone Weil Bemerkenswertes zu sagen, Überraschendes für Ohren des 21. Jahrhunderts: »Der Gehorsam ist ein Lebensbedürfnis der menschlichen Seele.« Zu finden ist dieser Satz in ihrer letzten größeren Schrift »Die Einwurzelung«. Und weiter heißt es dort: »Unzählige Anzeichen deuten darauf hin, dass die Menschen unserer Zeit vor Hunger nach Gehorsam verschmachten.« Weil es ihnen unmöglich gemacht wird zu gehorchen. Denn als Voraussetzung für die Leistung des Gehorsams sieht Simone Weil »ein Ziel, dessen Wert, ja dessen Größe alle empfinden, vom Höchsten bis zum Niedrigsten.«

Angelo Giuseppe Roncalli und Simone Weil: Ein größerer Gegensatz ist kaum vorstellbar. Hier der runde, gütige, kirchlich fromme Prälat – dort die intellektuelle, distanzierte Philosophin, Widerstandskämpferin und Hungerasketin. Sie sind einander nie begegnet, und doch war ihnen etwas gemeinsam, nämlich derselbe Ort tiefen religiösen Erlebens: die Benediktinerabtei Solesmes, wo der Gregorianische Gesang authentisch und stilvoll gepflegt wird. Simone Weil wohnte in der Karwoche und während der Ostertage 1938 der gesamten Liturgie bei. An ihren Seelenführer Pater Joseph-Marie Perrin schreibt sie anschließend: »Ich hatte bohrende Kopfschmerzen; jeder

Ton schmerzte mich wie ein Schlag, und da erlaubte mir eine äußerste Anstrengung der Aufmerksamkeit, aus diesem elenden Fleisch herauszutreten, es in seinen Winkel hingekauert allein leiden zu lassen und in der unerhörten Schönheit der Gesänge und Worte eine reine und vollkommene Freude zu finden.« Sie schreibt auch von großer Aufmerksamkeit, deren sie sich dabei fähig fühlte.

Sieben Jahre später hielt Erzbischof Angelo Roncalli seine geistliche Einkehr während der Karwoche 1945 ebenfalls in Solesmes. Noch voll von »Erstaunen und Verwirrung« über seine überraschende Berufung als Nuntius ausgerechnet nach Frankreich, zur »ältesten Tochter der römischen Kirche«, versucht er, nach den Turbulenzen der Übersiedlung von Istanbul nach Paris im Kloster wieder seine Ausgeglichenheit zu finden. Hilfreich bei der Eingewöhnung in das ungewohnte Ambiente einer Großstadt – nach zwanzig Jahren Balkan und Orient – war ihm, so schreibt er, sein bischöflicher Leitspruch *»Oboedientia et pax* – Gehorsam und Friede«. Hier, in Solesmes, ist es das *opus divinum*, die Teilnahme am Stundengebet und an der Liturgie der Mönche, die ihm »größere Andacht beim Beten des Breviers schenkt.« Er nimmt sich vor, in Hinkunft das liturgische Nachtgebet, die Matutin, auf den Abend oder in die Nacht vorzuverlegen und nicht wie bisher am nächsten Morgen oder Vormittag zu verrichten. Der größeren Aufmerksamkeit wegen wird er sich »in Bezug auf das Stehen und Sitzen an die Regeln der Mönche halten, denn auch diese äußere körperliche Disziplin dient zur geistigen Sammlung, liegt doch so viel Weisheit und Poesie in den Psalmen!«

Auf Empfehlung eines französischen Freundes hat Roncalli während seiner Zeit als Nuntius in Frankreich mit großer Bewunderung Aufzeichnungen von Simone Weil gelesen, die 1950 unter dem Titel *»La Conaissance Surnaturelle«* (»Übernatürliche Erkenntnis«) erschienen waren. Darin ist auch die Rede von der »unendlichen Sanftmut des Gehorsams«, in der Gott in der Welt zugleich geoffenbart und verborgen ist. Besonders berührt war Roncalli – so wird berichtet – von jener Passage, in der die Philosophin ein umfassendes Glaubensbekenntnis ablegt: »Ich glaube an Gott, die Dreieinigkeit, die Fleischwerdung Christi, die Erlösung, das Sakrament und das Evangelium«; gleichzeitig erklärt sie, dass sie aus Solidarität mit der unglücklichen Masse jener, die nicht glauben können, »auf der Schwelle« der Kirche verharren müsse. Roncalli »hütete diesen Text« und überreichte im Konzilsjahr 1962 ein Exemplar Kardinal Augustin Bea. Der französische Staatssekretär Maurice Schumann, ein Studienkollege Simone Weils und Mitstreiter im Widerstand, fragte einmal Nuntius Roncalli, ob er von ihr gehört habe, worauf dieser ausrief: »Oh ja, ich liebe diese Seele!« Während seines letzten Jahres als Nuntius in Paris kontaktierte er sogar die Eltern von Simone Weil. Er wollte unbedingt das spartanische Zimmer der Philosophin sehen, in dem sie bis zu ihrer Abreise ins Exil im Jahr 1942 gearbeitet hatte. Infolge der überstürzten Abberufung Roncallis aus Paris kam es nicht mehr zu diesem Besuch. Die spirituellen und philosophischen Schriften, die Simone Weil hinterlassen hat, sind unorthodox, prophetisch und seitens der Kirche noch lange nicht wirklich angenommen. Dennoch ist es inzwischen sogar im Vatikan hoffähig geworden, bei passenden Gelegenheiten ihren Namen zu nennen. Anlässlich der Seligsprechung einer portugiesischen Nonne zitierte Kardinal Saraiva Martins, damals Präfekt der Selig- und Heiligsprechungen, Simone Weil mit folgender Aussage: »Heute genügt es nicht, ›nur heilig‹ zu sein, [...] die Welt bedarf der genialen Heiligen, wie eine Stadt, in der die Pest wütet, der Ärzte bedarf.« Vielleicht war es so ein »Ruf nach dem Arzt«, dem Angelo Giuseppe Roncalli folgte, als er bei seiner Wahl zur Erkenntnis gelangte, dass Gott ihn zum Nachfolger des Petrus haben wollte.

Ein Wahlspruch als Versprechen

Am 4. Dezember 1907, kurz nach Veröffentlichung der berüchtigten Enzyklika *Pascendi,* die Pius X. gegen die Reformideen des Modernismus losgeschickt hatte, lieferte Don Angelo sein kirchenhistorisches Gesellenstück ab: den Vortrag *»Il Cardinale Cesare Baronius«*. Natürlich geschah es auf Anregung seines Bischofs Radini Tedeschi, dass dessen junger *segretario* anlässlich des dreihundertsten Todestages des römischen Kardinals, Kirchenhistorikers und Lieblingsschülers des heiligen Philipp Neri den Festvortrag halten sollte.

Cesare Baronius, geboren 1538 im neapolitanischen Sora und gestorben 1607 in Rom, war eine der großen Leitfiguren im Leben, Denken und Glauben des Don Angelo Roncalli. Dank der gründlichen, im Ansatz sogar wissenschaftlichen Vorbereitung auf den Vortrag drang Roncalli nicht nur tief in die Persönlichkeit dieser bedeutenden Gestalt ein, sondern lernte auch viel von den Ideen und Methoden der Katholischen Reform zu verstehen, die der heilige Filippo Neri, der Lehrer des Baronius, so charismatisch verkörperte und in seinem Oratorium lebte. In nachhaltiger fundierter Bewunderung hat sich Roncalli später den Bischofswahlspruch – und natürlich auch die dazu gehörige Haltung – bei Baronius entliehen: *Pax et oboedientia* – mit leichter Akzentverschiebung allerdings, denn bei Roncalli kommt der Gehorsam zuerst: *Oboedientia et pax.*

Der Vortrag über Baronius wollte natürlich in erster Linie eine Würdigung des »Vaters der katholischen Kirchengeschichtsschreibung«, wie Baronius genannt wurde, sein. Das Riesenwerk der zwölf Bände seiner *»Annales Ecclesiastici«* gilt als gegenreformatorische Antwort auf die *»Magdeburger Centurien«* (1559–1574), jene erste umfassende Kirchengeschichte aus reformatorischer Sicht.

Für viele Roncalli-Interpreten wird im Vortrag des jungen Historikers bereits ein deutlicher Schimmer der Morgenröte roncallischer Gedanken spürbar, die später zur Konzilsidee führten. So spricht er – gleichsam unter dem Schutzmantel des unverdächtigen großen Baronius – von »einem Zeichen der Rückkehr zur Reinheit der Grundsätze des Evangeliums« (damals auch eine modernistische Forderung!), plädiert im Geiste des Baronius für die Wertschätzung der historischen Wahrheit, abseits von apologetischer Einseitigkeit, und sagt: »Die Geschichte ist eben die Geschichte und in der wahren und aufrichtigen Geschichte ihres Lebens findet die Kirche ihre beste Apologie«. Der junge Dozent Roncalli spricht von Baronius

Cesare Baronius (1538–1607), römischer Kardinal und Kirchenhistoriker

als einem »Mann seiner Zeit, einem modernen Menschen«, der »zutiefst die damaligen Bedürfnisse der Kirche und der Gesellschaft erspürte.« Manche hören darin ein Vorausecho der berühmten Formulierung Roncallis von den »Zeichen der Zeit«. Die »neuen Erfordernisse« hätten die Kirche (Roncalli sagt »uns«) veranlasst, sich »auf das Feld der kritischen Wissenschaft zu begeben« und sich »tatkräftig der exakten Forschung zu widmen«. Man spürt das große Anliegen der Zeit, über die enorme Kluft zwischen der Kirche jener Zeit und der Wissenschaft – wenigstens notdürftig – Brücken zu bauen.

Ein armer Kardinal

Cesare Baronius war ein eigenwilliger Priester, an Eigenwilligkeit übertroffen nur von seinem Seelenführer Philipp Neri, der ihn – nicht nur wegen seines Bartes – *barbaro* genannt hatte. Aufgrund seiner Verdienste um die *»Annales«* stieg er trotz größter persönlicher Bescheidenheit zu hohen kirchlichen Ämtern auf, wurde Beichtvater und »Gewissensrat« von Papst Clemens VIII., dann Apostolischer Protonotar und Kardinal, schließlich Bibliothekar der römischen Kirche. Zweimal wäre er beinahe zum Papst gewählt worden. Seinem Rang entsprechend musste er, obwohl er als »armer Kardinal« galt, einen standesgemäßen »Haushalt« führen, eine so genannte *familia*, die er bescheiden wie einen Ordenskonvent führte. »Arm« hieß in diesen Kreisen, er stammte nicht aus einer der großen römischen Adelsfamilien. Was Leopold von Ranke Baronius mit großer Hochachtung in seiner »Geschichte der römischen Päpste« beschreibt, lässt Anklänge an Roncallis spätere Hausgemeinschaften zu: »Er speiste mit seinen Hausgenossen regelmäßig an einem Tisch und ließ nur Demut und Gottvertrauen an sich wahrnehmen.« Baronius hat neben seinen Diensten in der Gemeinschaft der Oratorianer Philipp Neris und neben seiner wissenschaftlichen Arbeit stets Kranke besucht und gepflegt, hat während der römischen Hungersnot von 1591 um den Erlös eines kostbaren Reliquiars aus seinem Privatbesitz Unmengen Brot backen lassen und selbst unter den Armen verteilt. Als im Herbst 1598 die Stadt Rom von einer furchtbaren Überschwemmung heimgesucht wurde und die gesamte Lebensmittelversorgung zusammengebrochen war, forderte Baronius – nicht ohne Vorwurf – den Papst zum Handeln auf. Clemens VIII. hatte gerade in Ferrara die Rechte des Kirchenstaates und eine Pfründe für seinen Neffen Pietro Aldobrandini eingemahnt. Dieser Neffe stellte Baronius nun mit dem Hinweis zur Rede, er selber habe ihm doch im Auftrag seines Onkels das Kardinalsbirett überreicht. Also – darf man sich ergänzen – habe er den Papst nicht zu kritisieren. Die Antwort des Baronius ist berühmt geworden: »Ich habe mich um dieses Birett nicht bemüht und habe es nicht erbeten, ich gebe es Euch zurück und ihr könnt es behalten; *ich* will mein gutes Gewissen behalten. Ich trage den Schlüssel zu meiner Zelle in der Tasche, dorthin kann und wünsche ich zurückzukehren.« Baronius gibt ein rares Zeugnis dafür, dass sich die römische Kirche auch in jenem »schmutzigen und hochfahrenden Jahrhundert« – so zitiert Roncalli wörtlich seinen Lieblingsautor Alessandro Manzoni – hin und wieder daran erinnerte, dass sie auch eine Kirche der Armen ist. »Baronius tat allen kund, dass die Kirche in schlimmen und stürmischen Zeiten ihre Aufgabe nicht vergaß, Mutter zu sein, Mutter zumal der Leidenden, dass ihr Herz immer offen stand für alle bedürftigen Seelen; und vielleicht eilte sein Geist in jene fernen Tage voraus [Roncalli meint die soziale Not am Beginn des 20. Jahrhunderts], da das Volk auf den Wegen des Herzens und über die christliche Brüderlichkeit, die sich auch auf die materiellen Bedürfnisse ausdehnt, in die Arme der Kirche zurückkehren wird.«

Roncalli schildert in seinem Vortrag aber auch überaus anschaulich, wie Baronius nach dem Tod von Clemens VIII. um ein Haar selber zum Papst gewählt worden wäre, nachdem er heftig gegen den zügellosen, aber chancenreichen Kardinal Tosco gewettert und die Kardinäle beschworen hatte, dieser wäre »eine große Wunde für die Kirche«. Als man nun ernsthaft Baronius zum Papst wählen wollte, soll sich dieser, so Roncalli, »mit Händen und Füßen an den Säulen und Türen festgeklammert und geschrien haben: ›Ich will nicht Papst werden, macht einen anderen zum Papst, der des Heiligen Stuhles würdig ist!‹« Roncalli fügt an: »So sind sie immer, diese großen Charaktere! Sie sehen nur die Sache der Gerechtigkeit, für die eigene Person verlangen sie nur Verachtung und Vergessen.« Papst wurde damals der junge Kardinal Camillo Borghese, der sich Paul V. nannte. Er huldigte wie sein Vorgänger und seine Nachfolger heftig dem Nepotismus und gründete noch im Jahr seiner Wahl 1605 die päpstliche Bank *Banco di Santo Spirito*.

Baronius war bedingungslos und ungestüm der Wahrheit verpflichtet, ebenso aber auch mild und demütig. Roncalli berichtet, dass er täglich zur Stunde der Vesper über die Engelsbrücke nach St. Peter hastete, auf die bronzene Statue des heiligen Petrus zusteuerte, dem Apostel den Fuß küsste und dabei laut und vernehmlich rief: *Pax et oboedientia!* »Die beiden Worte füllten sich für mich mit einer höchsten Bedeutung«, so Roncalli in seinem Vortrag, »sie beleuchten und deuten sein Leben ausgezeichnet: Der Friede seines Geistes, seiner Brüder, der von den Irrlehren zerrissenen Kirche, der gesamten menschlichen Gesellschaft, das war sein Traum [...] die einzige Regel seines Lebens, das wahre Geheimnis seines Gelingens.« Damit ist wohl hinlänglich die Motivation des späteren Bischofs und Papstes Roncalli erklärt, sein Amt unter die Devise zu stellen: »Oboedientia et pax«.

Gehorsam ist nicht nur ein Wort

Nach Ende des Ersten Weltkriegs war es für Roncalli nicht ganz leicht, unter dem neuen Bischof Marelli in der Diözese Bergamo seinen Platz zu finden. Als er offiziell zum Leiter des neu gegründeten »Hauses der Studenten« bestellt wurde, dem ersten Studentenheim Italiens, war er zufrieden und gehorsam: »Das Apostolat für die studierende Jugend, das ist jetzt meine Hauptaufgabe, das ist mein Kreuz.« Er sah darin eine Verpflichtung, dem »großen Werk« seiner Berufung, das Jesus ihm anvertraut hatte, »*usque ad finem* – bis ans Ende« treu zu bleiben. Im Herbst 1919 kam er zu dieser Verpflichtung noch eine dazu: Er wurde Spiritual des Bischöflichen Seminars von Bergamo. Eine Audienz bei Papst Benedikt XV., der ihn ja bereits als Sekretär von Bischof Radini kennen und vermutlich schätzen gelernt hatte, bestärkte sein Engagement für die jungen Menschen, die ihm anvertraut waren.

Doch nach knapp einem Jahr erreichte ihn ein Ruf des einflussreichen Kardinals van Rossum an die Kurie in Rom, er solle die Leitung einer neu einzurichtenden Kommission für die »Verbreitung des Glaubens« übernehmen. Das bedeutete eine völlige Kursänderung. Von praktizierter Seelsorge zu einem Werbe- und Organisationsjob, dessen Aufgabe darin bestand, die Förderung der Missionsarbeit zu koordinieren und – vor allem – Geldmittel aufzutreiben. Das entsprach nicht seiner Lebensplanung, wie er einem Freund schreibt: »Du wirst wissen, wie sehr ich mich immer bereit gefühlt habe, den Willen Gottes zu erfüllen, aber dass so unversehentlich eine Anordnung die gesamte Ausrichtung meines Lebens verändern sollte, das hat mich bestürzt zurückgelassen.« Roncalli gibt zu, »ein Gefühl tiefster Abneigung gegen das neue Amt« zu haben. In seiner Trost- und Ratlosigkeit wandte er sich auch an einen verehrten und vertrauten Ratgeber, den todkranken Kardinal Andrea Ferrari, den Erzbischof von Mailand. Von dem erhielt er am 15. Dezember 1920 folgenden denkwürdigen Brief: »Sehr lieber Don Angelo, Sie wissen, wie sehr ich Sie liebe; das bin ich Bischof Radini schuldig. Gerade deswegen hier in aller Aufrichtigkeit und ohne jeden Zweifel meine Einschätzung: Der Wille Gottes ist hier mehr als greifbar: Der ›rote‹ Papst [Spitzname für Kardinal van Rossum, den Präfekten der *Propaganda Fide*] ist das Echo des ›weißen‹ Papstes, und dieser ist das Echo Gottes. Also gehen Sie voran! Wann immer Gott ruft, geht man ohne Zögern und verlässt sich auf seine liebende Vorsehung. So werden Sie Ruhe und Frieden haben! Beten Sie für den, der Sie aus ganzem Herzen segnet und Ihnen in Christus Jesus ganz zugetan ist. + Andrea C. Card. Archivesc.«

Also auf nach Rom. Roncalli widmete sich hingebungsvoll seiner neuen Aufgabe, wurde zum Monsignore erhoben und war ständig in den Diözesen aller italienischen Regionen unterwegs. Studienreisen über die Arbeit der Päpstlichen Missionswerke in anderen Ländern führten ihn durch halb Europa. Im November 1921 ließ er seine beiden unverheirateten Schwestern Ancilla und Maria nach Rom nachkommen, sie sollten künftig ihr Leben mit dem geistlichen Bruder teilen, damit wäre dann für ihr Auskommen gesorgt. Als er im November 1924 auch noch zum Professor für Patristik an der Päpstlichen Lateran-Universität ernannt wurde, schien seine Karriere in Rom sicher. Bis ihn wenige Wochen später Staatssekretär Kardinal Gasparri zu sich rief und ihm mitteilte, dass er zum Apostolischen Visitator für Bulgarien ernannt worden war. »Das ist der Mann, den die Vorsehung geschickt hat!«, soll Pius XI. gerufen haben, als man Roncallis Namen nannte, da man einen gesucht hatte, den man nach Bulgarien schicken könnte um herauszufinden, »was dort wirklich los ist im Wirrwarr zwischen den Moslems und den Orthodoxen, den Griechisch-Katholischen und den Lateinischen«.

»Stöhnen, Weinen, unendliches Wehklagen« bei den beiden Schwestern Roncalli, die sich auf einen gemütlichen Priesterhaushalt in Rom eingerichtet hatten und jetzt zurück mussten nach Sotto il Monte als »zwei unverheiratete Tanten«, mit denen man nicht so recht wusste, wohin. Also mietete Roncalli in Sotto il Monte das Haus Camaitino als Bleibe für die Schwestern. Sie sollten es aber vor allem »für ihn« herrichten und hüten, denn er wollte dort in Hinkunft seine Heimaturlaube verbringen. Natürlich überwies er auch das notige Geld dazu.

Papst Pius XI.

Am 19. März wurde Roncalli in Rom in der Kirche San Carlo al Corso zum Bischof geweiht, »denn es ist nicht gut, wenn ein Apostolischer Prälat in ein Land geht und mit Bischöfen zu tun hat, ohne selbst einer zu sein«, sagte ihm Pius XI. bei der Audienz davor. In den Exerzitien vor der Weihe versucht sich Roncalli in Ausrichtung nach dem Willen Gottes in seine neue Aufgabe hineinzufinden. »Ich habe mir dieses neue Amt nicht gewünscht. Doch der Herr hat mich mit so offensichtlichen Zeichen seines Willens dazu auserwählt. Jede Weigerung würde schwere Schuld bedeuten.« Er sieht sein Amt als ein »Amt der Versöhnung in Wort und Tat«, seine Richtschnur solle nicht anders sein als im »Pontificale«, dem Handbuch für bischöfliche Handlungen, beschrieben: »Festigkeit des Glaubens, Reinheit der Liebe, Lauterkeit des Friedens.« Und seine Füße »lieblich, die Botschaft des Friedens verkündend.« Warum er gerade den 19. März, den Tag des heiligen Joseph, als Weihetag erbeten hatte und ab sofort auch den zweiten Taufnamen Giuseppe im vollen Namen führte, begründete er dem Kardinalstaatssekretär gegenüber so: »Sehen Sie, Eminenz, gehorchen und schweigen können, das ist es, was ein Diplomat des Heiligen Stuhles können muss, und gerade das hat auch der heilige Joseph getan.«

In einem Brief an die Nichte Anna schreibt er: »Man muss es wie die Sterne am Himmel machen: Der Herr ruft sie, einen nach dem anderen, und sie antworten: Hier bin ich. Ich bin bereit. Wenn wir uns einmal in der Hingabe an unsere Berufung ganz von uns selbst gelöst haben, erheben wir uns nach und nach immer mehr und gelangen, zwar nicht mühelos, aber schnell genug zur Vollkommenheit, die darin besteht, dass ganz und gar der Wille des Herrn in uns geschieht.«

Doch die Lösung »von uns selbst« war auch bei Roncalli trotz der schönsten Vorsätze ein mühsamer Prozess. Ursprünglich hatte man von einer kurzen Dauer seiner Mission »am Rande Europas« gesprochen, vielleicht zwei, drei Monate. Nach sechs Jahren als Visitator, denen noch weitere vierzehn als Delegat folgen sollten, zieht er in einem Brief an einen geistlichen Freund ernüchternde Bilanz: »Hätte ich nicht einen guten Kanonikus im Dom abgeben können? [...] ein wenig Geduld üben mit den bescheidenen Seelen, die mit Wenigem zufrieden sind? Stattdessen, siehe, was ich tun muss. Ich habe eine durchaus unverdiente Würde und es ist doch eine, die ich nicht einmal so wie ein gewöhnlicher Priester ausüben kann. Ganz selten

Johannes XXIII. küsst am Vorabend des Festes Peter und Paul den Fuß der Statue des heiligen Petrus im Petersdom

Gelegenheit für eine geistliche Ansprache, niemals Beichte hören, den ganzen Tag mit der Schreibmaschine oder mit lästigen Geschäften beschäftigt, zwischen vielen Schwierigkeiten und Sticheleien. […] Immer in Kontakt mit den Großen der Welt, aber betrübt durch die Kleinheit ihres Geistes in Bezug auf das Übernatürliche. […] Mit allem, lieber Don C. lebt man in Frieden: Denn der schließliche Erfolg gehört dem, der wirklich *magno corde* – großherzig! – den Willen des Herrn tut, alles auf gute Weise nimmt und mit Anmut gehorcht.«

Roncallis Jahre in Bulgarien und anschließend in Istanbul und Athen – vor allem während des Krieges – waren Jahre des Gehorsams, der Erfahrung und der Selbstverleugnung. Kein anderes Amt in der katholischen Hierarchie hätte ihm auch nur annähernd so viel abverlangt und gleichzeitig so viel geschenkt.

Von außen aber immer wieder die Nadelstiche Roms und die hämisch-neugierigen Menschen, die nach weiteren Karriereschritten fragten. »Viele Leute in Europa bemitleiden mich und finden, dass ich Pech habe«, so bemerkte Roncalli, als er wieder einmal bei einer anstehenden Besetzung eines ordentlichen Bischofsitzes übergangen worden war. »Ich weiß nicht, warum. Ich übe den Gehorsam, den man von mir erwartet, und nichts anderes.« Bei aller Loyalität zum Papst war Roncalli jedem Antichambrieren im Vatikan herzlich abgeneigt, wie ein Brief an einen ehemaligen Studienkollegen belegt: »Immer wenn ich in Rom bin, laufe ich dem Heiligen Vater so selten wie möglich über den Weg, und jedes Mal, wenn ich durch diese vatikanischen Säle gehe, läuft es mir kalt über den Rücken.« Aber »der Papst ist wahrhaft gut […] und zeigt, dass der Heilige Geist bei ihm ist.« Nur, »die im Vatikan arbeiten müssen, die tun mir leid!«

Überraschenderweise erreichte kurz vor Weihnachten 1944 ein chiffriertes Telegramm die Delegatur in Istanbul. Mühsam entschlüsselte er es selber, da er im Augenblick ohne jede Hilfskraft war: Es kündigte ihm seine Versetzung und die Ernennung zum Nuntius in Paris an. Am nächsten Tag, dem Fest der Unbefleckten Empfängnis, war sein Gang beim feierlichen Hochamt »unsicher und sein Gesichtsausdruck gespannt«. Auf die Frage, ob alles in Ordnung wäre, sagte er, entgegen seiner sonstigen Liebenswürdigkeit, ziemlich barsch: »Nein.«
Hals über Kopf verließ er am 23. Dezember Istanbul, feierte Weihnachten in Ankara, hatte am 29. eine Audienz bei Pius XII. Es wäre seine ganz persönliche Entscheidung gewesen, ließ ihn dieser wissen, und daher könne er sicher sein, »dass der Wille Gottes nicht deutlicher oder ermutigender sein könnte.« Das war für Roncalli genug der Erklärung und genug auch, dem Papst weiterhin in Loyalität ergeben zu sein.

Der Kurie entkommen

Im November 1952 erhielt Nuntius Roncalli in Paris einen vertraulichen Brief von Monsignore Montini aus dem Staatssekretariat, in dem Pius XII. fragen ließ, ob er bereit wäre, die Nachfolge des schwerkranken Patriarchen von Venedig anzutreten. Roncalli im Tagebuch: »Ich betete, dachte darüber nach und antwortete *Oboedientia et Pax*. Eine völlig unerwartete neue Richtung meines Lebens. Ich erinnere mich an den heiligen Josef und folge seinem Beispiel. So schieb ich meinen Esel in eine neue Richtung und segne den Herrn.«

Er wünschte seinem Vorgänger, dem Patriarchen Agostini, Genesung und ein langes Leben. Bald darauf erhielt

Roncalli auch die Nachricht von seiner Erhebung in den Kardinalsrang und damit natürlich auch vom Ende seiner Funktion als Nuntius. Da überfiel ihn schreckliche Angst, dass er an die römische Kurie versetzt werden könnte. »Um Haaresbreite war Roncalli der Kurie entkommen« (Hebblethwaite), nachdem Agostini am 28. Dezember 1952 gestorben war. Am 15. März, dem Sonntag *Laetare*, absolvierte Roncalli eine bejubelte Rundfahrt auf dem Canale Grande und zog feierlich als Patriarch in San Marco ein.

In Venedig lehnte Roncalli dann zum ersten Mal in seinem Leben den Wunsch eines Papstes ab. Nachdem im November 1957 der Sekretär der Bischofskongregation an der Kurie gestorben war, dachte man an Roncalli als möglichen Nachfolger. In einem langen Brief an den zuständigen Substituten im Staatssekretariat, Monsignore Angelo dell'Acqua, begründete jedoch der Patriarch seine Verweigerung. Mit dell'Acqua verband ihn seit der gemeinsamen Zeit in Istanbul eine persönliche Freundschaft. Trotzdem – oder gerade deswegen – ist diese briefliche Absage in ihrer gedrechselten Umständlichkeit ein stilistisches Kabinettstück, manchmal nahe an der Parodie. Bei der Lektüre fällt es nicht schwer, sich den verschmitzten Patriarchen vorzustellen, wie er beim Schreiben immer wieder über eine neue gelungene Formulierung schmunzelt. Der köstliche Brief sei in Auszügen wiedergegeben: »Geliebte Exzellenz, ich erhalte zu Mittag Ihr Schreiben mit Datum von gestern. Ich nehme mir die Zeit, in Ruhe zu überlegen, um mit dem Herrn zu sprechen und mich zu beraten; ich lasse mein Mittagessen folgen und ein Stündchen ruhiger Erholung; und während die Glocke mit dem Schlag die Todesstunde Jesu angibt, also genau um 15 Uhr, schreibe ich Ihnen die Antwort auf Ihre Frage. Mein Geist

ist bereit zu jedem Opfer, das mir durch den Gehorsam auferlegt wird, für jedes Niederwerfen, auch das demütigste und gefährlichste; aber mein Fleisch ist schwach; nicht wegen mangelnder physischer Energien, denn die Gesundheit ist auch mit den gerade begonnenen siebenundsiebzig Jahren gut, sondern wegen des ›Erkenne dich selbst‹, das mir immer gute Gesellschaft leistet, treu und mahnend. [...] Daher, Exzellenz, weil Sie mich gern haben, haben Sie Erbarmen mit mir vor dem Heiligen Vater. Der Herr erfülle mein demütiges pastorales Leben hier in Venedig mit Tröstungen und Segen. [...] Die Gnade des Herrn bestärkt mich, auf mein Alter zu schauen, das noch inbrünstig und fruchtbar ist unter diesen meinen treuen Priestern, die mir mit Erfüllung des Versprechens von Gehorsam und Liebe so viel Freude bereiten [...] O Exzellenz, helfen Sie mir, dass dieser Kelch an mir vorüber gehen möge. [...] Es handelt sich um die Lösung eines der schwerwiegendsten Probleme, nämlich das wahre Problem meines Lebens und der ewigen Seligkeit oder Unseligkeit [...]. Ich werde mich mit dem Heiligen Vater von ganzem Herzen im Gebet vereinen, damit der Herr ihm beistehe bei der Wahl eines neuen Sekretärs der Konsistorial-Kongregation, die zum Segen und zur Freude der ganzen Kirche werde.«

Kaum ein Jahr wird vergehen, dass Angelo Giuseppe Roncalli schließlich doch seinem letzten Ruf nach Rom Gehorsam leisten wird, weil er nach eingehender Selbstprüfung erkannt hat, dass es der Wille Gottes ist.

Apropos

Simone Weil, geboren 1909 in Paris, Philosophin und Gymnasiallehrerin, gilt heute als eine der wichtigsten Stimmen christlicher Spiritualität. Ihre wesentliche Berührung mit Religion, ihr «mystischer Weg« in die Welt der katholischen Kirche, ist markiert von Begegnungen mit Kunstwerken und sakraler Musik. 1942 schloss sie sich dem Komitee »Freies Frankreich« in England an. Im Winter 1942/43 hat sie ein Fülle von Essays und Notizen verfasst. Am 24. August 1943 ist Simone Weil in einem englischen Sanatorium an Tuberkulose und Entkräftung gestorben. 1947 ist erstmals eine Sammlung von Notizen unter dem Titel »La Pesanteur et la Grace« erschienen, 1952 auf Deutsch unter »Schwerkraft und Gnade«. Daraus stammen die beiden folgenden Zitate.

»Der Wille Gottes. Wie ihn erkennen? Wenn man jedes Begehren, alle Meinungen in sich zum Schweigen bringt und dann mit Liebe, von ganzer Seele und ohne Worte denkt:

›Dein Wille geschehe‹.

Was man dann ohne Ungewissheit zu tun sich verpflichtet fühlt (selbst wenn es in gewisser Hinsicht ein Irrtum wäre),

das ist Gottes Wille.«

»Die Absicht, dem Willen Gottes zu gehorchen,
rettet, was man auch tun mag,
wenn man Gott unendlich über sich stellt;
und sie verdammt, was man auch tun mag,
wenn man sein eigenes Herz
Gott nennt.«

Rückschau auf die großen Gnadenerweise, die dem zuteilwurden, der ich selber für gering achtete, aber die guten Eingebungen aufnimmt und sie in Demut und Vertrauen ausführt.

Erste Gnade: In Einfachheit die Ehre und die Last des Pontifikates anzunehmen und mit Freude sagen zu können, nichts, aber auch wirklich nichts unternommen zu haben, um es zu erlangen. Im Gegenteil, ausdrücklich und bewusst darauf bedacht, meinerseits keinen Hinweis auf meine Person zu geben. Sehr zufrieden, als ich bei den verschiedenen Abstimmungen des Konklaves manche Möglichkeiten, die mich betrafen, schwinden und sich anderen Personen zuwenden sah, die nach meiner Ansicht überaus würdig und verehrenswert waren.

Zweite Gnade: Die Tatsache, dass mir einige einfache und unmittelbar realisierbare Ideen gekommen sind, die keineswegs kompliziert, sondern ganz einfach und von großer Tragweite und Bedeutung für die Zukunft sind und unmittelbar Erfolg haben. Heißt es doch: die guten Eingebungen des Herrn aufnehmen, in Einfachheit und voll Vertrauen.

Ohne zuvor daran gedacht zu haben, habe ich in einem ersten Gespräch mit meinem Staatssekretär am 20. Januar 1959 die Worte: Ökumenisches Konzil, Diözesansynode und Neufassung des kirchlichen Gesetzbuches ausgesprochen, ohne je zuvor daran gedacht zu haben und entgegen allen meinen Ahnungen und Vorstellungen über diesen Punkt. Der erste, der von diesem meinem Vorschlag überrascht wurde, war ich selbst, denn niemals hatte mir jemand einen Hinweis dazu gegeben. Und ich muss sagen, dass mir dann alles in der unmittelbaren und kontinuierlichen Entwicklung ganz selbstverständlich erschien.

Nach drei Jahren gewiss mühevoller, aber auch glücklicher und ruhiger Vorbereitung sind wir nun am Fuß des heiligen Berges angelangt.

Der Herr möge uns helfen, um alles zu einem guten Ende zu führen.

Geistliches Tagebuch, September 1962,
eine Woche vor Beginn des Konzils

Exerzitien mit Papst Johannes – I

Für einen ordentlichen Heiligen gehört es sich, dass er die Patronanz für eine bestimmte Personen- oder Berufsgruppe übernimmt oder in besonderen Not- und Krisenfällen um Vermittlung und Fürsprache angerufen werden kann.

Wenn man für Johannes XXIII. noch eine Klientel suchte, die zu ihm passt und die einen wirksamen Nothelfer dringend brauchen könnte, dann wären die notorischen Pessimisten und Skeptiker in Betracht zu ziehen, mit ihnen jene Journalisten, deren Prinzip, nur schlechte Nachrichten wären gute Nachrichten, wohl zu den dümmsten Irrlehren der gegenwärtigen Medienwelt zählt. Johannes hat zeitlebens alle jene nicht verstanden, die immer das Trennende vor dem Gemeinsamen wahrnehmen und zuerst einmal Einwände vorbringen, bevor sie sich um Einsichten bemühen. In seiner Eröffnungsrede zum Konzil hat er, ganz unroncallisch, mit allen Unglückspropheten abgerechnet, diesen *profeti di sventura*, womit in erster Linie natürlich die Miesmacher in den eigenen Reihen gemeint waren.

Dass er jetzt, als »Heiliger«, sich dieser Gruppe besonders annehmen könnte, entspräche durchaus seiner lebenslang geübten Praxis, gerade jene in seine Nähe zu holen, die nicht seines Sinnes waren. Das prominenteste

Beispiel: sein erster Staatssekretär Domenico Tardini. Viele Jahre war Tardini als Kurienfunktionär und Chef der »ältesten Diplomatie der Welt« Roncallis dienstlicher Vorgesetzter und machte kein Hehl daraus, dass er den Delegaten und Nuntius Roncalli, »der nichts versteht«, nicht besonders schätzte. Dass Johannes den erfahrenen Fuchs Tardini im Dezember 1958 innerhalb von elf Tagen zum Bischof weihte, dann den Widerstrebenden in den Kardinalsrang erhob und schließlich zum zweitwichtigsten Mann in der kirchlichen Hierarchie ernannte, könnte man als klugen Schachzug bezeichnen – aber genauso als Akt der Demut, des Vertrauens und der Umsetzung des Jesus-Wortes: »Bei euch aber soll es anders sein.«

Es ist erstaunlich, für wie viele Menschen dieser Papst zu einer Lichtgestalt geworden war, gerade für Menschen, die politisch vom Lauf der Welt enttäuscht und verstört waren, die auch von der Kirche nichts mehr erwarteten, einer Kirche, die für sie zu oft »auf der falschen Seite« gestanden war. Intellektuelle vor allem, die angesichts des boomenden Fortschritts der Industriegesellschaft einerseits und des grassierenden Hungers in den Entwicklungsländern andererseits sich politisch radikalisierten oder resignierten.

Papst Johannes hingegen war Optimist, allerdings nicht von der dummen und gefährlichen Sorte jener, die Vertrauen mit Bedenkenlosigkeit und Zuversicht mit frommer Beschwichtigung verwechseln. Gerade für kritische, zweifelnde und kirchenferne Zeitgenossen war Johannes aus seinem Glauben heraus überzeugend, einem Glauben, der ihn nicht wie ein nazarenischer Heiligenschein, sondern wie ein unsichtbares, aber rundum spürbares Kraftfeld umgeben hatte. Rückschläge und Enttäuschungen konnten dem nichts anhaben, er musste genug davon hinnehmen, dennoch waren ihm Skepsis, Pessimismus und die Ängstlichkeit, die aus bitteren Erfahrungen entstehen könnte, fremd. Gegen die Angst hatte er das Wundermittel des Vertrauens in die Vorsehung. Kritisch und misstrauisch war er höchstens sich selbst gegenüber, zumindest so lange, bis er sich auch mit all seinem Unvermögen bedenkenlos in die Barmherzigkeit Gottes fallen lassen konnte. Das war es wohl, was so viele Menschen angezogen hat, nicht mehr und nicht weniger.

Versuch einer geistlichen Übung

Ende der Siebzigerjahre des vergangenen Jahrhunderts war die Euphorie der »frischen Luft« des Konzils einer sich zäh breitmachenden Unsicherheit gewichen. Auch um den »Konzilspapst« Roncalli war es stiller geworden.

Da ließ plötzlich ein Buchtitel aufhorchen: »Exerzitien mit Papst Johannes«, erschienen in einem renommierten Literaturverlag, also doppelt überraschend.

Wolfgang Hildesheimer war der Autor. Sein Name zählte ja zu den besten jener Schriftstellergeneration, die die deutschsprachige Literatur nach dem Krieg geprägt hatte. Damals, 1979, wurde er noch in einem Atemzug mit Heinrich Böll, Günther Eich, Max Frisch und anderen Größen der »Gruppe 47« genannt.

Was so überraschend vorlag, war ein schmales Bändchen, der für viele noch immer verlockende Buchtitel »Exerzitien mit Papst Johannes« war fast eine Irreführung. Er bezieht sich lediglich auf eine von sieben kurzen »vergeblichen Aufzeichnungen«, wie der Autor diese Skizzen zu geplanten Projekten nannte. Dennoch: Diese zwanzig knappen Seiten über Papst Johannes, von einem deutsch-jüdischen Autor geschrieben, der sich selbst – in einem Gemisch aus Koketterie und Bedauern – einen »Ungläubigen« nennt, sind eine unauffällige Sensation, ein Exerzitium der besonderen Art. Hildesheimer hat sie bereits 1969 geschrieben, »als Anfang eines geplanten Buches über Papst Johannes XXIII., aus Gründen der allzu fernliegenden Materie aufgegeben«, wie er selber bekennt. Also zwanzig Seiten als das Zeugnis eines Scheiterns.

Hildesheimer ist einer der Weltflüchtigen seiner Zeit, der eines Tages aufgehört hat zu schreiben und nur mehr gezeichnet hat. »Es gibt keine Geschichten mehr zu erzählen. Es hat mir die Sprache verschlagen. Wir schreiben über die Liebe, und in Wirklichkeit geht die Welt unter, verändert sich so, entwickelt sich alles zum Verhängnis, zum Verderben«, schreibt er über seine Resignation.

Dass die Welt noch steht, verdankt sie möglicherweise wirklich den zehn Gerechten, die nach jüdischem Glauben ihren Untergang aufhalten können. Hildesheimer sah in diesem Angelo Giuseppe Roncalli einen dieser Gerechten, ob er es selber wusste oder nicht. Auch wenn Gott für ihn, wie er schreibt, eine Fiktion ist. »Und in der Tat, auch jener Papst, von dem die Rede ist, wäre für ihn, den Autor [d. h. Hildesheimer], eine Fiktion, wäre seine Existenz nicht zuverlässig verbürgt.« Während der Recherche für das geplante Buch war »der Autor« dem Papst nahegekommen, aber nicht erst am Papst, schon am jungen Seminaristen und Priester Roncalli bewundert er »diese Hingebung, die konzentrierte Besinnung auf seinen Herrn, diese bis zum Artifiziellen hin gesteigerten Exerzitien.«

Gesehen hat Hildesheimer den Papst Johannes nie. Dennoch konnte er seine Gedanken, seine Weltsicht und die Äußerungen seines Glaubens. Kannte Stimme und Statur aus Ton- und Bilddokumenten, kannte die bergamaskische Luft und wusste, wie dort die Polenta schmeckt. Er wusste um den »Turm des Johannes« in den Vatikanischen Gärten, den sich der Papst bewohnbar machen ließ, sodass er sich zurückziehen konnte, wenn er über das Konzil und sein Leben mit Gott nachdachte. Vielleicht, so vermutet »der Autor«, wäre er am liebsten aus diesem Turm »entschwebt: noli me tangere.« Hildesheimer musste – auch aus seiner Distanz – gespürt haben, dass Krankheit und höfisch-vatikanische Missgunst selbst einem Optimisten wie Roncalli gegen Ende recht zugesetzt haben dürften. Doch selbst die gründlichste Recherche befähigte Hildesheimer nicht, das geplante Buch über den Papst Johannes zu schreiben, denn das, worauf es ankommt, lässt sich bei Roncalli nicht fassen. Hildesheimer resümiert: »Jedenfalls ist dieser Papst für den Autor weniger fassbar als Gott für den Papst.« Letzteres wäre keineswegs selbstverständlich, denn es spräche, so Hildesheimer, »buchstäblich nichts dafür, dass etwa ein Alexander VI. oder ein Pius V. an Gott geglaubt haben oder dass Er sie in irgendeiner Weise beschäftigt hätte.«

Hildesheimer hadert auch mit seiner eigenen »nichtgläubigen Beurteilung« eines Lebens nach dem Tod und hält sich selbst entgegen, »dass es an moralischem Wert gewinnt, indem große Menschen daran geglaubt haben und noch glauben. Papst Johannes XXIII. war ein großer Mensch.« Punktum. Auch noch andere wunderbare Komplimente für den Menschen Roncalli und den Papst Johannes enthalten diese zwanzig Seiten – aus der Feder eines Agnostikers wohlgemerkt. Treffendere Würdigungen auf so schmalem Papier wird man kaum finden: »Hinter jedem Wort der Ermutigung oder der Ermunterung, der Hoffnung oder des Trostes stand jener Mann, für den Glauben und Wissen identisch waren« und der Himmel der Ort seiner Erfüllung. Seine poetischen Bilder waren »weniger erdacht als *erglaubt*, […] sie blieben ungetrübt und rein wie er selbst.« Da geht die Poesie sogar dem nüchtern-intellektuellen Hildesheimer durch, wenn er den Blick auf Roncalli vor dem Hintergrund seines jahrhundertealten kirchlichen Milieus vergleicht mit dem Blick über ein Feld voller seltsamer Gewächse, Gestrüpp und Unkraut – »[…] und auf diesem Feld die Sicht auf eine große Blume, der das Wachstum gelingt, bis sie weit über die Ebene des Feldes hinausragt, *inzwischen unverwelkt gestorben*, doch nicht vergessen, man weiß noch, wo sie stand, und wird es noch lange wissen.«

Dann ein Exkurs über Bilder, über Fotografien des Vorgängers Pius XII. (Hildesheimer: »So betet man nur für Fotografen«), des Nachfolgers Paul VI. (»Ausdruck einer tiefliegenden Gequältheit«) und von Johannes selber. »Er saß, wie man beim Fotografiert-Werden eben sitzt, […] ergeben in das Schicksal des Idols wider Willen, so wie er in jegliches Schicksal ergeben war.« Fotos vom betenden Johannes »sind mit dem Teleobjektiv erhascht.« Heiligenbildern war Johannes von früher Kindheit an »ausgesetzt«, vermutet Hildesheimer, denn Onkel Zavcrio hätte seine Kammer mit Heiligenbildern geradezu tapeziert gehabt. So war Johannes im Kitsch zuhause und gleichzeitig immun gegen den Kitsch. Ein Bild war gut, wenn es die Andacht förderte. Frömmigkeit hing für ihn eng mit ihrer visuellen Erscheinung zusammen: »Er wünschte seinen Schafen die Augenweide, die Religion als ein weites schönes reiches Land, außerhalb dessen noch etwas zu suchen sich nicht lohne.«

Wer heute das kleine Papa Giovanni-Museum in Camaitino in Sotto il Monte besucht, wird viele Bilder sehen, Fotos von den Eltern, von Priestern, Lehrern und Vorbildern. Daneben zahlreiche Andachtsbilder, Originale oder Kopien, allesamt von künstlerisch guter Qualität.

Die moderne Kunst erschloss sich ihm nicht, ausgenommen natürlich die freundschaftliche Begegnung mit dem Bildhauer Manzù, dem er gerne Modell gesessen hatte.

Was wäre das für ein Buch geworden, hätte es der Autor nicht »aus Gründen der allzu fernliegenden Materie aufgegeben«! In den letzten zwei Sätzen dieser »Exerzitien mit Papst Johannes« deutet Hildesheimer nochmals an, was ihn an Johannes so fasziniert: »Die lapidare Präsenz dieses Mannes, die unbedingte Geheimnislosigkeit einer ›integrierten Persönlichkeit‹, die zwar gewiss in jedem Gebet ein Mysterium erfuhr, sich aber nach außen lediglich durch die Kraft seiner Überzeugung mitteilte.« Hildesheimer, ein Klassiker der deutschen Literatur des zwanzigsten Jahrhunderts, bewunderte einen Papst, »dem der Wortschatz eines, vielleicht schwärmerischen, Seminaristen ausreichte, um Millionen Halt zu geben.«

Capovilla

Zu den »Exerzitien mit Papst Johannes« gibt es in dem Büchlein ein literarisch und menschlich bezauberndes Nachspiel. Es beginnt zwar sechs Seiten davor, wurde aber von Hildesheimer drei Jahre nach den Johannes-Exerzitien geschrieben, ebenfalls für ein größeres Projekt, das »bald darauf verworfen« wurde. Es ist die Beschreibung einer Begegnung, schlicht mit »Capovilla« betitelt, dem Namen jenes Priesters, der zehn Jahre lang Roncallis Sekretär gewesen war, zuerst des Patriarchen von Venedig, dann – bis ans Sterbebett – des Papstes Johannes.

Wer je das Glück hatte, den liebenswürdigen Monsignore Loris Francesco Capovilla – seit 1967 Erzbischof – persönlich zu begegnen, wird entzückt sein von der Treffsicherheit, mit der Hildesheimer den asketisch schmalen, geistsprühenden Sachwalter seines vormaligen Chefs mit wenigen Charakterstrichen porträtierte. Offenbar sollte das geplante Buchprojekt Hildesheimers von kostbaren Büchern handeln. Aus der Lektüre der Tagebücher und Briefe des Papst wusste er ja von der heimlichen Leidenschaft des Büchersammelns, dem Roncalli vor allem während seiner Zeit als Nuntius in Paris so heftig frönte, dass er sich einmal als Buße auferlegen musste, an seinen geliebten Buchantiquariaten vorbeizugehen, ohne einen begehrlichen Blick hineinzuwerfen. Hildesheimer besuchte also mit seiner Begleiterin und einem italienischen Freund, der mit kirchlichen Umgangsformen vertraut war, den Monsignore Capovilla, seit drei Jahren Erzbischof von Chieti. Der hütete ja nicht nur das Andenken an den gütigen Papst, sondern auch dessen Nachlass. Bald kam das Gespräch auf Literatur, Bücher und auf die Frage nach der Lieblingslektüre von Papst Johannes. Capovilla führte die kleine Gruppe in die Bibliothek: »Lederrücken, Gold-

Johannes XXIII. mit seinem Sekretär Capovilla, um 1960

schnitt, Bibliophiles [...] meist heilige Bücher natürlich, aber daneben auch schöne Bücher, heilige schöne Bücher, Erstausgaben, nur das Originale war für ihn legitim, wahrscheinlich hätte er am liebsten Inkunabeln gelesen oder handgeschriebenes Illuminiertes. Capovilla zieht ein kleines Buch heraus, Manzoni, natürlich, ›*I promessi sposi*‹, eine Erstausgabe.« Johannes habe – neben der »Nachfolge Christi« – auch dieses Büchlein immer in Reichweite gehabt oder in »den Falten seines Gewandes« und immer wieder darin gelesen, wie in einem Brevier. Dann zeigte Capovilla ein weiteres schönes Buch, das Leben eines Heiligen, mit einer handschriftlichen Eintragung, dass er, der Papst, in der Nacht vom 11. auf den 12. Oktober 1962, also in der Nacht nach der Konzilseröffnung, darin gelesen habe. Hildesheimer sinniert, ob es sich bei dieser nächtlichen Lektüre wohl um den extremen Willensakt gehandelt habe, »sich nicht aus dem Konzept bringen zu lassen«. Er nimmt an, Capovilla würde zustimmen, »denn der Willensakt seines Meisters wäre ja der Willensakt Gottes gewesen: Was Johannes tat, tat er in tiefem, innerem Frieden, ohne Zweifel.« Hildesheimer kehrt nicht den Agnostiker, den »Nichtgläubigen« hervor. Er braucht es auch nicht, nicht einmal zur Entschuldigung, denn Capovilla, das spürt er, hat von seinem Meister gelernt, dass man sich nicht unbedingt im selben Glaubensgebäude befinden muss, um einander »auf dem Boden einer Moral« treffen zu können, »die beiden Parteien gemeinsam ist«.

Konzilsväter gehen ins Kino

Am 4. Oktober 1962, eine Woche vor der Eröffnung des II. Vatikanischen Konzils, löste Johannes XXIII. sein Versprechen ein und brach zu seiner legendären Wallfahrt um das Gelingen dieses Konzils nach Loreto und Assisi auf.

Unter großer Anteilnahme von Pilgern aus ganz Italien betonte er am Grab des heiligen Franziskus den Zusammenhang von Armut und Frieden, sprach von einer gerechten Verteilung der Güter. Die Vorsehung hätte die Schätze dieser Erde allen zugedacht, nur so könnte es wahren Frieden geben. Ausgerechnet an diesem 4. Oktober war »durch eine glückliche Fügung« auch der Filmregisseur und Schriftsteller Pier Paolo Pasolini gerade in Assisi. Anlässlich einer Filmtagung war er bei der Vereinigung *Pro Civitate Christiana* zu einer Diskussion über seinen umstrittenen Film *»Accatone«* eingeladen. Vom herzlichen Klima unter den vielen Menschen rund um den Papst und von dessen Predigt, alles ganz im Geist des heiligen Franziskus, war Pasolini so beeindruckt, dass er plötzlich ausrief, er werde seinen nächsten Film über Jesus Christus machen: *»Qui viene fuori un film su Gesù Cristo!«*. Und so geschah es. Pasolini flog nach Israel, studierte das Land der Bibel, suchte sich eine entsprechende Landschaft in Italien, fand sie im Süden in der Basilicata in der Nähe von Matera mit den berühmten Höhlensiedlungen. Die Darsteller waren Laien, der linke spanische Student Enrique Irazoqui spielte Jesus, Susanna, die Mutter des Regisseurs, spielte die alte Maria, der junge Giorgio Agamben, heute ein berühmter Philosoph, den Apostel Philippus. Die Worte Jesu sind ausnahmslos und wortgetreu aus dem Matthäusevangelium übernommen. Zwei Jahre später kam der Film unter dem Titel *»Il Vangelo secondo Matteo«* in die Kinos, gewann Preise auf Festivals und wurde mehrfach für den Oscar nominiert. Inzwischen nimmt er Rang 10 unter den 100 wichtigsten Filmen der Filmgeschichte ein. Die deutsche Version, »Das 1. Evangelium – Matthäus«, lief vorübergehend auch unter dem nicht sehr glücklichen Titel »Menschenfischer«.

Als letzte Einstellung im Vorspann von »*Il Vangelo secondo Matteo*« ist über die ganze Bildbreite zu lesen:

Alla cara, lieta, familiare memoria di Giovanni XXIII.

Zur teuren, freudigen und herzlichen Erinnerung an Johannes XXIII.

Am 5. Oktober 1964, kurz nach Beginn der dritten Sitzungsperiode des II. Vatikanischen Konzils, kam es zu einem denkwürdigen Kinobesuch. »Wir haben dreißig Taxis gemietet«, erinnert sich Alfredo Bini, der Produzent des Pasolini-Films, »und haben die interessierten Konzilsbischöfe, die den Film sehen wollten, im Konvoi von der Konzilsaula zum Kino auf der Piazza Cavour transportiert.« Es war keine geschlossene, sondern eine ganz normale, öffentliche Vorführung. Am Ende des Films spendeten die Bischöfe zwanzig Minuten lang Beifall, und das einem marxistischen Regisseur, dessen homosexuelle Neigung ebenso bekannt war wie seine politische. Die Bischöfe spürten, dass dieser Film das zutiefst menschliche Antlitz Jesu vor der ganzen Welt neu enthüllen wird. Ein Leben als Mensch unter Menschen. Mit Johannes XXIII. waren die starren wechselseitigen Feindbilder zwischen Kirche und Kommunismus in den Hintergrund getreten und haben den Blick auf verwandte Anliegen und ähnliche Herausforderungen freigegeben. Im September 1964 schrieb Hansjakob Stehle, der exzellente Kenner beider Welten: »Die Kommunisten müssen jede Form des Dogmatismus überwinden, neue Probleme auf neue Weise in Angriff nehmen und lösen und Arbeitsmethoden finden, die einer politischen und sozialen Situation angepasst sind, in der ständige und rasche Veränderungen vor sich gehen.« Dabei gelte es, »alte Formen zu liquidieren, zum Beispiel die atheistische Propaganda«, wie Palmiro Togliatti, der kurz davor verstorbene intellektuelle Kopf des italienischen Kommunismus, forderte. Eine Diagnose, die – vice versa – der Diagnose von Papst Johannes für seine Kirche verblüffend ähnlich ist. Pasolini hat jedenfalls erkannt und mehrfach auch geäußert, dass humanistische Einstellung *und* religiöse Erfahrung notwendig sind, um die Welt mit ihren »dramatischen Problemen« besser zu machen. Die Sympathie Pasolinis für Johannes rührte wohl daher, dass der Regisseur spürte, dass dieser Papst keine Ausgrenzung kannte, welcher Art sie auch immer sein möge.

Wie sehr sich Pasolini mit dem Programm Jesu identifizierte, zeigt, dass er die Rolle von Maria als der Mutter des erwachsenen Jesus mit seiner eigenen Mutter Susanna Pasolini besetzte.

Der Nachfolger von Angelo Giuseppe Roncalli auf dem Patriarchenstuhl von Venedig war Giovanni Urbani. Er sah Pasolinis *»Vangelo secondo Matteo«* bei der Uraufführung anlässlich der Filmfestspiele von Venedig. »Etwas später hat er mir gestanden«, erzählte Erzbischof Loris Capovilla, der Sekretär von Papst Johannes, »dass er auf der Heim-

Loris Francesco Capovilla, einst Sekretär von Johannes XXIII., Sotto il Monte 2010

fahrt vom Lido auf dem Motorboot ziemlich verärgert war über den Film. ›Pasolini hat das Evangelium nicht verstanden! Das ist nicht Jesus!‹ Aber dann, zuhause am Schreibtisch, hat er die Heilige Schrift hergenommen und das Matthäusevangelium gelesen. ›Und da musste ich dann erkennen‹, so der Patriarch Urbani, ›dass mir erst der Laie Pasolini den Jesus des Matthäus wirklich nahe gebracht hat, mit großer Treue Wort für Wort.‹« Und Capovilla fügt hinzu, dass Urbani »eine Autorität auf dem Feld der biblischen Studien« war. »Vielleicht brauchte es – auch für die Konzilsväter – den Film von Pasolini, um wirklich zu verstehen, was Matthäus da eigentlich geschrieben hat«, meint Capovilla.

Pier Paolo Pasolini verehrte Johannes XXIII. sehr. Er wollte sogar noch ein Buch über ihn schreiben. Aber mehr als vereinzelte, durchaus würdigende Erwähnungen in verschiedenen seiner Essays ist nicht zustande gekommen. Pasolini war ein Moralist und lehnte viele sogenannte Errungenschaften des gesellschaftlichen Fortschritts ab. Polemisch wie er war, wollte er das Fernsehen abschaffen. Im Unterschied zu Roncalli, der den Fortschritt begrüßte und darin immer eine große Chance zur Verbesserung der Lebensbedingungen aller Menschen sah. Es war das gewinnende Lächeln von Johannes XXIII., das auf den eher pessimistischen Pasolini so anziehend wirkte. Das Charakteristische an diesem Lächeln des Papstes, das Pasolini in einem seiner Essays den »höchst demokratischen Akt« nannte, »sich selbst als Autorität zu belächeln«, dieses Lächeln ist Ausdruck eines »unwiderstehlichen Glücks des steten Neuanfangs«, das dem Glück des Habens, Genießens und Anhäufens gegenübergestellt werden müsse. Es ist das Glück, das Roncalli bei Franz von Sales gelernt hat: »Heilige haben jeden Tag von neuem angefangen: Es gibt kein besseres Mittel, das geistliche Leben zu einem guten Ende zu führen, als immer wieder neu anzufangen.«

Schon vor Fertigstellung seines Films »*Il Vangelo secondo Matteo*« setzte Pasolini 1963 Johannes XXIII. in der dokumentarischen Collage »*La rabbia*« ein kleines Denkmal. Für eine Dauer von fast einer Stunde montierte er Wochenschauszenen vom politischen Weltgeschehen der späten Fünfziger- und frühen Sechzigerjahre. Ein erschreckendes Panorama von Revolutionen, Befreiungskriegen, Gräueln aller Art und jener grundsätzlichen Verirrung, die Pasolini in der Gesellschaft seiner Tage empfand. Obwohl sicher nicht so gedacht, wirkt »*La Rabbia*« wie der fragende Aufschrei der Menschheit, auf den Johannes XXIII. mit seiner Enzyklika *Pacem in terris*, seinem Herzensanliegen, eine Antwort geben wollte. Bezeichnenderweise finden sich in dem ganzen Filmessay drei Sequenzen, die als kleine Huldigungen verstanden werden dürfen: der Pontifikatswechsel vom Pacelli-Papst zum Roncalli-Papst, die Raumfahrt des ersten Astronauten Jurij Gagarin und eine Liebeserklärung an die bezaubernde Marilyn Monroe, die gerade ein paar Monate davor gestorben war.

Pasolini wurde am 2. November 1975 am Strand von Ostia ermordet. Die wirklichen Hintergründe dieses Verbrechens konnten nie wirklich geklärt werden.

Apropos

*Eine der liebenswürdigsten Gestalten in Roncallis Lieblingsroman »*I promessi sposi – *Die Verlobten« von Alessandro Manzoni ist Federico Borromeo, Erzbischof von Mailand und Vetter des heiligen Carlo Borromeo. Der Autor hat ihn historisch ziemlich getreu nachgestaltet. Für Johannes XXIII. war dieser Roman ein Lebensbuch, immer wieder nahm er in Gesprächen, Ansprachen und Briefen darauf Bezug. In der Figur des Erzbischofs Federico sah er das Vorbild eines frommen und heiligmäßigen Bischofs. In dem folgenden Monolog bewegt er einen Bösewicht zur Umkehr. Dadurch wendet sich das Schicksal der unglücklichen »Verlobten« zu einem guten Ende. Roncalli nannte Manzonis Roman immer wieder ein Loblied auf die göttliche Vorsehung.*

Wie Federico Borromeo, der Erzbischof von Mailand, einem mächtigen und gefürchteten Feudalherren ins Gewissen redet:
»Cosa può far Dio di voi? cosa vuol farne?
Un segno della sua potenza e della sua bontà: vuol cavar da voi una gloria che nessun altro gli potrebbe dare.«
»Sie fragen, was Gott mit Ihnen vorhat, was er aus Ihnen machen soll? Ein sichtbares Zeichen seiner Stärke und seiner Güte will er aus Ihnen machen, sonst gar nichts! Und Sie sollen ihm einen Ruhm gönnen, der sich an keinem anderen zeigen kann!

Dass die Welt schon die längste Zeit zum Himmel schreit gegen Sie, dass abertausend Stimmen sich voll Hass gegen Sie erheben – das soll vielleicht zur Ehre Gottes sein? Es sind Stimmen des Schreckens, der Selbstsucht, die sich gegen Sie richten, ja, sogar Stimmen der Gerechtigkeit, einer nur allzu leicht verständlichen Gerechtigkeit, und natürlich gar nicht so wenige Stimmen des Neides, den Sie mit Ihrem gewissenlosen Machtmissbrauch provozieren ...!
Doch, wenn Sie endlich einmal erwachen und sich aus diesem Taumel erheben werden und dieses Leben verdammen, dann, ja, dann endlich wird Gott an Ihnen und durch Sie verherrlicht werden!
Fragen Sie jetzt noch, was Gott mit Ihnen anfangen soll? Wer bin ich armseliger Mensch, dass ich Ihnen jetzt schon sagen könnte, wozu dieser wunderbare Herr Sie in Zukunft brauchen kann, Ihren ungestümen Willen, Ihre unbeugsame Beharrlichkeit?
Lassen Sie sich doch erst einmal beseelen von ihm und entzünden! Beseelen mit Liebe, Hoffnung und – ja, auch mit Reue!
Und wer sind Sie, armer Mensch, dass Sie glaubten, in Gottes Welt mehr Böses anrichten zu können, als er – durch Sie selbst! – zum Guten verwandeln kann?
Und Sie fragen, was Gott mit Ihnen anfangen kann?
Ist es denn nicht schon genug, dass er Ihnen verzeiht, um Sie zu erretten und das Werk der Erlösung an Ihnen zu vollenden?
Ist das nicht herrlich genug und würdig des Herrn?«
»Cosa può Dio far di voi? E perdonarvi? E farvi salvo?
E compire in voi l'opera della redenzione?
Non son cose magnifiche e degne di Lui?«

In dieser geistlichen Einkehr habe ich wieder einmal lebhaft empfunden, dass es mir aufgetragen ist, wirklich heilig zu sein. Der Herr verspricht mir keine fünfundzwanzig Jahre bischöflichen Lebens. Er sagt mir jedoch, dass er – wenn ich heilig werden will – mir genügend Zeit und Gnade zuteilwerden lässt.
Da ich dieses Mal ohne Mühe begriffen habe, dass es das Prinzip der Heiligkeit ist, mich ganz und gar dem heiligen Willen des Herrn hinzugeben, selbst in kleinen Dingen, halte ich mich daran. […]
Ich werde nie etwas unternehmen, weder direkt noch indirekt, um eine Veränderung in meiner Situation herbeizuführen, werde stets nur von einem Tag zum anderen leben. Mögen die anderen tun und lassen, was sie wollen, sich vordrängen, ich werde mich wegen meiner Zukunft nicht beunruhigen.

Mit den beiden Gebeten aus dem Exerzitienbüchlein des heiligen Ignatius will ich täglich leben: ›Nimm hin, o Herr, meine ganze Freiheit […]‹ und das andere Gebet, das mit den Worten beginnt: ›O ewiger Herr aller Dinge, ich bringe mein Opfer dar […]‹ Diese beiden Gebete umfassen mein ganzes Bestreben. Der Herr möge mir helfen, hiervon nicht abzulassen und nicht der Anziehungskraft gewisser kirchlicher Kreise zu unterliegen, in denen bisweilen ein weltlicher Geist eindringt.

Geistliches Tagebuch, Exerzitien
im Dezember 1928 in Bebek, Türkei

Kennzeichnend für meine Einkehr war ein großer Friede und eine innere Freude [...] Ich möchte, dass mein ganzes Leben von dieser Ruhe und inneren Freude immer mehr durchformt werde. Das fällt meinem Wesen nicht allzu schwer. Schwierigkeiten und Widerstände werden mich jedoch darin in Zukunft verwirren können. Ich werde wachsam sein, mir diese innere und äußere Freude zu bewahren! Man muss lernen zu leiden, ohne auch nur merken zu lassen, dass man leidet. [...] Wenn nur die Liebe siegt, koste es, was es wolle, ziehe ich es vor, für einen Versager – un dappoco – gehalten zu werden. [...] Erst dann bin ich würdig, ein richtiger Bischof genannt zu werden.

Geistliches Tagebuch, Exerzitien im Mai 1930
in Rusciuk, Bulgarien

Exerzitien mit Papst Johannes – II

Der Titel verführt zu dem reizvollen Gedankenspiel sich vorzustellen, wie es gewesen sein könnte, wirklich mit Papst Johannes Exerzitien machen und einmal im intimen Kreis beobachten zu können, wie er sich sammelt, wie er zuhört, wie er betet. Vermutlich wäre ganz und gar nichts Außergewöhnliches daran gewesen. Die Ernsthaftigkeit seiner Gewissenserforschungen hätte vielleicht die sprichwörtliche Güte etwas ferner erscheinen lassen, mehr in sich gekehrt, das freundliche Zunicken beim Verlassen der Mathildenkapelle im Vatikan wäre verhaltener gewesen als bei anderen Begegnungen und die Lust nach einem halblaut geführten Gespräch mit dem Sekretär oder einem der Monsignori an seiner Seite beim Hinausgehen wäre ausnahmsweise einmal gebändigt worden. Sicher wäre Zufriedenheit in seinem Gesicht zu lesen gewesen. Er hatte ja in den mindestens siebzig Exerzitien gelernt – zusammengehängt wäre das mehr als ein Jahr seines Lebens –, dass man aus jedem geistlichen Wort Nutzen ziehen kann, wenn man mit dem gehörigen Wohlwollen dazu geneigt ist. So gut wie nie kritisierte er die Exerzitienleiter. Immer lobte er sie, selbst bei seinen letzten Exerzitien vor der Wahl zum Papst. Da fand er zwar die Stimme des Vortragenden »etwas ungeschickt«, er konnte »sie nicht richtig verstehen« und das Zuhören bedeutete »eine Anstrengung«, doch »im Ganzen eine ausgezeichnete Doktrin [...] gute Form und Klarheit eines aufrichtigen Eifers.«

Auf Anraten von Pius XII. lud Roncalli im Jahr 1955 zu den gemeinsamen Exerzitien der venezianischen Bischöfe Pater Riccardo Lombardi, den populären Prediger und Begründer der Erneuerungsbewegung »Für eine bessere Welt« ein. Dass Lombardis Charisma – immer versetzt mit einem ordentlichen Schuss Antikommunismus – nicht ganz die Sache Roncallis war, ist aus dem Resümee im Geistlichen Tagebuch zu ersehen, wenn man es versteht, bei Roncalli zwischen den Zeilen zu lesen: »Auch hier gilt das ›*Omnia probate, quod bonum est, tenete* – Prüfet alles, behaltet, was gut ist‹. Ich muss mich nicht in Details und nebensächliche Kleinigkeiten verlieren. Diese Bewegung trägt das Siegel der Zustimmung und Förderung durch Papst Pius XII., wir sind also auf dem richtigen Weg.« Mit feinerer Ironie kann man nicht ausdrücken, was gemeint war: Wir haben den Wunsch des Papstes erfüllt – und jetzt halten wir uns nicht mehr damit auf!

»Exerzitien mit Papst Johannes« könnte auch heißen, sich vorzustellen, wie er selber Exerzitien »hält«. Wer möchte nicht an solchen Exerzitien teilgenommen haben! Wer möchte nicht an seinen Lippen hängen, wenn er zum Beispiel so eine Exerzitienwoche – wie er es tatsächlich einmal, 1954, für sich alleine tat – unter das Motto des Zweiten Buches der »Nachfolge Christi« stellen würde: »Ermahnungen, die uns zum inneren Leben anleiten«! Seine Vorträge würden dann handeln von Demut und Friedfertigkeit, von Einfalt und Lauterkeit, von der Achtsamkeit auf sich selbst, vom guten Gewissen – aber auch davon, was es besagen will, einmal ganz trostlos zu sein. Und schließlich vom heiligen Kreuz, dem königlichen Weg zum Himmel. Schön wären solche Exerzitien!

Es gibt noch eine andere Möglichkeit, »Exerzitien mit Papst Johannes« zu erleben. Nicht virtuell, aber *virtualiter*, das heißt »wirkungsfähig«, soll dem ganz alltäglichen geistlichen Leben des Menschen und Priesters Angelo Roncalli nachgespürt werden, um draufzukommen, ob und wie es nach mehr als einem halben Jahrhundert mit ein wenig Anpassung an das Heute – *aggiornamento!* – nachvollziehbar ist.

Eine Schule des Betens

»Aller Anfang erfüllt das Herz mit Hoffnung.« Von den ersten Gebeten, die Angelo Roncalli »auf den Knien des Großonkels Zaverio« lernte, ist ihm eines lebenslang in Erinnerung geblieben, das er auch noch als Papst oft und gern wiederholte: »*Dolce Cuor del mio Gesù, fa' che io t'ami sempre più* – Süsses Herz meines Jesus gib, dass ich immer mehr dich lieb‹ […].« Ein schönes Stoßgebet – *una bella giaculatoria* – nannte es der Papst. Im Geistlichen Tagebuch, vor allem in den frühen Jahren, findet sich immer wieder der Vorsatz, recht häufig, »besonders in der Schule und im Studium«, Stoßgebete zu verrichten. Vielleicht ist dies nur ein anderes Wort für die Sehnsucht nach dem »unablässigen Gebet«, wie es im Ersten Brief an die Thessalonicher empfohlen und von den Wüstenvätern des frühen Christentums auch praktiziert wurde. Das Stoßgebet ist – vor allem in dieser etwas drastischen Bezeichnung – sicher eine etwas antiquiert anmutende Frömmigkeitsübung. Inhaltsleer gewordene Ausläufer erfreuen sich aber mit »Jessas Maria«, »Oh Jeh« oder »Um Gottes Willen« noch großer, gedankenloser Beliebtheit. Papst Johannes würde ganz praktisch empfehlen, bei Gelegenheit daran zu denken, dass es sich dabei einst um richtige und schöne Stoßgebete gehandelt hat.

In der jüngeren Meditationspraxis erfährt – in Rückbesinnung auf die Praxis der Wüstenmönche – das so genannte »Jesus-Gebet« große Zustimmung. Als kurze Anrufung Jesu, oftmals wiederholt, ist es ein Gebet zur inneren Ruhe. Beten wie Atmen: Papst Johannes wäre damit sehr einverstanden. »Mein Tag soll immer vom Gebet getragen sein; das Gebet soll mein Atem sein«, schreibt er während der Einkehrtage im Mai 1953.

»Gerade im Gebet enthüllen sich die intimsten Beweggründe und die wirkliche Größe eines Mannes, dessen Güte die Herzen der Menschen trösten wird«, schreibt Loris Capovilla im Geleitwort zum Geistlichen Tagebuch, in dem Roncalli so oft die Sprache des Gebetes wählt, um »seiner ununterbrochenen Zwiesprache mit Gott, seiner Verfügbarkeit für Gott« Ausdruck zu verleihen. Daran änderte sich nichts im Laufe seines Lebens, ob er nun Seminarist war oder Bischofssekretär, Spiritual oder Nuntius, Patriarch oder Papst. Wie oft sich auch die Umstände seines Lebens änderten, es veränderte sich nicht die Beharrlichkeit der täglichen geistlichen Übungen: Betrachtung, Feier der heiligen Messe, Breviergebet, Rosenkranz. Das war seine *stabilitas loci*, wo immer auf seinem Lebensweg er Station machte, sein unverrückbarer Lebensmittelpunkt. Das Gebet war der Anker seines Glaubens und die Wurzel seiner Einfachheit als Mensch. Es war das Fundament seines unerschütterlichen Vertrauens und seines lebendigen Unternehmungsgeistes. Er liebte es wie das Morgenlicht. »Ich stehe um vier Uhr auf, da betet es sich so gut, beim ersten Licht, wenn alles noch still ist.«

Sechsundsechzig Jahre, von 1897 bis 1963, betete Angelo Giuseppe Roncalli täglich das Breviergebet der Kirche. Also vierundzwanzigtausendmal. Er klagte kein einziges Mal darüber, dass es ihm eine Last gewesen wäre.

Am 15. August 1961 schreibt er im Geistlichen Tagebuch: »Das Brevier kann ich am besten an meinem gewöhnlichen Arbeitstisch beten und *verkosten.*« Was Papst Johannes unter »verkosten« verstand, erzählte Sekretär Capovilla: »Vor der Lektüre eines Textes aus den Kirchenvätern, der für den betreffenden Tag im Stundenbuch abgedruckt war, wollte er oft den vollständigen Originaltext zu Rate ziehen. So stand er auf, suchte das zitierte Werk und las darin ohne Eile, um den Text in aller Ruhe auszukosten. Beim Beten des Psalms kam ihm manchmal eine bessere Ausgabe in den Sinn; er suchte sie und freute sich daran, wie ein Weinkenner einen guten Wein zu genießen weiß.«

Wenn der Bruder und Onkel Monsignore den Mitgliedern seiner Familie in Sotto il Monte das Beten schmackhaft machen wollte, was er oft und gerne tat, dann empfahl er ihnen keine besonderen Leckerbissen und keine frommen Zuckerplätzchen, sondern gesundes Weizenbrot, im Bergamaskischen wahrscheinlich auch eine nahrhafte Polenta, »tägliches Brot« eben, wie es im »Vaterunser« so genannt wird. Genau das ist es, was der Nuntius aus dem fernen Paris seiner Nichte Teresa im Jänner 1948 nahelegt. Das »Vaterunser« als Grundnahrungsmittel für eine gelungene eheliche Gemeinschaft. Er hatte nämlich im Jahr davor ihre Haushaltsgründung finanziell unterstützt und sie am 11. Oktober getraut, dem Fest der Gottesmutterschaft Mariens, einem seiner Lieblingsfeste, auf das er später die Eröffnung des Konzils legen wird. Jetzt freute sich der erzbischöfliche Onkel über den »glücklichen Anlauf« der jungen Ehe und lobte Teresas Eifer »als christliche Ehefrau«. Dann schrieb er der Nichte die schönste und kürzeste Auslegung des »Vaterunser« als ein vollkommenes Lebensprogramm: »Ich wünsche Dir von Herzen, dass Du immer auf der Höhe des ›Vaterunser‹

bleibst. Weißt Du, was das bedeutet? Immer in dieser ruhigen und milden Atmosphäre der Schau Gottes bleiben, des Königs des Himmels und der Erde, unseres gütigen und barmherzigen Vaters, auf der Suche nach der Herrlichkeit seines Reiches und vor allem seines heiligen Willens, worin unsere Vollkommenheit besteht. Dann die Erwartung seines Brotes, des geistigen und leiblichen, das uns als Lohn für unsere Arbeit zusteht. Dann seine Verzeihung für unsere Fehler und Sünden sowie die Gnade, den anderen in allem und immer verzeihen zu können. Schließlich das Bewahrt werden vor allem Übel dieses und des anderen Lebens.«

»Bleiben wir nur unserem ›Vaterunser‹ treu!« – das war ein Leitspruch Roncallis, oft von ihm zu hören oder in Briefen zu lesen, so als würde er damit sagen wollen: Das genügt! Auch den beiden Nichten Anna und Giuseppina, die sich für ein Leben in Ordensgemeinschaften entschieden hatten, führte er den unerschöpflichen Wert der ganz gewöhnlichen Grundausstattung eines durchschnittlichen Gebetslebens vor Augen. So schrieb er zum Beispiel an Suor Angiola, wie Giuseppina seit ihrer Profess im Oktober genannt wurde: »Was Du mir seit dem vergangenen Oktober geschrieben hast, macht mich immer noch froh. Bleibe weiter dem ›Vaterunser‹, dem ›Ave-Maria‹ und dem ›Ich glaube an Gott‹ wie auch dem ›Ehre sei dem Vater‹ treu. Sie enthalten Worte und Gedanken voll himmlischer Nahrung und würzen unsere Tage. Schau, je mehr ich an Tagen zunehme, desto mehr koste ich diese Gebete: Und ich spreche sie langsam, ohne Übertreibung, oder ich verweile, während ich sie spreche, ohne auf den Buchstaben zu achten, bei einer Wahrheit oder einer Anmutung, die eine innere Verbindung mit dem Herrn herstellt. Und dann das ›Gegrüßest seist Du Maria‹! Welch ein schönes Gebet von sozialem Charakter! Kaum beginnt man es zu beten, so ist es, als vereinigten sich alle Seelen der ganzen Welt mit uns und das Gebet wird wahrhaftig weltweit.« Wenn Routine in das Gebetsleben einziehen will, dann sollte man sich durchaus um Auffrischung bemühen, allerdings »nicht um etwas, was mit nebensächlichen und neuen Praktiken überladen ist, sondern um Treue zum Grundsätzlichen und um heiligen Eifer darin.«

Aber nicht nur Verwandten legte er das »Vaterunser« dringend ans Herz. Der Mutter eines geistlichen Mitbruders, der er »in den Tagen der Unsicherheit« bei der Zustellung der Briefe an ihren Sohn in Palästina behilflich war, schrieb er im Oktober 1940: »Ich bin der Postbeamte für alle geworden, die im Dienst des Heiligen Stuhls stehen. Mir macht nichts mehr Freude, als Freude zu machen. [...] Glauben Sie mir: Unsere Bemühungen, das ›Vaterunser‹ in aller Einfachheit gut zu beten, wird noch immer die beste Art der Heiligung. In Ihrem Brief sagen Sie mir, dass mit den Jahren, die auch für Sie gekommen sind, die Übungen des geistlichen Lebens beginnen ein wenig beschwerlich zu werden. Das glaubt man nur. Das genaue Gegenteil muss geschehen. *Quando ol corp el se frösta l'anima la se giösta*, wie es auf gut bergamaskisch heißt: Wenn der Körper nicht mehr recht will, kommt die Seele zur Ruhe. [...] Bewahren Sie mir einen guten Platz in Ihren Gebeten.«

Musik für die Seele und eine Perle für jeden

Zu der Gelassenheit Roncallis, wie sie vor allem in den zitierten Pariser Briefen an die Nichten zu spüren ist, war es allerdings ein steiniger Weg durch die zwanzig Jahre »vergessener Gesandtschaft« im Osten Europas. Die Exerzitien im November des Jahres 1926, zwanzig Monate nachdem er widerstrebend, doch in Gehorsam, den Dienst in Sofia angetreten hatte, waren eine Bilanz von »viel Kummer und Sorge, [...] Kränkung und Demütigung«. Sie fanden in der Benediktinerabtei Sankt Paul vor den Mauern in Rom statt. In der kurzen Eintragung im Geistlichen Tagebuch schreibt er von »Quälereien – *tribolazioni*« seitens der »Zentralorgane der kirchlichen Verwaltung«, die ihn »sehr schmerzen.« Er nimmt sich aber sofort in die Zucht des Gehorsams und verbietet sich weitere diesbezügliche Äußerungen »gegen wen auch immer«, insbesondere gegen »Personen von Rang und Würde.« Also Schweigen und Milde. Nur noch sein liebstes Stoßgebet: »Herr, du weißt alles!«

Der recht vage definierte Auftrag als Päpstlicher Visitator in Bulgarien war ja kein angestrebtes Ziel des im diplomatischen Umgang ungeübten jungen Erzbischofs. Was wollte er tun, nachdem sich auch in den Gesprächen im Vatikan – anlässlich seiner Romvisite – keine Veränderung der Situation abzeichnete? Also nahm er Zuflucht

Johannes XXIII. feiert die Heilige Messe, Dezember 1962

zum Rosenkranz. Er fasste einen Vorsatz, in dessen Erfüllung er das einzige Heilmittel auf die Wunden der Seele sieht: »Ich habe das Bedürfnis, meinem Leben den Grundton eines kräftigeren und dauerhafteren Gebets zu geben – *più vibrante e più continuato*. Das heißt, mehr betrachten, mich länger mit dem Herrn unterhalten, viel lesen, laut beten aber auch schweigend, mit dem Herzen.«

Mit fortschreitendem Alter verstärkte sich die »Hinneigung zu einem Leben des Gebetes [...] das hält mich ständig in Verbindung mit Gott, von Morgen bis Abend und in der Nacht, mit Gott oder den göttlichen Dingen – *con Dio o con le cose di Dio* –, es schenkt mir unvergängliche Freude und führt mich zu Gleichmut und Geduld in allen Dingen.«

Da Roncalli kein Mönchsleben beschieden war, das vielleicht seinen kontemplativen Neigungen durchaus entgegengekommen wäre, kam es immer wieder – ob als Delegat und Nuntius oder als Patriarch von Venedig – zu einem Gewissenskonflikt zwischen den geistlichen Bedürfnissen und den administrativen »Amtsgeschäften und allem, was mehr oder weniger damit zusammenhängt, sie rauben mir zu viel Zeit, ersticken mich fast und nehmen mir die Ruhe und die notwendige Stille für meine gewohnten Andachtsübungen. Umso mehr will ich auf dem einen bestehen: auf dem Rosenkranz, und ich möchte, dass er in Gemeinschaft mit allen im Haus gebetet wird, mit meinem Sekretär, den Schwestern, der Dienerschaft und den Gästen.« Es sollte sein, wie es vor sechzig, siebzig Jahren Abend für Abend in Sotto il Monte war, als Barba Zaverio »den Rosenkranz vorbetete und alle einstimmten und so – *formando tutta una musica* – eine richtige Musik daraus wurde, die ich heute noch mit Rührung höre«, wie er anlässlich der Exerzitien im Mai 1955 schreibt. Der Rosenkranz war und blieb für ihn ein Familiengebet, auch wenn es ihm nur »im Geiste« möglich war, wie er einmal aus Paris an die Verwandten schreibt, dass er täglich »die Namen aller Brüder, Schwestern, Schwägerinnen, Neffen und Nichten und Kinder von Neffen und Nichten« in sein Rosenkranzgebet einschließt – »eine Perle für jeden«!

Roncalli machte aus seiner selbstverständlichen, in der frühen Kindheit grundgelegten Marienverehrung kein großes Thema. Sie war »christologisch«, hatte immer Jesus im Blick. »Den Rosenkranz bete ich am liebsten kniend vor dem Tabernakel«, schreibt er während der intensiven Einkehrtage im August 1961 in Castelgandolfo, in Vorbereitung auf die Vollendung seines achtzigsten Lebensjahres. Das Rosenkranzgebet ist die Grundmelodie dieser achtzig Jahre seines Lebens geblieben, je später in den Jahren, umso intensiver: »Der Rosenkranz, den ich seit Anfang 1958 vollständig und andächtig zu beten mir vorgenommen habe, ist zu einer ruhigen Übung der Betrachtung und Konzentration geworden, die meinen Geist offen hält für das weite Feld meines Lehr- und Hirtenamtes in der Kirche als gemeinsamer Vater aller Gläubigen.«

So möchte der achtzigjährige Papst den Tagesablauf zukünftig gestalten: »Morgens die heilige Messe, nachdem ich vorher das Brevier bis zur Sext gebetet habe. Nach der Messe Sext und Non und den Freudenreichen Rosenkranz. Nach dem Mittagessen werde ich nie die Besuchung vor dem Allerheiligsten auslassen. Nach der kurzen Ruhepause im Lehnstuhl die Vesper und die Komplet und die Schmerzhaften Geheimnisse des Rosenkranzes. Dieses Gebet kann ich auch gut mit einer Besuchung des Allerheiligsten verbinden. Abends um halb acht dritter Rosenkranz zusammen mit der päpstlichen Familie: Sekretär, Schwestern, Dienerschaft. Wenn möglich ein letzter Gruß an das Allerheiligste mit Empfehlung für die Nacht.«

Beten für den Frieden

Die Liebe zum Rosenkranzgebet veranlasste Johannes XXIII. zu mehreren Lehrschreiben. Das wichtigste davon, das Apostolische Schreiben *»Il religioso convegno«*, wurde am 29. September 1961 veröffentlicht, also zu einer Zeit, als die Spannungen des Kalten Krieges in der Errichtung der Berliner Mauer einen dramatischen Höhepunkt erreichten. Kurz davor hatte er in einer Botschaft für die katholische Friedensbewegung *»Pax Christi«* – allen Sorgen, Drohungen und Konflikten zum Trotz – wieder einmal den roncallischen Weg als Option dargestellt, nämlich »das Verbindende hervorzuheben, und die Straße mit jedem so weit wie möglich gemeinsam zu gehen, ohne die Gerechtigkeit oder die Wahrheit zu verraten.« Zu Mariä Himmelfahrt, am Schluss seiner Einkehrtage in Vorbereitung auf den achtzigsten Geburtstag und zwei Tage nach dem Berliner Mauerbau, feierte er aus »Anlass, um den Frieden zu bangen« den Feiertagsgottesdienst mit den Pfarrangehörigen von Castelgandolfo und den Touristen. Im Geistlichen Tagebuch hält er fest: »Die Ansprache nach der Messe floss mir bewegt und aneifernd aus meinem Herzen [...] und rief dazu auf, die glorreiche Jungfrau als Königin und Fürsprecherin für den Frieden auf der ganzen Welt anzurufen.« Kaum vier Wochen später schickte er eine Botschaft »des Friedens und des guten Willens« an die Konferenz der blockfreien Staaten in Belgrad, damals Jugoslawien, mit der Erinnerung an eine »ehrwürdige Verpflichtung vor der Geschichte und vor Gottes Urteil«. Moskau hatte verstanden, dass die Botschaft eigentlich an den Kreml und an das Weiße Haus gerichtet war. So erschien am 21. September – als Antwort – in der *Prawda* ein Interview mit Nikita Chruschtschow, in dem erstmals seit der Revolution ein russischer Staatschef wohlwollende

Worte über den römischen Papst fand: »Johannes XXIII. zollt der Vernunft Tribut [...] wir begrüßen den Appell zu verhandeln, ganz gleich, woher er kommt.« Der Eisberg zwischen Rom und Moskau begann zu schmelzen, was sich in der Folge – bei der Kubakrise 1962 – als Beitrag zur Bewahrung vor einem möglichen Atomkrieg herausstellen sollte.

In diesen bewegten Wochen des Jahres 1961 ist das Schreiben *»Il religioso convegno«* als »Empfehlung des Rosenkranzgebetes für den Frieden« entstanden. Im Unterschied zum allgemein-appellativen Charakter der Rosenkranz-Enzyklika *»Grata Recordatio«* von 1959 versucht der Papst jetzt, »einfache und spontane Hinweise« zu geben, die geeignet sind, »die Eintönigkeit beim einfachen Abbeten zu überwinden.« Er empfiehlt drei Elemente, die in Ansätzen den Betrachtungen der Ignatianischen Exerzitien nachempfunden sind:

- die »reine, lichtvolle und kurze Betrachtung jedes Geheimnisses«, die zu einer »Vereinigung des Denkens und Fühlens mit der Lehre und dem Leben Jesu, der auf Erden lebte«, führen soll;
- »die passende und gute Lehre für sich und die Umstände, in denen man lebt«, entdecken, das heißt, sein eigenes Leben mit den Anregungen der einzelnen Geheimnisse vergleichen »für die Erfordernisse des Alltags«;
- sich der »Gebetsmeinung – *pia intenzione*« bewusst werden und die »Liebe zu den Brüdern und Schwestern« einfließen lassen, als »lebendigen Ausdruck der gemeinsamen Zugehörigkeit« aller, »die sich aus allen Teilen der Erde in einem innigen Gebet für die großen Interessen der ganzen Menschheit begegnen.«

Die Exerzitien der Vierzehn Werke

Gebet und Barmherzigkeit sind die deutlichsten Indizien für die Lebendigkeit von Roncallis Frömmigkeit und Glauben. Wie die anderen roncallischen Tugenden – Geduld, Wohlwollen und Güte – ist ihm auch die Barmherzigkeit nicht in die Wiege gefallen, trotz aller guten und großherzigen Vorbilder seiner Eltern und anderer Mitglieder der Roncalli-Verwandtschaft. In den Seminarien war Barmherzigkeit eher eine Tugend, die man Gott zuschrieb, selber aber hatte man wenige Möglichkeiten, das Wort Jesu aus dem Lukas-Evangelium »Seid barmherzig, wie euer Vater barmherzig ist« in die Tat umzusetzen. Erst im Militärdienst erlebt Roncalli Situationen, die ihm vor Augen führten, wie sehr Menschen der Barmherzigkeit bedürfen, die ihn ratlos machten und ihm zeigten, dass auch die volle Zuwendung zu Menschen, »die keinen Glauben oder nur wenig Glauben haben« – ohne jede Herablassung! – ein Akt der Barmherzigkeit ist. Eigentlich wollte er nicht für nachgiebig gehalten werden, wollte »die Wahrheit gegenüber niemandem verleugnen, verkleinern oder abschwächen«, bis ihm endlich das Beispiel Jesu und der Heiligen aufgegangen war, »die sich bei ihrem Dienst an ›den Sündern‹ von großer Milde und Langmut inspirieren ließen.« Das tröstete und ermutigte ihn. 1962 wird er in der prophetischen Konzilseröffnungsrede diese Medizin der Barmherzigkeit im Umgang mit Irrenden »mit großer Kühnheit der ganzen Kirche« verordnen. Roncalli hatte schon früh lernen müssen, vor allem in der eigenen Familie, dass die Voraussetzung für Frieden die Barmherzigkeit ist. Sowohl im Großen wie im Kleinen. »Die Fülle des Friedens beginnt bei mir selber«, schreibt er im Juli 1958, nichtsahnend, dass er kaum vier Monate später Papst sein wird, »und sie breitet sich aus durch den persönlichen Umgang – vor allem mit den Lästigen, den ärgerlich Unruhigen: barmherziges Mitleid mit ihnen haben, die Schwächen ertragen, schweigen, sich nichts anmerken lassen, entschuldigen! Brüderliche Liebe, keine Maske der Liebe, Langmut!«

Je älter Roncalli wurde, desto besser entdeckte er auch die mütterliche Seite in Gott, die in den Bildern der Bibel ja so oft eine Aussage über Gottes Barmherzigkeit ist. Einmal, als er gerade darüber meditierte, wie die Liebe eines Seelsorgers zu den Menschen beschaffen sein soll, fiel ihm jene Stelle aus einer Lehrschrift des heiligen Augustinus für »Anfänger in der Katechese« ein, mit der wunderbaren Litanei von der liebenden Barmherzigkeit, »die anderen zum Leben hilft, mit anderen krank wird, andere zu erbauen trachtet, andere zu beleidigen scheut, zu anderen sich neigt, an anderen sich aufrichtet, zu anderen höflich und ernst, keinem feindlich, allen eine Mutter ist.«

Roncalli verspricht, bei seinen Gewissenserforschungen und in der Beichte »häufig auf dieses Thema zurückzukommen.« In vielen Briefen kommt er auf einen ganz ähnlichen Tugendkatalog zu sprechen, der ihm Lebensprogramm war, und zwar in Gestalt der vierzehn »Werke der Barmherzigkeit«, die er Verwandten und Freunden immer wieder ans Herz legt: sieben »leibliche« Werke, wie sie Jesus in der Predigt vom Weltenrichter nennt, wenn er sich mit den Notleidenden identifiziert, und sieben »geistliche« Werke, wie sie eine alte christliche Tradition kennt: Irrenden den rechten Weg weisen, Unwissende lehren, Zweifelnden einen guten Rat geben, Trauernde trösten, Lästige geduldig ertragen, denen, die uns beleidigen, gern verzeihen, für Lebende und Tote beten. Roncalli fügt manchmal noch den einen oder anderen Akt der Nächstenliebe hinzu, zum Beispiel nennt er das Briefeschreiben »das fünfzehnte Werk der Barmherzigkeit«.

Zu »leiblichen« Werken hatte Roncalli im Laufe seiner geistlichen Laufbahn hinlänglich Gelegenheit: im Einsatz für Hungrige, Kranke oder Gefangene, privat und im Dienst des Heiligen Stuhls. Zuerst in den Lazaretten des Ersten Weltkriegs, dann bei einer Erdbebenkatastrophe in Bulgarien, während des Zweiten Weltkriegs im Einsatz gegen die Hungersnot in Griechenland und für die Rettung so vieler von der Ermordung bedrohter Juden. Er besuchte deutsche Kriegsgefangene in Frankreich und trug vielfach zur Entspannung zwischen den vormals feindlichen Ländern bei. »Es gibt vierzehn Werke der Barmherzigkeit, wie Du weißt«, schreibt Monsignore Roncalli an den Neffen Battista, der sich auf das Priestertum vorbereitete, »jeden Tag muss ich wenigstens eins üben, oft aber mehr als eines. Weil ich genau deshalb zum Priestertum berufen worden bin, wirst Du verstehen, dass ich mich wohl fühle!«

Eigentlich war es nur konsequent, dass Papst Johannes am ersten Weihnachtsfeiertag seines Pontifikats Kranke und Kinder in den Spitälern *Santo Spirito und Bambino Gesù* und am Tag des heiligen Stephanus die Gefangenen im *Regina Coeli*, dem Hauptgefängnis von Rom, besuchte. Dennoch war es eine Sensation und die Bilder von diesen Besuchen sind noch immer herzwarme Dokumente der Menschenliebe des Seelsorgers Roncalli. Damals schrieb die Tageszeitung *Il Messagero*, der Besuch des Papstes habe »die Mauern des Gefängnisses *Regina Coeli* erzittern lassen«, als der Papst zu den Sträflingen sagte: »Ihr könnt nicht zu mir kommen, also komme ich zu euch, wie ihr seht. Unsere Augen begegnen einander, mein Herz ist nahe bei eurem.[...] im ersten Brief, den ihr jetzt nach Hause schreiben werdet, muss stehen, dass der Papst, der bei euch war, versprochen hat, für eure Verwandten zu beten«. Die Wochenschau der RAI hat das Ereignis filmisch zumindest in Ausschnitten festgehalten: der helle, runde Papst vor zwei Mikrophonen, flankiert von dem etwas säuerlich blickenden Kardinal Ottaviani rechts und dem spindeldürren Sekretär Capovilla links, umgeben von steifen, hin und wieder beifällig nickenden Honoratioren in dunklen Anzügen mit Stecktuch. Johannes spricht heftig gestikulierend den über vier Etagen des ehemaligen Klosters verteilten und hinter Gittern lauschenden Häftlinge zu, ermutigt sie und erzählt ihnen schmunzelnd seine berühmte Geschichte von dem Onkel oder Vetter, der einmal wegen unerlaubten Jagens, also Wilderns, im Gefängnis war – und dass also so etwas in den besten Familien vorkommen kann. Ein von ihm selbst gewünschter Rundgang führt ihn dann nicht nur zur großen Krippe – es ist ja Weihnachtszeit –, sondern bringt ihn auch in unmittelbaren, hautnahen Kontakt mit den Häftlingen. Man kann sich auch gut vorstellen, dass sich eine berühmt gewordene Episode tatsächlich so ereignet hat, wie sie erzählt wird: Ein wegen Mordes Inhaftierter fiel ihm plötzlich zu Füßen und fragte ihn, ob es auch für ihn eine Vergebung seiner Schuld gebe – und der Papst beugte sich zu ihm und umarmte ihn wortlos.

Tags darauf schrieb er über diesen Besuch in sein Kalendertagebuch unter anderem: »Ich wurde von allen Seiten umringt: Behörden, Fotografen, Gefangene, Wärter – aber der Herr war nahe. Dies sind die Tröstungen des Papstes: die Ausübung der vierzehn Werke der Barmherzigkeit. [...] Die Presse, die italienische und die internationale, preist immer noch meine Geste im Gefängnis. Und für mich war es so eine schlichte und selbstverständliche Sache!«

Der öffentliche Brunnen

»Roncalli scheut sich nicht zuzulassen, dass seine privaten Tugenden zu öffentlich wahrnehmbaren Tugenden des Papstes werden, ja gerade deswegen hat er eine bis dahin unerhörte Zustimmung geweckt«, schreibt Giuseppe Alberigo, dessen kundige Einschätzung man mit gutem Gewissen zu Rate ziehen kann, wenn man sich fragt, warum Roncalli nun wirklich zu den kanonisierten »Heiligen« gezählt werden soll. Alberigo: »Weil der ›alte Angelino‹ aus Sotto il Monte dem Papstamt wieder ein Gesicht gegeben hat, wie es dem Evangelium entsprach, und deshalb auch ein echt menschliches Gesicht war, weil er Millionen von Männern und Frauen, von denen viele arm an Gütern und Hoffnungen und ›fernstehend‹ waren, geholfen hat, sich nahe zu fühlen, nahe nicht einem mächtigen Mann, sondern einem gutherzigen und zu ihnen heruntersteigendem Mann, einem Bruder, der hinwies auf Jesus und einlud, auf ihn, Jesus, zu hoffen und sich ihm nahe zu fühlen.«

Notiz im Geistlichen Tagebuch vom 6. Februar 1939, Istanbul: »Der Bischof ist wie ein öffentlicher Brunnen. Es kommen Menschen aller Art zu ihm. Meine Aufgabe ist es, allen zu trinken zu geben. Selbst im Herzen eines Schwindlers guten Eindruck zu hinterlassen, scheint mir ein Werk der Liebe, das zu seiner Zeit Segen bringen wird.« Mit dieser Einstellung waren seine Sekretäre in Paris nicht immer einverstanden. Sie vertraten öfter, wenn ihr Chef wieder einmal in ihren Augen allzu großzügig war, die sehr populäre Meinung, gewisse Leute könnten doch arbeiten. So gab Roncalli eines Tages einem Bettler, der einmal sogar in der Nuntiatur gearbeitet hatte, zwanzig Francs. Don Vagnozzi, der erste Sekretär, empörte sich: »Der Mann kann doch arbeiten! Exzellenz, der nützt Sie doch nur aus!« Roncalli darauf: »Aber er muss doch leben, schließlich hat er auch eine Frau zu erhalten!« Vagnozzi: »Sie ist gar nicht seine Frau! Die waren nie verheiratet, jedenfalls nicht miteinander!« »Das kann schon sein«, sagte Roncalli unbeirrt, »sie müssen dennoch leben! Und ich lasse mich lieber von neun Leuten betrügen, als einem nicht zu helfen, der es wirklich gebraucht hätte!«

Barmherzigkeit muss nicht immer mit Entsagung und Askese zu tun haben. Die gesellige Gastfreundschaft gehört gewiss auch zu den »geistlichen« Werken, auch wenn sie nicht ausdrücklich genannt wird. Nuntius Roncalli stellte in Paris einen Küchenchef, der selbst in den noch recht mageren Jahren nach dem Krieg »unglaubliche Dinge herzaubern« konnte. Also kam politische und kulturelle Prominenz ohne Ansehen von Parteizugehörigkeit oder Konfession gerne in die Nuntiatur in der *Avenue Président Wilson*. Die Gäste genossen vor allem das Klima der Wärme und der Verständigung, das vom geistlichen Gastgeber auf alle Anwesenden ausstrahlte. »Dort findet man immer gutes Essen und gute Gespräche«, hieß es. Und: »Es ist der einzige Ort in Paris, an dem man körperlich Frieden spürt.«

Aus den Jahren in Venedig erinnert sich sein Kammerdiener Guido Gusso, was für seinen Vorgesetzten wohl das Wichtigste auch beim alltäglichen Essen war: »Er liebte es, sich bei Tisch mit jemandem unterhalten zu können. Immer wenn der Kardinal nicht nur Katholiken, sondern auch Evangelische, Juden und Muslime zum Essen einlud, war ich ziemlich verwundert. Lächelnd erklärte er mir, dass alle Menschen Kinder Gottes sind. Wichtig sei, aufrichtig zu sein und dem eigenen Gewissen, also auch dem eigenen Glauben treu zu folgen.«

Ein Werk der Barmherzigkeit wollte und sollte Roncalli vor allem seinem eigenen Körper gönnen, in dem

Bewusstsein, dass man Bruder Esel, dem Leib, nicht allzu viel an Gewicht aufladen sollte. Das wären schon notwendige Exerzitien, einerseits den rechten Geist zu erneuern und andererseits die Bürde auf dem treuen Esel Leib zu erleichtern. Zu Beginn seines 60. Lebensjahres, als er noch Apostolischer Delegat in Istanbul war, berichtete er seinen Schwestern, dass er sich nun ganz pragmatisch auf das Altwerden einstelle, und dass er auch schon etwas abgenommen habe; wenig essen am Abend, morgens Milchkaffee und Obst, »aber zu Mittag«, schreibt er, »esse ich wie ein guter Christ.« Und in einem anderen Brief schreibt er: »Es ist seltsam, was man hier am meisten zu essen empfiehlt, ist die *cagiada*, das Joghurt. Versteht Ihr? Man muss wieder wie die Kinder werden und wie die Armen essen.« Der geistlichen Kusine Maria schickt er »das Bild des sechzigjährigen Vetters«, dazu schreibt er: »Bruder Leib hat, wie der heilige Franziskus sagt, noch viele Schläge, Entsagungen und Bußen nötig, um weniger zu werden.« Und fügt mit roncallischem Augenzwinkern hinzu, dass er »auch darin ein wenig die Vorsehung machen lässt.«

Mahnreden an die Priester

Roncalli suchte immer sorgfältig die Orte seiner Exerzitien und die Exerzitienmeister aus. Oft lud er auch Mitarbeiter und andere Priester aus seinem Verantwortungsbereich ein. Als Methode war ihm der ignatianische Ablauf in einer Kurzfassung für sieben Tage sehr sinnvoll. Am liebsten hatte er es so: »Um mich herum, in diesem großen Haus der Passionistenpatres von Rusciuk, herrscht eine vollkommene und wunderschöne Einsamkeit, eingewoben in die blühende Natur draußen. Vor mir liegt die Donau und jenseits des großen Flusses die reiche rumänische Ebene, die manchmal des Nachts im Feuerschein brennender Petroleumrückstände aufleuchtet. Den ganzen Tag herrscht völlige Stille und der Geist weilt im Gebet und in der Betrachtung. Ich folge dem Text des heiligen Ignatius; wie es mir gerade einfällt.« Doch so idyllisch waren die Exerzitien nicht immer.

Dass er einmal – zufällig bei den letzten Exerzitien vor seiner Wahl zum Papst – viele seiner jungen Priester und höhere Mitglieder der Kurie des Patriarchats mitgenommen hatte, bereute er heftig, denn es war dann nicht mehr der *desertus locus*, der abgeschiedene Ort, und nicht die Tage, »um etwas auszuruhen«. Nicht nur der Exerzitienmeister hielt seine Vorträge, sondern auch vom Patriarchen erwartete man an jedem Abend eine Ansprache. Also sprach er »am ersten Abend über das Amt des Priesters, am zweiten über die Prüfung des Priesters, am vierten über das Herz, den Charakter, die Sprache, mit Hinweisen auf den guten Anstand und auf die Predigt.« So wichtig diese Themen für Roncalli auch waren, stellt er doch dezidiert fest: »Nein, so geht es nicht. Bei den Exerzitien muss ich allein sein – allein, in Ruhe und Schweigen mit mir selbst.«

Was er den Priestern an den drei Abenden bei diesen Exerzitien im Veneto, an den Hängen des Monte Grappa, nahegebracht hat, teilt er uns im Tagebuch nicht mit. Es wird aber vieles von dem gewesen sein, was er in seinen Hirtenbriefen oder bei der venezianischen Diözesansynode immer wieder bei den Priestern anmahnte. Das Meiste war ja an die Adresse der oft recht nachlässigen Pfarrer gerichtet. Im Osterhirtenbrief 1957 stellt er überaus anschaulich eine recht unbefriedigende Realität bezüglich Liturgie und Feier der Messe dar, die sich allerdings dank »seines« Konzils erst Jahre später wirklich ändern wird: »Der Priester spricht große und schwerwiegende Worte, doch wenige verstehen sie; dabei sind es Worte des Lebens, der Freude, des Trostes, der Ermutigung. [...] Im Ganzen betrachtet eine kalte Zeremonie: unbedeutend, ohne Ergriffenheit, ohne Farbe. [...] Leider verhindert der Priestermangel eine stärkere und fruchtbare Assistenz bei den Sonntagsmessen [...]. Es bleibt noch so viel zu tun, um das kalte und trostlose Schweigen bei vielen liturgischen Feiern zur heiligen Erhebung der Herzen werden zu lassen.«

Anlässlich der Synode im November des Jahres 1957 redete er den Geistlichen der Diözese Venedig derart ins Gewissen, dass sich mancher Zuhörer gefragt haben mag, ob der Patriarch seine sprichwörtliche Güte und Liebenswürdigkeit vielleicht in der Sakristei abgelegt hat: »Anlässlich der Synode darf ich mir gewiss ein paar Bemerkungen über das manchmal weniger glückliche Verhalten der Priester erlauben, das auf Unachtsamkeit, Dummheit oder Lauheit zurückgehen mag, dem Volke aber auffällt. Stellen wir uns den Priester am Beginn des Tages vor. Er geht zur Kirche. Dort wartet bereits irgendeine brave Frau auf ihn, die er verärgert anschaut. [...] Kommt er im letzten Moment, wenn es schon die Stunde zum Beginn der Messe schlägt, so merkt man jedem seiner Handgriffe die Hast an [...] und er geht schließlich mit kaum verborgener Gleichgültigkeit an den Altar.« Dann, nach der Messe, im Pfarrbüro, ein paar mehr oder weniger freundliche Worte, Zeitunglesen, Zigarrerauchen und dergleichen. »Am selben Tage findet ein Begräbnis statt. Wieder ist er in der Kirche. Wo hört man den Choralgesang des *Subvenite, sancti De*i der Totenmesse mit dem *Libera me Domine* und den trostvollen letzten Grußworten In Paradisum deducant te Angeli – ins Paradies mögen Engel dich geleiten? Wohlgemerkt, es würde die andächtig und würdig gefeierte Totenliturgie genügen, um der Trauergemeinde eine eindringliche Katechese zu erteilen.«

Es ist eine richtige Mahnrede, die der Patriarch seinen Priestern hielt, in der nichts verschwiegen oder beschönigt wird, wohl wissend, dass Seelsorge und Verkündigung »ein schwieriges Unterfangen sind [...] ein großartiger, notwendiger und beschwerlicher Dienst.« Und alles brauche seine gründliche Vorbereitung, denn das Volk spüre sofort, ob der Priester mit dem Herzen und mit dem Verstand bei der Sache ist. »Selbst einfache und zurückhaltende Gläubige vom Land sprechen oft mit Bitterkeit von der inneren Leere ihres Priesters.« Dem gelte es vorzubeugen durch regelmäßiges Gebet und Studium der Heiligen Schrift, durch gute religiöse Lektüre und durch das Durchdenken von Glaubensfragen, auch vor dem Hintergrund des politischen Geschehens. Besonders ans Herz legte Roncalli den Priestern regelmäßige Krankenbesuche, »es geht hier wirklich manchmal um das Heil der Seelen, manchmal an der Grenze des Lebens, jedes Wort kann Geist und Sinn des Kranken beeinflussen. [...] Von unseren alten Priestern wissen wir, wie sie in beispielhafter Weise ganze Nächte hindurch am Bett eines Kranken wachten.«

Mit eindringlicher Deutlichkeit kam der Patriarch dann vor dem versammelten Klerus seiner Diözese auf eine Gefahr zu sprechen, »eine Gefahr, die der Kirche Anlass zu großem Schmerz und den Gläubigen ein Ärgernis war – ich meine die besondere Zuneigung zu dem einen oder den anderen unter den Jungen, die ungeordneten Empfindungen und die unangebrachten Vertraulichkeiten. Meine Mitbrüder! Lassen wir uns im Umgang mit Kindern und Jungen nicht das Geringste zuschulden kommen! Sie wohl lieben, aber Bevorzugung und besondere

Zuneigung streng vermeiden; kein unpassendes Gebaren und keine Unterhaltungen über dies und das, die auch dazu dienen, die eigene Unzufriedenheit über einen Vorgesetzten vor gutgläubigen jungen Menschen auszuschütten.«

Roncalli redete sich dann noch einen Kummer von der Seele, der ihn – man kann sagen lebenslang, sogar im Ausland – schmerzhaft begleitet hat: Immer, wenn er mit mehreren Priestern oder Seminaristen beisammen war, erlebte er die zweifelhafte Lust der klerikalen Tratschsucht. Erfahrungsaustausch unter Klerikern ist gut und wichtig: »Wenn wir eine Familie Gottes sind, darf sich keiner vom anderen absondern, darf sich niemand vor der Arbeit, den Sorgen, Mühen und auch den leiblichen Beschwernissen seiner Mitbrüder verschließen.« Jedoch: »Wer den Bruder mit Indiskretionen, Klatsch, der selbstverständlich wieder weitergetragen wird, mit Verdächtigungen oder Sarkasmus verletzt, beweist damit nicht nur schlechten Humor, sondern vor allem schlechte Erziehung.«

Guten Humor schätzte Roncalli allerdings immer, mit zunehmendem Alter immer mehr. Im ersten journalistischen Interview, das je ein Papst gegeben hat, noch dazu für das Massenblatt *Corriere della Sera*, sagte er über einen seiner heiliggesprochenen Vorgänger: »Ja, ja, dass er ein Heiliger war, das weiß ohnehin die ganze Welt, aber er war ein trauriger Mensch, melancholisch. Heilige können eigentlich gar nicht traurig und melancholisch sein – *hanno Dio!* – sie haben doch Gott!« Es ist erstaunlich, wie viele wohlwollende, heitere, oft witzige Anekdoten die Person dieses Angelo Giuseppe Roncalli wie mit einer blühenden Dornröschenhecke überwuchern. Man muss sie behutsam durchschneiden und beiseiteschieben, um auf die wahre Gestalt eines Menschen zu blicken, der ein

Leben lang nichts anderes versucht hat als den Willen Gottes zu tun, denn selbst der liebenswürdigste Humor allein reicht nicht aus, um ein Heiliger zu werden.

Apropos

Beten wie atmen
was ich trage – Hosen
was ich mache – leben
wie ich bete – atmen
[...]
hier oben in den Wäldern
wird das Evangelium sichtbar
sagen kann man davon nur
dass der Wind durch die Bäume geht
und du kannst es
atmen *nach Thomas Merton*

Thomas Merton (1915–1969), der amerikanische Trappistenmönch der Abtei Our Lady of Gethsemani, war Priester, Poet, Friedensaktivist und Pionier des interreligiösen Dialogs. Sein Buch »Der Berg der Sieben Stufen«, die Geschichte seiner Bekehrung, war ein internationaler Erfolg. Sein Einfluss auf die spirituell motivierten Menschenrechtsbewegungen der zweiten Hälfte des zwanzigsten Jahrhunderts stellt ihn in eine Reihe mit Johannes XXIII., Dietrich Bonhoeffer, Martin Luther King, Roger Schutz. Mit Johannes XXIII. teilte Merton viele Gedanken: »Das ist der gute Weg: Je mehr ich fähig bin, die Anderen in mir selber zu bejahen, umso mehr bin ich wirklich ich. Ganz wirklich bin ich erst, wenn das eigene Herz ›ja‹ sagt zu jedem Anderen.« Johannes schätzte Merton, korrespondierte mit ihm und schickte ihm eine Stola als Geschenk, die er selber gerne bei festlichen Anlässen getragen hatte. Als Thomas Merton vom Tod Papst Johannes' erfuhr, schrieb er: »Ich kann mir nicht helfen: Ich spüre, er ist ein Heiliger [...]. Eines Tages, denke ich, wird er sicher heiliggesprochen [...]. Und ich zögere nicht, ihn jetzt schon um seine Fürsprache zu bitten.«

29. Januar – Heute war ein großer Festtag; ich habe ihn in Gesellschaft des heiligen Franz von Sales, meines geliebten Heiligen, verbracht. Wie herrlich ist seine Gestalt als Mann, Priester und Bischof. Wenn ich so sein könnte wie er, würde es mir nichts ausmachen, auch wenn sie mich zum Papst wählen würden. Wie dringen mir seine Aussprüche sanft ins Herz! Wie viel leichter fällt es mir angesichts seines Beispiels, demütig, sanft und ruhig zu sein. [...] Nichts Außergewöhnliches soll in mir, in meinem Betragen sein, abgesehen von der Art und Weise, die gewöhnlichen Dinge zu tun: ›Omnia communia sed non communiter – alles Gewöhnliche, aber nicht gewöhnlich.‹ Große, brennende Liebe zu Jesus Christus und seiner Kirche; unwandelbare Heiterkeit des Gemüts, unsägliche Sanftmut gegenüber dem Nächsten, das ist alles.

Geistliches Tagebuch, 29. Jänner 1902

Der Gedanke, dass ich verpflichtet bin und dass darin meine höchste und einzige Aufgabe liegt, um jeden Preis ein Heiliger zu werden, muss meine ständige Sorge sein. Aber eine heitere und stille Sorge, nicht eine schwere und tyrannische. Kehren wir also nicht mehr zu den Gebräuchen und Gewohnheiten von einst zurück. Heiterkeit und Frieden, aber Beständigkeit, Unnachgiebigkeit.

Geistliches Tagebuch, 2. Februar 1902

Ich habe nicht nach diesem neuen Amt getrachtet und es mir auch nicht gewünscht. Doch der Herr hat mich mit so offensichtlichen Zeichen seines Willens dazu auserwählt – er ist also verpflichtet, meine Armseligkeit zu verhüllen und meine Unzulänglichkeit auszugleichen. [...]

Ich will für immer nun auch den Namen Giuseppe – Joseph – führen, den ich übrigens bereits in der Taufe erhalten habe, zu Ehren des teuren Patriarchen, der mir, nach Jesus und Maria, mein erster Patron sein soll und mein Vorbild. Zu weiteren Patronen wähle ich die Heiligen Franz Xaver, Karl Borromäus, Franz von Sales, die Schutzpatrone von Rom und Bergamo sowie den seligen Gregor Barbarigo.

Eintragung im Geistlichen Tagebuch
während der Vorbereitung auf die Bischofsweihe,
13. bis 17. März 1925

Roncallis Freunde

Man denke sich das geistliche Leben Roncallis einmal als sein privates Arbeitszimmer, wohin sich der junge Priester genauso gerne wie der spätere Papst zurückgezogen hat. Wenn die Gespräche mit der Außenwelt verklungen waren und die Amtsgeschäfte beiseitegelegt, dann waren das die Stunden der Briefe, der Bücher, des Gebets. Sie hielten ihn wach, oft bis Mitternacht. Und es waren die Stunden der Freunde. Jener Freunde Roncallis, von denen er in seinen Aufzeichnungen, in Briefen und Ansprachen, immer wieder erzählt und sich auf sie beruft. Sie waren ja auch in Bildern und Büchern wirklich anwesend, einige auf Gemälden, Stichen oder Fotografien, andere in den Texten der Bücher, deren goldgeprägte Rücken aus den dunklen Wandschränken schimmerten, darunter viele, die er immer zur Hand haben wollte, denn sie erfreuten ihm den Geist und stärkten die Seele. Manchen seiner Freunde, den geliebten Kirchenvätern, begegnete er regelmäßig im täglichen Breviergebet. Man kann sagen, Roncalli war mit allen Heiligen befreundet, die ihm näher bekannt waren, aber – wie im gewöhnlichen Leben so auch im geistlichen: Es gibt Freunde und es gibt *beste* Freunde. Allerdings stellt man bei Lektüre der Tagebücher und Briefe Roncallis doch mit leiser Verwunderung fest, dass einem im Kreis seiner Lieblingsheiligen kaum weibliche Heilige begegnen, ausgenommen natürlich die Jungfrau Maria. Die während der frühen Jahre antrainierte Selbstbeschränkung im Kontakt mit Frauen hat demnach auch vor der weiblichen Sektion der Heiligen im Himmel nicht Halt gemacht. Dabei müsste ihm die handfeste Frömmigkeit einer Caterina von Siena oder einer Teresa von Avila doch recht sympathisch gewesen sein. Von letzterer bemerkte er zwar einmal nebenbei, dass er sie »sehr liebe«, dass ihm aber ihre jüngere Namens- und Ordensschwester Thérèse von Lisieux letztlich doch näher war. Ihrer Fürsprache vertraute er sich immer an, wenn er »im Dienst der Versöhnung und des Friedens« nicht mehr recht weiter wusste; fünfmal hatte er ihr Grab in Lisieux besucht. Bei einer Generalaudienz im Oktober 1960 rühmte er, dass »sie es verstanden hatte, in der Demut und in der Einfachheit zum Wirken der Gnade beizutragen.« Anschaulich vergleicht er sie mit einem der kleinen Schiffchen im Hafen von Istanbul, die er einst beobachten konnte, wenn riesige Frachtschiffe sich wegen der geringen Wassertiefe dem Ufer nicht nähern konnten und es der kleinen Schiffchen bedurfte, deren Aufgabe es war, die Ladung sicher ans Ufer zu bringen.«

Abgesehen von solchen Ausnahmen war der Freundeskreis seiner Heiligen ein honoriger Herrenclub. Vor seiner Bischofsweihe zählte er einmal einige von jenen auf, die ihm in seinem neuen Amt besonders zur Seite stehen sollen: Franz Xaver, Karl Borromäus, Franz von Sales, die Schutzpatrone von Rom und Bergamo sowie den seligen Gregor Barbarigo. An oberster Stelle der Freundesliste steht Josef, der »treue Patriarch«. Gemeint ist der Verlobte von Maria, »der allerseligsten Jungfrau und Gottesmutter« und nicht der biblische Sohn Jakobs, der von den Brüdern verkauft wird, aber im Plan Gottes dadurch zum Retter der zwölf Stämme Israels wird. Ihn wird Roncalli nach seiner

Wahl zum Papst einige Male durch Verwendung des biblischen Satzes »Ich bin Joseph, euer Bruder« – gerade auch vor jüdischen Menschen – zu besonderen Ehren bringen.

Patron der Diplomaten

Als innige Freundschaft darf man Roncallis Beziehung zu Josef, dem Gerechten des Neuen Testaments, bezeichnen. Wann immer er ihn erwähnt – und er tut es oft –, findet er ein vertrauendes, schmückendes Beiwort: »mio caro amico«, *»il mio suave patrono«, »mio carissimo protettore«* und viele andere. Immer wieder sieht er in der Hörbereitschaft und in der vornehmen Verschwiegenheit Josefs das Vorbild eines guten Diplomaten und erhebt ihn für sich zum *patrono dei diplomatici*. Roncalli weist stolz darauf hin, dass er ohnehin auch auf den Namen Giuseppe getauft worden ist, und er beschließt am Tag seiner Bischofsweihe, in Zukunft auch seinen zweiten Taufnamen offiziell zu führen. Dass er sich dafür den 19. März, den Festtag des heiligen Josef, aussuchte, zeigt, dass er sein bischöfliches Wirken ganz unter den Schutz dieses »konstruktiven Heiligen« stellen wollte, der Zimmermann von Beruf gewesen sein soll, vielleicht auch Steinmetz, denn das griechische τέκτων (*tékton*) bei Matthäus (13,55) bezeichnet eher allgemein das gestaltende Behauen. Im Hebräischen bedeutet der Name Joseph übrigens »Gott hat hinzugefügt«, was ja auch nicht schlecht zum Charakter und zum Charisma Roncallis passt.

Im Jänner 1948 schickte Roncalli aus Paris dem Neffen Enrico, der mit anderen »guten Bergamaskern und Italienern« nach Schweden – und damit in ein religiös ziemlich kaltes Klima – ausgewandert ist, zur geistlichen Erwärmung »ein kraftvolles Bild« des heiligen Josef. »Weil ich ein unbegrenztes Vertrauen auf diesen Heiligen habe, der *immer* hört und erhört, schicke ich es Dir, um Dir mit der Gebärde des Jesuskindes meinen Segen zu erteilen«. Ein anderes Sorgenkind, den Neffen Battista, der in Bergamo bei seinem Theologiestudium gerade wieder einmal vor einer größeren Prüfung krank geworden ist, stellte er gänzlich »unter den besonderen Schutz des heiligen Josef, meines großen und unvergleichlichen Heiligen, der für die Demütigen, die Armen, die Allerbescheidensten und im Leben Anspruchslosen einsteht.« Der Nichte Anna, die sich auf ihre Profess als Afrika-Missionarin vorbereitete, empfahl er dringend den heiligen Josef als den liebenswürdigsten, mächtigsten und treuesten Heiligen und Nothelfer: »Wer mit Sicherheit Gnade erwartet, vertraut auf ihn – ich weiß es aus Erfahrung!«

Als Papst schenkte Angelo Giuseppe Roncalli der Verehrung des heiligen Josef viel Aufmerksamkeit. Nachdem bereits Pius XII. den 1. Mai zum Gedenktag für Josef »den Arbeiter« erklärt hat, spricht Johannes XXIII. zehn Jahre danach in einer Radiobotschaft ein Gebet um Schutz des heiligen Josef für alle, »die sich vertrauensvoll in ihren

San Carlo Borromeo

Gebeten« an ihn wenden: »Sie eilen zu dir, denn sie wissen, dass sie in dir einen finden, der sie versteht und ihnen auch hilft. Auch du hast Prüfungen, Mühen und Müdigkeit erfahren. Mögen alle, die deinen Schutz erflehen und erhalten, verstehen, dass sie in ihrer Arbeit nicht alleine sind.« Im Apostolischen Brief *»Le voci che da tutti«* vom 19. März 1961 wird der heilige Josef höchst offiziell zum Patron des Zweiten Vatikanischen Konzils erklärt. Als Begründung schreibt Johannes: »Wenn ein himmlischer Patron angebracht ist, der aus der Höhe auf die Vorbereitung und auf den Verlauf des Konzils jene Göttliche Kraft (*virtus Divina*) erflehen soll, durch die das Konzil dazu bestimmt wird, eine Epoche in der Geschichte unserer Zeit zu bezeichnen – keinem anderen der ›Himmlischen‹ kann dies besser anvertraut werden als dem heiligen Josef.« Wie wichtig Johannes XXIII. dieser Heilige war, zeigt auch das Dekret vom 13. November 1962, das Josefs Namen in das I. Hochgebet des römischen Messkanons aufnimmt.

Papst Franziskus schätzt in schöner Übereinstimmung mit seinem nunmehr heiligen Amtsbruder Johannes den heiligen Josef gleichermaßen, wie sich zeigt. Franziskus verfügte nämlich am 1. Mai 2013 die Nennung des heiligen Josef auch in den eucharistischen Hochgebeten II, III und IV des Römischen Messbuchs. Und gewiss nicht zufällig wurde als Termin seiner Amtseinführung der 19. März, das Fest des heiligen Josef, gewählt. Der Appell, ein *custos*, ein Hüter wie Josef zu sein, ist die Mitte der Antrittspredigt von Franziskus: »Rücksichtsvoll wie Josef, demütig, still, beständig gegenwärtig und absolut treu auch in Tagen, wo er nichts versteht«. Der Auftrag an Josef lautete, Hüter zu sein in den Stunden der Geburt und der Flucht und des Alltags. »Die Berufung zum Hüten geht jedoch nicht nur uns Christen an«, so Franziskus, sondern »alle Menschen guten Willens« – man höre wieder Johannes –, die sich heute berufen fühlen müssen, »die Schöpfung zu hüten, wie es uns schon im Schöpfungsbericht aufgetragen wurde.«

Wo diese Aufgabe ignoriert werde, stoße der Mensch die Tore zum Reich des Todes auf. Franziskus macht vor allem klar, wie er seine Rolle als Papst sieht: »Die wahre Macht liegt im Dienen!« Man dürfe »keine Angst vor Güte und Zärtlichkeit« vor allem gegenüber den Schwächsten haben, keine Angst »vor der Zärtlichkeit Josefs«.

Der Vogel im Dornbusch

Gäbe es eine Zählung der Namensnennung von Heiligen in den Schriften Roncallis, wäre dem heiligen Franz von Sales ein Platz im Spitzenfeld sicher. Immer wieder stellte er den großen Bischof und glühenden Seelsorger im Geiste des Konzils von Trient vor sich hin, um »ihm doch in allem ähnlich zu werden.« Er nannte ihn *»il mio grande maestro«* oder *»buon maestro«*; selbst in den Stunden der Niedergeschlagenheit – infolge der fortdauernden Missachtung seiner Person und seiner Arbeit von Seiten der römischen Kurie – fand er bei Franz von Sales Trost und Ermutigung, der Resignation zu widerstehen: »Der heilige Franz von Sales gebraucht ein schönes Bild: ›Ich bin wie ein Vogel, der in einem Dornbusch singt – *Io sono come un uccello che canta in un bosco di spine*‹. Also wenig reden über das, worunter ich leide. Viel Takt und Nachsicht in der Beurteilung der Menschen und Situationen; besonders für die beten, die mir Leiden verursachen, und dann in allem große Güte, grenzenlose Geduld und daran denken, dass jede andere Einstellung nicht dem Geist des Evangeliums entspricht.« Das schreibt er in das Geistliche Tagebuch während der Exerzitien im Mai 1930 in Rusciuk in Bulgarien.

Von Franz von Sales borgte sich der spätere Papst Johannes auch eines seiner schönsten Worte aus, wenn er von der Kirche als einem Garten lebendiger Vielfalt spricht. Nach Franz von Sales hat darin jedes Mitglied »seine eigene Gnade, der eine so, der andere so [...], weil die Kirche einem Garten vergleichbar ist, geschmückt mit der Lieblichkeit unzähliger Blumen, die sich alle in Größe, Farbe, Duft und Schönheit voneinander unterscheiden; doch hat jede ihre Kostbarkeit, ihre Anmut, ihre Farbenpracht.«

Roncalli übernahm auch den salesianischen Grundsatz: »Deutlich in der Sache, aber liebevoll im Umgang« – mit anderen Worten: Die eigene Meinung vertreten, aber mit dem, der anders denkt, menschenfreundlich das Gespräch suchen. Als Roncalli kurz nach dem Tod seines Bischofs Radini erfuhr, dass die Mutter eines befreundeten Priesters gestorben war, schrieb er ihm: »Ich empfehle Ihnen die Lektüre der Briefe des heiligen Franz von Sales. Er wird Ihrem Geist guttun, Ihnen jene stille, jene süße, milde und großherzige Resignation bringen, die den Schmerz in ein Element priesterlichen Eifers für die göttliche Sache verwandelt.«

Vom Papstneffen zum Seelsorgebischof

Carlo Borromeo war ein weiterer Lieblingsheiliger Angelo Roncallis. Alle Seminare, die er durchschritten hatte, waren Gründungen im Geiste des großen tridentinischen Reformbischofs.

Der bedeutende Konzilshistoriker Hubert Jedin nannte ihn sogar einen »nachtridentinischen Seelsorgebischof« und als solchen ein Vorbild für Roncalli, der bereits 1909 im Geistlichen Tagebuch festhält: »Ich will alles tun, mich mit dem großen Heiligen in Gedanken und Gefühlen immer vertrauter zu machen, ihn oft anzurufen und ihm nachzueifern. [...] Die unternommene Arbeit wird mich vielleicht einige Opfer kosten, ich bringe sie gerne zu Ehren des heiligen Karl.« Man darf mit einem stillen *Deo gratias* festhalten, dass es Roncalli in einem Punkt sicher nicht gelungen war, San Carlo »nachzueifern«, nämlich in der »ihm eigenen Strenge«, für die der Heilige gefürchtet war. Strenge allerdings auch gegen sich selbst, vor allem in den geistlichen Übungen. So las San Carlo die Heilige Schrift nur auf den Knien und so betete er auch das Brevier, wenn er nicht gerade auf Reisen war.

Als Roncalli im März 1925 zum Bischof geweiht werden sollte, suchte er die Kirche von San Carlo al Corso in Rom als Weihekirche aus. Vorausgegangen war dem eine sensationelle Entdeckung und der Beginn einer umfangreichen wissenschaftlichen Arbeit des Kirchenhistorikers Roncalli, der er während eines halben Jahrhunderts seine meist sehr spärliche freie Zeit widmete: der fünfbändigen wissenschaftlichen Herausgabe der Visitationsberichte Carlo Borromeos, den *»Atti della Visita Apostolica di S.Carlo Borromeo a Bergamo 1575«*. Im Jahr 1906 besuchte Giacomo Radini Tedeschi, Bischof von Bergamo, in Begleitung seines Sekretärs Don Angelo wieder einmal den Erzbischof von Mailand, Andrea Carlo Ferrari. Während die beiden Bischöfe ihr vertrauliches Colloquium abhielten, vertrieb sich der Sekretär und neugierige Historiker die Zeit, indem er auf dem Dachboden in verstaubten Buchregalen stöberte. In einem hohen Regal fand er neununddreißig in Pergament gebundene Bände mit der Aufschrift »Geistliches Archiv. Bergamo.« Es waren die Akten der Kirchenvisitationen des heiligen Erzbischofs von Mailand Carlo

Borromeo in der Diözese Bergamo im Jahr 1575. Eine für den jungen Professor für Kirchengeschichte unschätzbare Entdeckung von Originaldokumenten, an denen man die Umsetzung der Reformen nach dem Konzil von Trient studieren konnte! Roncalli beschloss für sich, das Riesenkonvolut zu veröffentlichen. Unterstützt von seinem Bischof und anderen höchsten Autoritäten aus Bergamo und Mailand, darunter auch von Monsignore Achille Ratti, dem Präfekten der *Biblioteca Ambrosiana* und späteren Papst Pius XI., nahm der Plan bald konkrete Formen an und sollte Roncalli – mit Unterbrechungen – fünfzig Jahre lang beschäftigen. Anlässlich des Erscheinens des letzten Bandes im August 1958 betonte er den Wert des »Bewahrens geistlicher, künstlerischer und literarischer Schätze der Vergangenheit und sie unablässig nutzbar zu machen für das menschliche Zusammenleben.« Denn er hat erfahren, dass die Geschichte das *»magisterium vitae«*, also die Lehre fürs Leben ist.

Leone Algisi, ein Bergamasker Priester, fasst in der ersten Biographie von Johannes XXIII. zusammen, was Roncalli dem offenbar sehr realistischen Befund der Visitationsakten über den heruntergekommenen Zustand mancher Pfarrei einer ländlichen Diözese kurz nach dem Konzil von Trient entnehmen konnte: »Bei der Berührung mit der armseligen Menschennatur hat die Kirche das Wunder nicht zu ihrer täglichen Verfügung. Dafür birgt sie eine unerschöpfliche Fähigkeit des Duldens und Ertragens in sich. Mit ergreifender Demut und packendem Realismus wird dabei das eigentliche Leben der Kirche enthüllt, das nicht in äußeren Triumphen, sondern in einer geheimnisvollen Durchsäuerung der Gesellschaft beruht.«

Eine ähnliche Gestalt wie Carlo Borromeo war Gregorio Barbarigo; er lebte etwa hundert Jahre nach San Carlo und führte als Bischof von Bergamo und Padua zahlreiche Reformen durch. Johannes XXIII. verehrte ihn nicht nur sehr, sondern sprach 1960 sogar heilig. Der gebürtige Venezianer war ohne Zweifel einer der vorbildlichsten Bischöfe seiner Zeit und galt in zwei Konklaven – 1676 und 1689 – sogar als »papstfähig«. Roncalli bewunderte an ihm das glänzende Organisationstalent, die Pflege des persönlichen Kontakts in der Seelsorge und die weitschauende Sorge um eine qualifizierte geistige und geistliche Ausbildung des Klerus. Barbarigo betonte immer die körperliche und die psychische Gesundheit, die das »persönliche Gleichgewicht« seiner Priesteramtskandidaten bilden sollten; im Priesterseminar sah er »das Herz der Diözese«. Barbarigo beschäftigte sich auch mit Mathematik, Physik und Literatur, und suchte stets eine Brücke zu schlagen von der Theologie zu den profanen Wissenschaften.

Apropos

Joseph, Favorit der Habsburger

Im Wiener Kunsthistorischen Museum befindet sich ein großes Altarbild von Carlo Maratta aus dem Jahr 1676, darstellend den »Tod des Hl. Joseph«.

Josef war ein jüdischer »Gerechter« (Mt 1,19), das heißt, er hatte eine geglückte und geordnete Beziehung zu Gott und zu den Menschen. Er wird – zwar nicht namentlich – in den Evangelien zum letzten Mal erwähnt, als Maria im Tempel den mit den Schriftgelehrten diskutierenden Jesus zur Rede stellt: »Siehe, dein Vater und ich haben dich mit Schmerzen gesucht!« In den Berichten über den erwachsenen Jesus fehlt Josef. Er verschwindet einfachaus dem Evangelium. Das hat zu der Annahme geführt, er wäre gestorben, bevor Jesus öffentlich aufgetreten ist. In der Volksfrömmigkeit gilt Josef daher als Patron der Sterbenden, in der Ikonographie hat es zu einem in der Folge überaus beliebten Motiv geführt, dem auch Marattas Bild im Kunsthistorischen Museum huldigt: Am Sterbebett Josefs stehen Maria und Jesus, der segnend zum Himmel weist, wo bereits Engel warten, um Josef in die ewige Seligkeit zu geleiten.

Kaiser Leopold I. hat das Bild »Der Tod des Hl. Joseph« über Vermittlung des Nuntius Kardinal Mario Albrizzi für die Kapelle des Leopoldinischen Traktes bei dem damals hoch in Kurs stehenden römischen Maler Carlo Maratta in Auftrag gegeben. Damit erreicht die habsburgische Josefverehrung einen Höhepunkt, denn Kaiser Leopold I. hat 1676/ 77 seine Erblande und das Haus Habsburg dem Schutz dieses Heiligen unterstellt. Im Kunsthistorischen Museum findet sich auch das

Gemälde eines unbekannten österreichischen Malers von 1690, das dieses Ereignis würdigt: »Kaiser Leopold I. übergibt die Erblande dem Schutz des Heiligen Joseph«. Der Kaiser im Hermelinmantel präsentiert die Reichsinsignien dem heiligen Nährvater, der inmitten einer von Putten bevölkerten Wolkenbank erscheint und dem Herrscher das Jesuskind präsentiert. Den Habsburgern war ja der heilige Josef auch Nothelfer bezüglich der männlichen Erbfolge. Leopold I. hat es seiner Fürbitte zugeschrieben, dass ihm ein Thronerbe geschenkt wurde, der aus Dankbarkeit den bis dahin für einen Habsburger unüblichen Namen Joseph I. erhält.

Wenige Jahre davor, 1669/70, setzte derselbe Kaiser eine wenig rühmliche Tat. Er beschloss aus hauptsächlich religiösen Gründen die zweite Vertreibung der Juden aus Stadt und Land. So wurde das ehemalige Wohngebiet vieler Juden »am Unteren Werd« zur Leopoldstadt. Erst Joseph II. hat mit dem Toleranzpatent von 1782 den Juden wieder Lebensmöglichkeiten eingeräumt.

Zuerst kommt es darauf an, dass ich mich niemals meiner Armut schäme, sondern mich im Gegenteil sehr darüber freue, so wie die Herren der Welt auf ihre berühmten Namen, ihre Adelstitel stolz sind. Ich gehöre zur Familie Christi, was verlange ich mehr? Fehlt mir etwas?

Mein Vater ist ein Bauer, der sich den ganzen Tag über abplagt. Ich habe nicht mehr als mein Vater, sondern viel weniger, denn mein Vater ist wenigstens einfach und gut, während ich von mir aus nichts als Dünkel habe. Ist die Eigenliebe einen Augenblick still, dann denke ich an mein Versprechen, mich Gott ganz hinzugeben und durch Taten zu beweisen, dass ich mich ihm ohne Vorbehalt weihe und heilig werden möchte.

Geistliches Tagebuch während der Exerzitien, Rom, Dezember 1902

Meine Leitsätze bleiben unverändert: Demut in allem, besonders in meinen Worten; Vereinigung mit Gott, das ist das Wichtigste, das spüre ich heute mehr denn je. Immer und überall den Willen Gottes und nicht meinen Willen suchen. Mit dem Kopf nicht weiß wo sein, sondern hier bei mir, beim Erlernen des Gott geweihten Lebens und nicht bei unzeitgemäßem Überschwang; zunächst bei einem intensiven, gesammelten und ruhigen Studium; in allem stets ein großer Friede und Gleichmut.

Geistliches Tagebuch während der Exerzitien,
Rom, Jänner 1903

Während ich mich nach dreißig Jahren im Dienst des Vatikans anschickte, eine fast neue Lebensweise zu beginnen und als Hirt dem Volk von Venedig zu begegnen, das ich dann während sechs Jahren leiten sollte, überdachte und meditierte ich immer wieder diese Worte des Psalms: portat onera nostra Deus – Gott trägt unsere Last. Er trägt uns, wie wir sind und mit dem, was wir haben: mit seinen Reichtümern in uns und mit unserem Elend.

Ansprache vor den Beobachtern der
getrennten christlichen Kirchen,
Vatikan, 13. Oktober 1962

Der Turm des Johannes

Das Leben des Angelo Giuseppe Roncalli ist befestigt mit vier Türmen, drei sichtbaren und einem unsichtbaren vierten. Die sichtbaren Türme sind ein romanischer Glockenturm, ein gotischer Wappenturm und ein Befestigungsturm aus der Renaissance; der unsichtbare Turm ist sein unerschütterliches Vertrauen in den Willen Gottes.

Hoch über Sotto il Monte, seinem Geburtsort, wacht der Rest der *Chiesa di San Giovanni*, der ehemaligen Kirche, von der heute nur mehr der weithin sichtbare massige Glockenturm existiert. Die Kirche wurde 1904 abgerissen, im selben Jahr, in dem Angelo Roncalli in Rom zum Priester geweiht wurde. Doch der Turm steht bis heute, liebevoll restauriert von den Gebirgsjägern von Sotto il Monte, denen der Papst 1959 in einer eigens dafür reservierten Audienz aufgetragen hat: »Hütet mir meinen schönen San Giovanni-Turm!«

Dreißig Jahre davor, im Juni 1929, schreibt der Erzbischof Roncalli aus dem fernen Sofia seinem Vater Giovanni Battista zum Namenstag unter anderem: »Je älter ich werde, desto mehr zieht mich der heilige Johannes an und desto mehr verehre ich ihn. Wir können niemals die heilige Poesie der lange vergangenen Jahre vergessen, als wir auf den Hügel hinaufschauten und häufig hinaufstiegen, um dort unsere schönsten Bittgebete zu sprechen und zu singen. Jetzt haben wir in Sotto il Monte eine schöne und neue Kirche mit einem hohen schlanken Turm. Aber das lässt uns doch die alte, die zerstört ist, nicht vergessen.«

Als Don Angelo 1925 Bischof wurde, brauchte er nach einem Wappen nicht lange zu suchen. Er fand es an der ursprünglichen Mauer jenes Hauses – der *Casa Maitino*, kurz *Camaitino* genannt –, das der Erzbischof Roncalli als Heimatdomizil und Feriensitz gemietet hatte, nachdem feststand, dass er im diplomatischen Dienst ins Ausland geschickt werde. Das Wappen war bei Restaurierungsarbeiten freigelegt worden und zeigt einen Turm vor rotweißem Grund. Ein Vorfahre der weitverzweigten Familie Roncalli namens Martino oder Maitino hat es im 15. Jahrhundert als Wappenzeichen an seinem Haus anbringen lassen. Das Wappen hat sich im Laufe der Zeit etwas verändert, Roncalli hat zwei Lilien hinzugefügt, die an den heiligen Alexander, den Patron von Bergamo, erinnern sollen. Dann ist zum Turm noch der Markuslöwe des Patriarchats von Venedig gekommen – und schließlich wird alles gekrönt werden mit der päpstlichen Tiara.

Dass Roncalli, der Historiker, diesen Turm des Maitino zu seinem Wappenzeichen erhoben hat, entspricht nach seinen eigenen Aussagen »dem leidenschaftlichen und liebevollen Drang des Erforschens der Heimatgeschichte und keinesfalls dem Verlangen, sich einen adeligen Ursprung zuzulegen«. Worin sein und seiner Familie Adel besteht, das ist der »Geist der Einfachheit«, das Fundament des roncallischen Turmes. Im Juni 1947 – er war Nuntius in Paris – schrieb er an die Geschwister: »Ich gehe mitten durch den Reichtum und bleibe arm. Ich empfange Ehren, aber meine größte Ehre besteht darin, den Priesterberuf erhalten zu haben und im Geist der Einfachheit zu bleiben – jener Einfachheit des Landes von Sotto il Monte und der bescheidenen Familie, der wir angehören und die meine Freude ist. Im Übrigen besteht unsere Ehre darin und muss darin bestehen, dass wir uns bemühen, heilig zu leben, ohne wunder was zu vollbringen, aber in der Absicht, dem Herrn zu gefallen.« In seinem Testament hält er fest, dass »Einfachheit und Bescheidenheit« der »wahre Adelstitel« seiner Familie ist. »In ihren schwersten Nöten habe ich sie unterstützt, als Armer unter Armen, ohne ihnen jedoch die Ehre ihrer Armut zu nehmen.«

Sein Name war Johannes

Das Faible für einen Turm ließ Don Angelo auch als Papst nicht los. In den Vatikanischen Gärten ließ er einen alten, funktionslos gewordenen Wehrturm an der Leoninischen Mauer als ganz persönliche Rückzugs- und Einkehrmöglichkeit renovieren und wohnlich ausstatten. Wie der romanische Turm von Sotto il Monte wurde er immer schon *»la torre di San Giovanni«*, Turm des heiligen Johannes, genannt. Dort wollte er ungestört beten, lesen arbeiten. So zog er sich am 10. September 1962 »in den Turm« zurück, um sich eine Woche lang auf das kommende Ereignis, die Eröffnung des Zweiten Vatikanischen Konzils, vorzubereiten. Nur drei Personen hatten während dieser Tage Zutritt: der Sekretär Capovilla, sein Beichtvater Mons. Alfredo M. Cavagna und der Dominikaner Luigi Ciappi, mit dem Johannes sein Latein aufpolieren wollte. »Hier ist alles Vorbereitung der Seele des Papstes auf das Konzil: alles, auch die Vorbereitung der Konzilseröffnungsansprache, die alle Welt erwartet.« Eintragung – spätnachts – im Tageskalender am 11. September 1962: »In aller Frühe und schweigend begleite ich Msgr. Capovilla bei der Überführung der heiligsten Eucharistie von der Vatikankapelle nach der Kapelle im ›Turm San Giovanni‹, wo ich meine persönlichen vorkonziliaren Einkehrtage glücklich beginne.«

Dieser Turm im Vatikan wird »Turm des heiligen Johannes« genannt, weil sich einst über dem Eingang die Bilder von den zwei großen Heiligen namens Johannes befunden hatten, von Johannes dem Täufer und von Johannes dem Evangelisten. Seine eigene Namenswahl begründete Papst Johannes zuallererst mit seiner Herkunft: Giovanni Battista ist der Vorname seines Vaters und auch der Name des Patrons seiner Heimatpfarre Sotto il Monte. Dann beruft er sich auf »die beiden Johannes«, sowohl auf den »Vorläufer unseres Herrn«, den Zeugen »des Lichtes, der Wahrheit, der Gerechtigkeit, der Freiheit« als auch auf den anderen Johannes, »den Jünger und Evangelisten, der von unserem Herrn besonders geliebt wurde und von seiner Mutter [...], der bis in sein hohes Alter hinein eine lebendige und apostolische Flamme war. Gebe Gott, dass beide Johannes in die Kirche hineinrufen durch unseren demütigen Hirtendienst.« Eine Woche nach

Das Wappen des Maitino Roncalli

seiner Wahl, am 4. November, dem Festtag des heiligen Karl Borromäus, fand zu Sankt Peter der feierliche Krönungsgottesdienst statt. Johannes XXIII. wünschte ihn in der herkömmlichen und ungekürzten Form. Dabei unterbrach er nach dem Credo völlig überraschend die Messe und hielt eine Ansprache über die Hirtenrede Jesu beim Evangelisten Johannes. Eine Ansprache, die man das Programm seines Pontifikats nennen darf: »Der neue Papst sieht sich vor allem in jenem wunderbaren Bild, das der Evangelist vom Guten Hirten gibt. Alle anderen menschlichen Qualitäten – Wissen, Geschicklichkeit, diplomatischer Takt, organisatorische Fähigkeiten – können das Hirtenamt ergänzen, es aber niemals ersetzen. [...] Der Hirt geht vor den Schafen her und sie folgen ihm alle [...]. Doch er ist berufen, noch weiter zu blicken: ›Ich habe noch andere Schafe, die nicht aus diesem Schafstall sind, und ich werde sie herbeiführen; sie werden meine Stimme hören,

Der restaurierte romanische Turm der alten Kirche San Giovanni

und es wird ein Schafstall und ein Hirt sein.‹« Mit dieser Predigt am Krönungstag schließt sich ein Kreis von fast sechzig Jahren: das kleine Primizbild des *novello sacerdote*, des Neupriesters Angelo Giuseppe Roncalli »in Erinnerung an seine erste heilige Messe am 11. August 1904 in den Grotten von St. Peter« zeigt das fromme Bildchen von Christus, dem Guten Hirten, mit Hirtenstab, einem Lamm auf der Schulter und den Wundmalen an den Händen. Er ist das Vorbild des guten Seelsorgers, der Angelo Roncalli von Anbeginn werden wollte.

Natürlich verbindet der Kirchenhistoriker Roncalli damit, dass er als Papst den Namen wählt, der »in der langen Reihe der römischen Bischöfe am häufigsten vorkommt«, noch eine andere Aussage: »zweiundzwanzig Päpste mit dem Namen Johannes sind von unbestrittener Legitimität. Fast alle hatten ein kurzes Pontifikat. Wir wollen die geringe Bedeutung Unseres Namens hinter dieser herrlichen Reihe römischer Päpste verbergen.«

Roncalli selbst machte nie viel Aufhebens von den Johannes-Päpsten. Klar ist, dass er mit seiner Namenswahl auch eine Unsicherheit beseitigt und das schwarze Schaf, das diesen Namen mit der Zahl XXIII von 1410 bis 1415 führte, endgültig aus der Liste der römischen Bischöfe eliminierte. In den Wirren des sogenannten Abendländischen Schismas wurde dieser Baldassare Cossa neben zwei rivalisierenden Päpsten als dritter gewählt. Cossa galt als habsüchtig, grausam und ausschweifend, auch habe er geleugnet, dass es ein zukünftiges Leben und eine Auferstehung gibt. Er sollte auf dem Konzil von Konstanz Klarheit schaffen und die Einheit wieder herstellen. Mit unglaublichem Pomp soll er dort aufgetreten sein. Was aber dann geschah, war, dass alle drei Päpste abgesetzt wurden und Cossa bei Nacht und Nebel fliehen musste.

Der Name des Herrn ist ein starker Turm

Für den Roncalli-Papst Johannes XXIII. war der zeitweilige Rückzug in den alten Turm kein Rückzug in eine »Festungskirche«, im Gegenteil: Gerade in seinen späten und letzten Äußerungen wurde eine Haltung des Verzichts »auf den Schutz durch die eigenen, zur Verteidigung gezogenen Grenzen« deutlich und eine Haltung der »Suche nach den Menschen – dort, wo sie wirklich waren«.

Roncalli zeigt schon sehr früh den Unterschied zwischen Starrheit und Festigkeit auf, wenn er im Jänner 1921 – damals gerade noch in Bergamo – an einen Freund und geistlichen Assistenten der Katholischen Aktion in Rom schreibt, dass er dessen »unangefochtene Beharrlichkeit in der Arbeit« bewundere sowie »seine Fähigkeit, sich von Schwierigkeiten nicht zerbrechen zu lassen.« Roncalli spielt dann auf die etwa zehn Jahre zurückliegende schwierige Zeit der sogenannten Modernismuskrise an: »Unsere Altvorderen hatten in Zeiten des Kampfes, von denen auch ich den letzten Widerhall hörte, als Motto: ›*Frangar non flectar*‹[1]. Ich ziehe das umgekehrte Motto vor: ›*Flectar non frangar*‹. Und ich glaube, dass ich auf meiner Seite die ganze Tradition der Kirche habe.« Dann ein echt roncallischer Glaubenssatz, wenn er den Freund ermutigt: »Schreiten wir auf diesem Weg weiter voran: Die Grundsätze der Lehre müssen heil und unbeschadet bleiben, aber dann kann man mutig und freudig seinen Weg gehen.« Hier klingt bereits Roncallis Auftrag an das Konzil und sein Vermächtnis kurz vor dem Sterben an: »Nicht das Evangelium ist es, das sich verändert; nein, wir sind es, die gerade anfangen, es besser zu verstehen«.

1 frei übersetzt: Ich mag gebrochen werden, beugen werde ich mich nicht.

Roncallis Turm ist keine Hochmutsgebärde. Im biblischen Buch der Sprüche findet sich die treffendste Metapher für ihn: »Ein fester Turm ist der Name des Herrn, dorthin eilt der Gerechte und ist geborgen« (Spr 18,10). Roncallis Turm ist sein Vertrauen auf den Namen des Herrn.

»Wer glaubt, zittert nicht«, dieses Wort fehlt in keiner der zahllosen Sammlungen von echten und erfundenen Papst Johannes-Zitaten. Es ist ein Jesaja-Wort, von Roncalli gerne und oft gebraucht. In der Einheitsübersetzung des ganzen Bibelverses heißt es: »Darum, so spricht Gott, der Herr: Seht her, ich lege einen Grundstein in Zion, / einen harten und kostbaren Eckstein, ein Fundament, das sicher und fest ist: / Wer glaubt, der braucht nicht zu fliehen.« Roncallis Turm ist sein bedingungsloser Glaube. Deswegen passt dieses Wappen so gut zu ihm. Ähnliches empfand ja auch Hannah Arendt, eine der wichtigsten politisch-philosophischen Denkerinnen des 20. Jahrhunderts, als sie 1965 in dem Essay »The Christian Pope« ihre Bemerkungen zum Geistlichen Tagebuch schrieb. »Welch ein merkwürdiges, enttäuschendes und merkwürdig faszinierendes Buch!«, stellt sie fest. Vermutlich hatte sich die liberale Jüdin Aufschluss über das »Geheimnis« dieses beliebten Papstes erwartet. Was sie dann doch sehr überraschte, war der Stolz dieses Angelo Roncalli, »nie irgendeine Versuchung zum Ungehorsam verspürt« zu haben. Sie war fasziniert von der Selbstsicherheit, wie er »keinen Augenblick sein eigenes Urteil aufgab«, wenn er dem gehorchte, was er als den Willen Gottes erkannt und angenommen hatte. Beeindruckt bringt es die politische Theoretikerin Hannah Arendt auf den Punkt: »Sein Glaube war: Dein Wille geschehe!«

Wenige Wochen vor seinem Tod schrieb Johannes: »Die Ruhe meiner Seele, eines einfachen Dieners des

Herrn, [...] hat ihren Ursprung in der Kenntnis der Menschen und der Geschichte und verschließt ihre Augen nicht vor der Realität. Es ist eine Ruhe, die von Gott kommt, dem weisen Ordner der menschlichen Geschicke.« Ein Vers aus dem 68. Psalm gab ihm all die Jahre hindurch die Gewissheit, dass Gott nicht zuschaut, wenn sich Menschen mühen, seinen Willen zu tun – im Gegenteil: »Während all der Jahre, auf die ich jetzt zurückblicke, überdachte und meditierte ich immer wieder diese Worte des Psalms: *portat onera nostra Deus* – Gott trägt unsere Last. Er trägt uns, wie wir sind, und mit dem, was wir haben: mit seinen Reichtümern in uns und mit unserem Elend. Dieser Gedanke erfüllte mich auch während der Vorbereitung des Konzils.«

Das Geheimnis Roncalli

Auf Angelo Giuseppe Roncalli trifft das Wort des Paulus auf dem Areopag (Apg 17,28) zu, wenn er von Gott sagt: »In ihm leben wir, bewegen wir uns und sind wir [...] wir sind von seiner Art«. Roncalli war sosehr »von seiner Art«, dass er von den übernatürlichen Dingen ganz alltäglich spricht, seine Sache mit Gott gleichsam stets auf der Zunge trägt. Zum Beispiel vier Tage vor der Konzilseröffnung: »Manche meinen, der Papst müsse in diesen Tagen von Schwierigkeiten erdrückt werden und bangen. Ach nein, der Herr schenkte ihm eine einfache Seele, die jederzeit himmlischen Anregungen gegenüber offen ist, und er weiß immer – unvorbereitet und ungekünstelt – aufzunehmen, was der Herr meint und was er will.« Sein Sekretär Capovilla bestätigt es mit anderen Worten: »Der Papst ist immer bereit, eine Eingebung von oben zu empfangen und in die Tat umzusetzen [...] in der Überzeugung, in guten Händen zu sein. Es ist etwas Heiliges, Tiefes, Schönes und Friedvolles um einen solchen Zustand der Seele; er wird zu einer unerschöpflichen Quelle des Trostes, der Heiterkeit und der Lebensfreude.« Capovilla betont noch jenen scheinbaren Widerspruch in der Persönlichkeit des Papstes, den viele Kritiker nicht auflösen können: »Seine ständige Demut vor Gott und sein klares, so bestürzend klares Bewusstsein seines eigenen Wertes vor den Menschen.«

Im Jahr 1961 wurde – aus Anlass des achtzigsten Geburtstages von Papst Johannes – ein schmales Bändchen wiederaufgelegt, das im Jahr 1908 zum ersten Mal erschienen war: *»Il Cardinale Cesare Baronio«* von Angelo Roncalli. Es handelte sich um die Druckversion des berühmten Vortrags von Roncalli, den er im Dezember 1907 in Bergamo gehalten hatte. Verleger und Herausgeber der Neuauflage war der Priester und Publizist Giuseppe de Luca, ein Mann »von lebendigstem Geist« – *vivacissimo ingegno,* wie ihn Capovilla nannte. In einem sehr ausführlichen Vorwort zeichnet De Luca eine von allen Klischees abweichende Charakteristik der Person Roncallis: »Ich gehöre nicht zu denen, die finden, Roncalli sei ein leicht zugänglicher Mensch, leutselig, fügsam [...]. Im Gegenteil. Er weiß genau, was er will; er sagt es nicht, und er trägt niemandem auf, es zu sagen. Da kommt er selbst: Er lächelt, er scherzt, aber sein Geheimnis bleibt bei ihm. Eine geschlossene Tür – und dahinter sein Gebet, seine Seele. [...] Und wenn man sich auch von seinem liebsten Freund kein offeneres Lächeln und keinen herzlicheren Empfang wünschen könnte, so darf sich doch keiner dem Glauben hingeben, ihn so mit ein paar Worten gefasst zu haben oder fassen zu können. Wenn es um einen seiner Pläne geht, kommt immer die erste Idee von ihm selbst; und er erhebt sich jeden Morgen, unvorhersehbar wie der

Tag selbst, der anbricht.« De Luca schwärmt von der großen Beweglichkeit der Frömmigkeit des Papstes, wie sie unbeschwert changiert zwischen Unabhängigkeit und tradierter Verehrung. Er möchte es »die tridentinische Frömmigkeit« Johannes‹ XXIII. nennen, wie er aus seiner bergamaskischen Tradition jene Fähigkeit herleitete, die für ihn so typisch war: In den Anforderungen des Augenblicks gegenwärtig zu sein, voller Spannung, Kraft und unvermuteter Überraschung. Gibt es vielleicht doch so etwas wie ein »Geheimnis Roncalli«?

Am Abend des 9. August 1904, dem Vorabend seiner Priesterweihe, pilgerte Roncalli von der Basilika San Giovanni im Lateran zur Basilika Sankt Paul vor den Mauern. Im Geistlichen Tagebuch hält er darüber nur fest: »Was ich an jenem Abend am Grab des Völkerapostels zum Herrn sagte? – *Secretum meum mihi!* – das bleibt mein Geheimnis«. Loris Capovilla hütet für sich ein ähnliches »Geheimnis«: Nach der Wahl von Papst Johannes, so berichtet er, noch in der Sixtinischen Kapelle, kniete er vor dem Papst mit den Worten nieder: »Ich grüße Sie als Heiligen Vater und bitte um Ihren Segen.« Erst Jahre später ergänzte er: »Und er sagte einige wunderbare Worte zu mir, die ich noch nie jemandem gesagt habe, und die ich in mein Grab mitnehmen werde.«

Er selber war jedem Geheimnis, das um seine Person gelegt wurde, abhold. In der Predigt am Sonntag *Laetare* des Jahres 1953, anlässlich seiner feierlichen Amtseinführung als Patriarch von Venedig, charakterisiert er sich selber, wie man es von ihm erwartet: bescheiden, zugleich selbstbewusst und vor allem »roncallisch«, das heißt, mit einer würzigen Prise Ironie: »Ich bin ein Mensch wie jeder andere auf dieser Erde. Ich stamme aus einer Familie und von einem bestimmten Ort. Mir ist die Gnade einer guten körperlichen Gesundheit verliehen, ein bisschen gesunder Menschenverstand, der mich die Dinge rasch und deutlich erkennen lässt, und eine Neigung zur Menschenliebe.« Diese Menschenliebe war im Vatikan nicht immer so gerne gesehen; schon Pius XII. rügte den Nuntius Roncalli, »dass er zu viel unterwegs« wäre, und dem Nachfolger in der Nuntiatur in Paris empfahl er, »mehr Würde« als sein Vorgänger – wohl durch mehr Distanz – an den Tag zu legen. Als Johannes Papst war, gab man seitens der Kurie seinem Sekretär Loris Capovilla zu verstehen, er möge doch auf den Papst einwirken, damit er sich »in seiner Offenheit« etwas mehr zurücknehme. Es sei außerdem »politisch unklug, immer von universeller Liebe zu reden.« Capovilla dürfte dem Papst davon Mitteilung gemacht haben, denn beim nächsten Besuch einer Vorstadtpfarre von Rom kam Johannes in der Predigt darauf zu sprechen: »Heute ist mir zu Ohren gekommen, ich solle darauf achten, weniger offenherzig und mitteilsam zu sein. Was tue ich? Ich bringe euch nur dieses Evangelium. Wenn wir uns darin nicht wiederspiegeln, dient unser Leben zu nichts.«

Buch und Kelch

In Roncallis Verhältnis zur Bibel liegt der markanteste Punkt, an dem Roncallis geistliches Leben und persönliche Frömmigkeit aus dem »umhegten Terrain der traditionellen katholischen Frömmigkeit« (Alberigo) ausbricht. Während seiner Seminaristenjahre um 1900 war ja noch immer ein »von antiprotestantischer Polemik genährtes Misstrauen« gegenüber der Bibel wirksam und im Zuge des Streits um den Modernismus neu erwacht. Da ist es schon bemerkenswert, dass Roncalli bereits im Jahr 1927 in einem Brief an die katholische Frauenrechtlerin

Adelaide Coari betont, dass man gerade jetzt wieder »glücklicherweise zu jener Einfachheit der Lektüre« der Heiligen Schrift zurückkomme, die schon der heilige Franz von Assisi seinen Brüdern dringend ans Herz gelegt hatte. Die Notwendigkeit der Rückkehr zur Bibel betonte Roncalli auch später, als Patriarch von Venedig. In seinem seelsorglichen Konzept für die Diözese beruft er sich immer wieder auf die Heilige Schrift, mit der »unsere Söhne und Töchter [...] vertraut zu machen sind. [...] das ist das Alpha und Omega der Tätigkeit eines Bischofs und seiner Priester«, wie er ein Jahr vor seiner Wahl zum Papst sagte. Immer öfter taucht bei ihm das Wortpaar »Buch und Kelch« auf. Bei der Inbesitznahme seiner römischen Bischofskirche San Giovanni im Lateran am 23. November 1958 erneuerte er seine bischöfliche Selbstverpflichtung, »die große Lehre der beiden Testamente zu übermitteln und dafür zu sorgen, dass sie in Seelen und Leben eindringen.« Deshalb das Buch. Der Kelch ist das Symbol des liturgischen Opferdienstes in der Vereinigung mit Christus. Beide, Buch und Kelch, befinden sich auf dem Altar. »Von da empfängt Johannes immer wieder von neuem die Geheimnisse Gottes, sein Wort und seine Sakramente und reicht sie der Menschheit dar«, schreibt Augustin Bea ein Jahr vor dem Konzil, »und dabei verwirklicht er das Vorbild des göttlichen Guten Hirten: in seiner grenzenlosen Liebe zu den Menschen.«

Wenige Tage nach seinem achtzigsten Geburtstag, im Dezember 1961, schreibt er sein »geistliches Testament« an »die Roncalli«, seine Familie. Zum ersten Mal, wie er mitteilt, mit einer neuen Schreibmaschine, die er – wie in alten Zeiten – in Zukunft »ganz für sich allein« benutzen will. »Ich weiß, dass ich alt werde [...], aber für den Augenblick kann ich den guten Dienst für den Herrn und für die heilige Kirche fortsetzen.« Dann versucht er eine Antwort auf die Frage der Welt, die ihn »mit Sympathie und Achtung umgeben hat«, worin denn wirklich das vielstrapazierte »Geheimnis Roncalli« bestehe. Und bietet als Lösung nichts anderes an als die »Barmherzigkeit des Herrn, von der ich mir wünsche, sie möge bis zu meinem Lebensende meine Stütze sein. Meine persönliche Ruhe, die in der Welt so viel Eindruck macht, liegt nur in diesem Vertrauen. Immer bereit sein zu gehorchen, wie ich es immer getan habe – und nicht wünschen oder bitten, länger leben zu dürfen, als bis der Todesengel kommen wird, mich zu rufen und mich – wie ich hoffe – in das Paradies heimzuholen.«

Apropos

Was Papst Franziskus am 3. Juni 2013, dem fünfzigsten Todestag von Johannes XXIII., zu den Pilgern aus Bergamo sagte:

»In Wirklichkeit übermittelte Papst Johannes Frieden, weil sein Gemüt zutiefst im Frieden war: Er hatte sich vom Heiligen Geist befrieden lassen. Und dieses friedvolle Gemüt war das Ergebnis einer langen, anspruchsvollen Arbeit an sich selbst, einer Arbeit, von der sich reichlich Spuren im Geistlichen Tagebuch finden. Wir können dort den Seminaristen, den Priester, den Bischof Roncalli dabei sehen, wie er sich auf dem Weg der allmählichen Läuterung des Herzens abmüht. Wir sehen ihn Tag für Tag, wie er Acht gibt, die dem Egoismus entsprungenen Wünsche zu erkennen und abzutöten; wie er sich bemüht, die Inspirationen des Herrn zu erkennen, sich leiten zu lassen von weisen geistlichen Leitern und sich inspirieren zu lassen von Meistern wie dem heiligen Franz von Sales und dem heiligen Carlo Borromeo. Wenn wir diese Schriften lesen, sehen wir, wie diese Seele vor unseren Augen Gestalt annimmt unter der Anleitung des Heiligen Geistes, der in seiner Kirche, in den Seelen wirkt: Er war es ja, der ihm unter diesen guten Voraussetzungen den Frieden der Seele geschenkt hat.«

Nachwort *(sehr persönlich)*

Mein Vater ist im Alter von dreiundfünfzig Jahren gestorben. Er war Wagner von Beruf. Sein größtes religiöses Erlebnis war die Teilnahme am Österreichischen Katholikentag in Wien im September 1952. Das Motto lautete: »Freiheit und Würde des Menschen«. Als Andenken davon brachte er eine Kerze mit nach Hause, die er brennend bei einer Lichterprozession getragen hatte. Er wünsche sich, so sagte er, als er heimkam, dass diese Kerze brenne, wenn es bei ihm einmal zum Sterben sei. Und so ist es auch geschehen.

1956, ein Jahr nach seinem Tod, begann meine Mutter in einem eben gegründeten Internat einer Missionskongregation in W. als Köchin zu arbeiten. Sie war es gewohnt, für andere zu sorgen, und fand daher ihre Erfüllung darin. Den »Herren«, wie sie die Patres nannte, die das Internat leiteten, wollte sie es besonders recht machen. Um das Jahr 1960 wurde einer dieser Patres, ein jüngerer, zu Studienzwecken nach Rom geschickt. 1961, ich glaube, es war zu Weihnachten, kam er aus Rom zurück und brachte meiner Mutter ein Geschenk mit: eine gerahmte Fotografie von Johannes XXIII., unter der kalligraphisch geschrieben steht:

HEILIGER VATER!
Anna Gaisbauer
kniet ehrfurchtsvoll vor Eurer Heiligkeit
und bittet für sich und ihre Angehörigen
um den Apostolischen Segen

Darunter handschriftlich, in Latein, in verblasster Tinte und nach fünf Jahrzehnten sehr schwer zu entziffern: *Sanctissimus Dominus benigne annuit precibus. Ex Aedibus Vaticanis die 9 Nov. 1961.* Übersetzt heißt das: »Der heiligste Herr gewährt gnädig die Bitten. Gegeben aus den Vatikanischen Gebäuden am 9. November 1961«. Die Hand- und Unterschrift stammt von Erzbischof Diego Venini, einst Sekretär des Erzbischofs von Mailand Andrea Ferrari und dann von Papst Pius XI., wie ich inzwischen erkundet habe. Unter Johannes XXIII. hatte er das wichtige Amt des Geheimen Almoseniers inne, eines »Verwalters der päpstlichen Wohltätigkeiten«, wenn man wörtlich übersetzt, was dem vatikanischen Prägestempel zu entnehmen ist: *MAGISTER SACRARVM LARGITIONUM PONT. MAX.*

Ich weiß heute nicht mehr, ob meine Mutter von der Wahl und dem Pontifikat Johannes' XXIII. besonders beeindruckt war. »Mir scheint, der is a weng anders« – viel mehr hatte sie zu Roncalli nicht zu sagen. Ihr Papstbild war natürlich von der hehren Erscheinung Pius' XII. geprägt. Im Religionsunterricht der ersten Klasse hatte sie zwar noch Pius X. »erlebt«, mit Bildchen und früher Erstkommunion, aber das war doch alles schon sehr verblasst und die beiden folgenden Päpste dürften nicht sehr tief in ihr Bewusstsein gedrungen sein.

Da hatte sie nun diesen »anderen« Papst, goldgerahmt und mit einem persönlichen, erzbischöflich beglaubigten Segen. Sie freute sich über das Bild, mehr als über den Papst wahrscheinlich darüber, dass sich ein Priester für die Wohltaten erkenntlich zeigte, die sie ihm mit dem einen oder anderen »guten Bissen« angedeihen lassen konnte. Sie hängte das Bild im Schlafzimmer an die Wand und dort blieb es ihr – wenn sie es hin und wieder von den Fliegenspuren reinigte – fast vier Jahrzehnte lang eine unaufdringliche, liebenswürdige Erinnerung an eine Zeit, in der sie »noch eine Aufgabe« hatte.

Als sie altersschwach und zunehmend bettlägerig geworden war, wurde ihr Bett in der Wohnküche aufgestellt. Das päpstliche Segensbild blieb – zusammen mit anderen frommen Erinnerungsbildern – im ungeheizten und ungelüfteten Schlafzimmer. Zunehmend verlor die Mutter jede Orientierung in Zeit und Raum, wollte immer mit der Eisenbahn »nach Hause« fahren, wähnte sich oft schon im Zug und nestelte in der Handtasche, die sie natürlich immer bei sich haben musste, nach der Fahrkarte, um sie dem Schaffner vorzuweisen. Den Schaffner sah sie in mir. Und ich musste lernen, mit all dem zurechtzukommen. Denn alles, wirklich alles war ihr durcheinander geraten.

Zu Weihnachten stellte ich für sie ihre Krippenfiguren auf – Maria, Josef und das Jesuskind, mehr hatte sie nie für nötig erachtet – und ich stellte sie so auf, dass sie ohne besondere Kopfdrehung darauf blicken konnte. Da nickte sie beifällig und ich dachte: Na bitte! Als ich die Krippenfiguren im kalten Schlafzimmer gesucht hatte, war mein Blick auf das Papst Johannes-Bild gefallen. Mit allem, was Fliegen, Schimmel und Staub darauf hinterlassen hatten, hing es an der Wand. Ich nahm es ab, reinigte das Glas und polierte den schmalen vergoldeten Rahmen. Ich las die kalligraphierte Segensbitte und die handschriftliche Gewährung derselben und musste lächeln. Jetzt wäre eine gute Zeit für den Segen, lieber Johannes! dachte ich.

Dann hängte ich das Bild über das Bett der Mutter in der warmen Wohnküche an die Wand. Ich weiß gar nicht, ob sie es überhaupt je dort registriert hatte.

Aber mir war es recht so.

Mehrere Wochen nachdem meine Mutter gestorben war, holte ich die zwei Bände der Briefe Roncallis an seine Familie und das Geistliche Tagebuch aus dem Bücherregal. Ich hatte sie mir bereits Jahre davor besorgt, sie aber nie wirklich gelesen, denn das Meiste darin war mir damals zu sehr entfernt. Jetzt blätterte ich eigentlich auch nur aus einer unbestimmten Laune in den Briefen, blieb da und dort hängen und freute mich über die Anschaulichkeit, mit der Roncalli in vielen Briefen über seine Lebenslagen schriftlich zu plaudern verstand. Es interessierte mich, ob vielleicht einem Brief zu entnehmen wäre, was der päpstliche Delegat Roncalli zum Beispiel an dem Tag erlebt hatte, an dem ich geboren wurde. Doch ist da in der Nähe dieses Datums weder ein Brief noch eine Eintragung im Tagebuch. Also blätterte ich weiter, bis ich auf ein Telegramm stieß: »Ich trauere mit Euch um unsere innigst geliebte Mutter. Erweist ihr Ehre.« Datum: 20. Februar 1939, Todestag von Marianna Roncalli, der Mutter von Johannes XXIII. Ist es wirklich nur Zufall, dass auch meine Mutter an einem 20. Februar gestorben war?

Das Bild mit dem gewährten Segen des Johannes hing noch lange über dem leeren Bett der Mutter. Inzwischen habe ich ihm bei mir eine Wohnstatt gegeben.

Hubert Gaisbauer

Personenverzeichnis

Alberigo Giuseppe (1926–2007)
Italienischer Jurist und Historiker, Professor für Kirchengeschichte an verschiedenen italienischen Universitäten, zuletzt in Bologna; mehrjährige Forschungsarbeit in Bonn über das Konzil von Trient; Herausgeber der fünfbändigen Geschichte des Zweiten Vatikanischen Konzils (1995–2001, in Deutsch 2000–2007).

Arendt Hannah (1906–1975)
Deutsch-jüdisch-amerikanische Philosophin und Politiktheoretikerin, Schülerin von Martin Heidegger und Karl Jaspers; 1961 Berichterstattung über den Eichmann-Prozess in Jerusalem für die Zeitschrift »New Yorker«, (in Buchform »Eichmann in Jerusalem. Ein Bericht über die Banalität des Bösen«), 1970 Studie »Macht und Gewalt«.

Barbarigo Gregorio (1625–1697)
Erzbischof und Kardinal, zunächst Diplomat, mit 32 Jahren schon Bischof von Bergamo, eine der vorbildlichsten Bischofsgestalten der gegenreformatorischen Zeit, 1656 vom Papst nach Rom berufen, um mit seinem glänzenden Organisationstalent die Hilfe gegen die Pest zu organisieren. Ein großes Anliegen war ihm eine qualifizierte geistige und geistliche Ausbildung des Klerus. 1960 von Johannes XXIII. heiliggesprochen.

Barlas Chaim (1898–1982)
Geboren in Brets-Litowsk, 1925 Emigration nach Israel, gestorben in Jerusalem. Barlas führte während des Zweiten Weltkrieges die 15-köpfige Delegation der Jewish Agency in Istanbul, deren Aufgabe es war, zwischen dem Jishuv und den Juden im von den Deutschen besetzten Europa die Verbindung herzustellen. Verfasser des Buches »Rescue Activities in Istanbul 1940–1945«.

Baronius Caesar oder Cesare Baronio (1538–1607)
Italienischer Kardinal und Kirchenhistoriker, erster Schüler des heiligen Philipp Neri und Mitglied der von diesem gestifteten Kongregation des Oratoriums. Gilt mit seinem 1588 erschienenen Hauptwerk *Annales ecclesiastici a Christo nato ad annum 1198* als Vater der Kirchengeschichte.

Benigni Umberto (1862–1934)
Priester und Kirchenhistoriker, Begründer und Leiter eines internationalen Netzwerkes (»*Sodalitium Pianum*«) aus Priestern und Laien, das im Einvernehmen mit Pius X. geheim über des Modernismus verdächtige Theologen, katholische Literaten und Kulturschaffende Informationen beschaffte und an den Papst weiterleitete. Von Benedikt XV. aufgehoben.

Bonomelli Geremia (1831–1914)
Ab 1871 Bischof von Cremona, kümmerte sich als Seelsorger um die ausgewanderten italienischen Arbeiter, Gründer und Leiter der »*Opera di Assistenza degli Italiani emigranti*« (1900). Setzte sich für eine Trennung von Kirche und Staat und für eine größere Weltoffenheit der Kirche ein.

Borromeo Carlo (1538–1584)

Als Neffe von Pius IV. In jungen Jahren zu hohen kirchlichen Ämtern berufen. Der frühzeitige Tod seines Bruders bewirkte eine Umkehr und die Entscheidung, sich zum Priester und dann zum Bischof weihen zu lassen. Intensive pastorale Tätigkeit als Erzbischof von Mailand in der Umsetzung der Reformbeschlüsse des Konzils von Trient, Sorge für qualifizierte Ausbildung des Klerus, Provinzial- und Diözesansynoden, ausgedehnte Visitationsreisen. Leistete materielle und geistliche Hilfe während der Pestepidemie 1576/77l. Angeblich schenkte er seine Kardinalsgewänder her, sodass man in den Armenvierteln Leute in Kardinalsrot spaziern sah. Er ist 1584 im Ruf der Heiligkeit gestorben.

Borommeo Federico (1564–1631)

Cousin des heiligen Carlo Borromeo, Kardinal und Erzbischof von Mailand; Gründer der *Bibliotheca Ambrosiana* in Mailand, weitgehend historische Figur in Alessandro Manzonis Roman *I promessi sposi* (»Die Verlobten«).

Capovilla Loris Francesco (* 1915)

Geboren 1915 in Pontelongo, in der Provinz Padua, einer der ältesten Bischöfe der römisch-katholischen Kirche. Nachdem der Vater früh gestorben war, ließ sich die Mutter mit den zwei Kindern 1929 in Mestre nieder. 1940 wurde er zum Priester des Patriarchats Venedig geweiht, dann Seelsorge in San Zaccharia, Mittelschullehrer und Gefängnisseelsorger; im Widerstand gegen den italienischen und deutschen Faschismus; journalistisch tätig bei Radio Venezia und der Kirchenzeitung *La voce di San Marco*, ab 1953 Sekretär bei dem Patriarchen Roncalli und späteren Papst Johannes XXIII. bis zu dessen Tod 1963.

Erzbischof von Chieti, dann von Loreto, seit 1988 in Sotto il Monte. Von Papst Franziskus am 22. Februar 2014 zum Kardinal kreiert.

Coari Adelaide (1881–1966)

Katholische Frauenrechtlerin, 1903 Mitbegründerin der *Federazione Femminile Cattolica*, 1904 Chefredakteurin der Zeitschrift *Pensiero e Azione*; Zusammenarbeit mit Bischof Radini-Tedeschi; langjähriger Briefwechsel mit A. G. Roncalli, beschrieben in S. Zampa: *Una amicizia spirituale*, Rom 1988.

De Luca Giuseppe (1889–1962)

Römischer Priester, Publizist und Historiker. Ausbildung in römischen Seminaren. Schon als Student »unbändiger Hang zu geistigen Freiräumen«. Neben Theologie studierte er Literaturwissenschaften, war Herausgeber von antiken Klassikern. Seelsorger bei den Kleinen Schwestern von San Pietro in Vincoli, ein Refugium für Arme und Alte und – während des Faschismus – für jüdische Flüchtlinge.

Als Historiker begründete er das »*Italienische Archiv der Geschichte der Frömmigkeit*« und plädierte für eine Rückkehr zu den »ungetrübten Quellen«, zur Bibel und zu den Kirchenvätern. 1941 gründete er die »*Edizioni di storia e letteratura*«, in denen namhafte italienische Autoren publizierten. Anfang der 60er Jahre wurden die frühen kirchenhistorischen Werke von Angelo Roncalli wieder aufgelegt, was die »*Edizioni*« vor dem Konkurs gerettet haben soll. Seine Kontakte zum Generalsekretär der KPI führten zu dem berühmten Glückwunschtelegramm Chruschtschows anlässlich des 80. Geburtstages von Papst Johannes. Der Bildhauer Giacomo Manzù hat seine »*Porta della morte*«, das »Tor des Todes« mit dem schönen Relief von Johannes XXIII., links an der Fassade der Peterskirche, Giuseppe de Luca gewidmet und ihn auf dem Reliefband an der Innenseite des Tores neben Bischöfen, die dem Konzilspapst Johannes huldigen, dargestellt.

Felici Pericle (1911–1982)

Kurienkardinal, 1960 von Johannes XXIII. zum Bischof geweiht, im selben Jahr Generalsekretär der Kommission für die Vorbereitung des Zweiten Vatikanischen Konzils, 1967 Präsidenten der Päpstlichen Kommission für die Auslegung der Dokumente des Zweiten Vatikanischen Konzils.

Ferrari Andrea Carlo Kardinal (1850–1921)

Professor für Dogmatik in Parma, Bischof in Como, dann Erzbischof von Mailand. In zwei Hirtenbriefen – nach Ausbruch des Ersten Weltkriegs 1914 – verurteilte er den Krieg, richtete Lazarette ein, unterstützte karitative Initiativen und gründete selbst die *Casa del Popolo*, aus der später die *Opera Card. Ferrari* entstanden sind. Er wurde 1987 von Papst Johannes Paul II. seliggesprochen.

Frings Josef Kardinal (1887–1978)

1910 zum Priester geweiht, Studien in Rom und Freiburg, 1937 bis 1942 Regens des Kölner Priesterseminars, dann Erzbischof von Köln, im Herbst 1944 protestiert er mit Eingaben bei der Gestapo gegen die Deportation von Menschen jüdischer Herkunft aus Köln und der Umgebung; ab 1946 Kardinal; Gründer des Hilfswerks »*Misereor*«; Mitglied des Konzilspräsidiums, profilierter Vertreter des fortschrittlichen Flügels, Mentor von Joseph Ratzinger.

Hebblethwaite Peter (1930–1994)
Britischer Journalist und Schriftsteller; bis 1967 Priester und Jesuit, dann laisiert; Spezialist für vatikanische Themen; Bücher u.a.: *The Year of Three Popes*. London 1978; *John XXIII: Pope of the Council*. London 1984; *The Next Pope: An Enquiry*. London 1995.

Herzog Isaak (1888–1959)
Oberrabbiner, zuerst in Irland, dann in Palästina. In den Jahren um den Zweiten Weltkrieg vertrat er die Juden Palästinas und der Welt. Er wurde nicht müde, jüdische und christliche Autoritäten Europas vor den Gefahren des Nationalsozialismus zu warnen.

Hildesheimer Wolfgang (1916–1991)
Geboren in Hamburg als Sohn jüdischer Eltern. Der Großvater Esriel Hildesheimer war Rabbiner in Eisenstadt, bevor er 1873 in Berlin ein zeitgemäßes orthodoxes Rabbinerseminar gründete. Wolfgang Hildesheimer lebte als freier Graphiker in Palästina, war Dolmetscher bei den Nürnberger Kriegsverbrecherprozessen (1947–1949), lebte dann in Oberbayern und in der Schweiz. Hauptwerke: *Lieblose Legenden* (1952), *Tynset* (1965), *Masante* (1973), *Mozart* (1977), *Marbot* (1981), Büchnerpreis und Bremer Literaturpreis. Musikfreunden ist er als Autor einer epochalen Mozart-Biographie ein Begriff, die mit den Wunderkind- und Götterlieblingsmythen aufgeräumt hat.

Lombardi Riccardo SJ (1908–1979)
1936 in Rom zum Priester geweiht; Vortragstätigkeit, drängte 1948 Pius XII. zu einer Reform der Kurie und der Gesamtkirche; das bereits unter Johannes XXIII. geplante Buch »*Concilio per una riforma nella caritá*« – »Das Konzil

für eine Reform in der Liebe« erregte jedoch in der Kurie, bei Papst und Kardinälen so großen Widerstand, dass er sich gezwungen sah, es zurückzuziehen.

Manzoni Alessandro (1785–1873)
Bedeutendster Dichter der italienischen Romantik; sein großer Roman »Die Verlobten« (*I promessi sposi*) erschien 1825/26; daneben Dramen, »*Geistliche Hymnen*« und Oden; 1808 zum Katholizismus konvertiert, war mit dem Philosophen und Theologen Antonio Rosmini befreundet. Lieblingsschriftsteller von Papst Johannes XXIII.

Manzù Giacomo (1908–1991)
Bedeutender Bildhauer und Zeichner aus Bergamo (heißt eigentlich Manzoni); Lehrjahre in Bergamo, Paris, Mailand; Kontakt mit italienischen Künstlern und Literaten, 1934 Besuch im Petersdom in Rom, er sieht den zwischen zwei Kardinälen sitzenden Papst und entwickelt daraus eines der beherrschenden Themen in seinem Werk; erhält 1938 einen eigenen Raum auf der 21. Biennale von Venedig. Lehrauftrag an der *Accademia di Brera* in Mailand, neben Marino Marini und Carlo Carrà. Während des Faschismus im Widerstand, später Kommunist. 1947 Teilnahme an einem Wettbewerb für den Entwurf einer Türe für den Petersdom in Rom; lernt 1956 über Giuseppe de Luca den späteren Papst Johannes XXIII. kennen und fertigt von ihm Büsten und schließlich die Totenmaske an.

Oesterreicher Johannes (1904–1993)
Österreichischer katholischer Priester jüdischer Abstammung. 1927 zum Priester geweiht, zuletzt im Rang eines Prälaten. Nach dem Anschluss Österreichs flüchtete er 1938 nach Frankreich, wo er im Radio Reden gegen den

Rassenwahn und die Kriegspolitik der Nazis hielt. Emigrierte 1940 in die USA.

Vor dem zweiten vatikanischen Konzil regte er an, eine Erklärung über das Verhältnis des Christentums zum Judentum herauszugeben und formulierte grundlegende Punkte, die diese Erklärung beinhalten sollte. Die Erklärung wurde am 28. Oktober 1965 unter dem Titel *Nostra Aetate* verabschiedet.

Ottaviani Alfredo Kardinal (1890–1979)

Kurienkardinal der römisch-katholischen Kirche. 1935 Assessor am Heiligen Offizium, der heutigen Kongregation für die Glaubenslehre. Seit 1953 Kardinaldiakon, 1959 von Papst Johannes XXIII. zum Sekretär des Offiziums erhoben. Ab 1960 leitete er die theologische Vorbereitungskommission für das Konzil. Mit den Kardinälen Giuseppe Siri und Ernesto Ruffini ein wichtiger Vertreter des konservativen Lagers auf dem Zweiten Vatikanischen Konzil. Vehementer Gegner des sowjetischen Kommunismus, offen für soziale Fragen und von pazifistischer Grundhaltung.

Pacelli Eugenio (1876–1958)

Dr. jur. und Dr. theol., von 1917 bis 1929 Nuntius in Deutschland, 1929 Kardinal und ab 1930 Kardinalstaatssekretär; ab 1939 als Papst Pius XII. fast 20 Jahre lang der »Vorgesetzte« von Erzbischof Roncalli.

Palazzolo Luigi (Aloysius) (1827–1886)

1872 gründete er die Kongregation der »*Brüder von der heiligen Familie*«. Deren Tätigkeit bestand in der Betreuung und Ausbildung notdürftiger Waisenkinder in Bergamo.

Aus einer Abendschule, die von ihm ins Leben gerufen

wurde, ging im Laufe der Jahre die Katholische Aktion im Bistum Bergamo hervor. Die von ihm gegründete Schwesternkongregation Suore poverelle hat heute ihren Sitz im Haus Camaitino in Sotto il Monte. Papst Johannes XXIII. hat Aloysius Palazzolo am 19. März 1963 selig gesprochen.

Pasolini Pier Paolo (1922–1975)

Italienischer Autor, Filmregisseur und Journalist von großer kultureller Vielseitigkeit; nach dem Zweiten Weltkrieg schließt er sich der Kommunistischen Partei Italiens an, wird jedoch wieder ausgeschlossen, als er sich zu seiner Homosexualität bekennt. Als Schriftsteller und Filmregisseur setzte sich Pasolini für sozial Benachteiligte ein und kritisierte immer wieder die italienische Gesellschaft. In der Nacht zum 2. November 1975 wurde Pier Paolo Pasolini in Ostia ermordet, möglicherweise im Auftrag der Mafia.

Pitocchi Francesco P. (1852–1922)

Geboren in Vico nel Lazio, Frascati; Redemptorist, charismatischer Beichtvater und geistlicher Begleiter von Angelo Roncalli und von zahlreichen bedeutenden Persönlichkeiten des italienischen Klerus, sein Seligsprechungsprozess ist eingeleitet.

Radini-Tedeschi Giacomo Maria (1857–1914)

Stammt aus einer adeligen und sozial engagierten Familie, Priester, Professor für Kirchenrecht, lehnte eine Karriere im diplomatischen Dienst des Vatikan ab, Bischof von Bergamo 1905 bis 1914; über 20 Jahre als Leiter der *Opera dei Congressi e dei Comitati Cattolici in Italia*, dem Dachverband der sozialen Organisationen des italienischen Katholizismus. Mit 57 Jahren ist Bischof Radini-Tedeschi am 22. August 1914, zwei Tage nach Pius X., gestorben

Ratti Achille (1857–1939), **später Papst Pius XI.**
Theologe, Jurist und Philosoph, 1882 zum Professor in Mailand berufen, 1888 Bibliothekar und 1907 Präfekt der *Bibliotheca Ambrosiana* in Mailand; ermutigt Roncalli zur wissenschaftlichen Herausgabe der Visitationsberichte von Carlo Borommeo; 1911 von Papst Pius X. nach Rom berufen, 1922 zum Papst gewählt.

Rebuzzini Francesco (gest. 1898)
Seit 1872 Gemeindepfarrer an der Kirche Santa Maria Assunta in Sotto il Monte, Taufpriester von Angelo Giuseppe Roncalli und erste wichtige geistliche Bezugsperson.

Roncalli (Familie)
Während der ersten Lebensjahre Angelo Roncallis wohnte die Familie in einem Teil eines größeren Gebäudes, das »Palazzo« genannt wurde, in der Ortschaft Brusicco. Die Familie bebaute in Pacht – als sogenannte Halbpächter – 5 ha Land, davon einen als Weinberg, das den Grafenbrüdern Morlani von Bergamo gehörte. Don Giovanni Morlani, einer der Brüder, war Domherr in Bergamo und ein Förderer des jungen Angelo. Im Stall der Roncalli wurden sechs Kühe gehalten, Milch und Kälber mussten mit der Familie Airoldi di Medolago geteilt werden, da diese die Tiere gekauft hatte. 1893 siedelte die Familie des Großonkels Zaverio (»Barba«) mit Angelo, dem Großvater des jungen Angelo und anderen Verwandten in die angrenzende Colombera – mit 4 ha Land – über, die ebenfalls den Morlani gehörten. 1919 wurden Haus und Land von den

Roncalli um 55.000 Lire mit Hilfe eines Bankdarlehens gekauft. Dank eines guten Ertrags aus der ebenfalls betriebenen Seidenraupenzucht konnte die Schuld noch im selben Jahr um 11.000 Lire vermindert werden. 1946 teilte sich die Großfamilie: In der Colombera blieben Angelos Brüder Zaverio, Alfredo und Giovanni. Bruder Giuseppe ließ sich mit Frau und zehn Kindern in einem neuen Bauernhof in der Ortschaft Le Geròle nieder. Die ledigen Schwestern Ancilla und Maria, die 1921 bis 1925 bei ihrem geistlichen Bruder Angelo Giuseppe gewohnt hatten, übernahmen das Haus Camaitino, das alte Landhaus des ersten Roncalli, der sich im 15. Jhd. in Sotto il Monte niedergelassen hatte. Es hatte oft die Besitzer gewechselt und gehörte jetzt den Baronen Scotti Buffanti von Bergamo. Monsignore Roncalli mietete das Haus und wohnte von 1925 bis 1958 darin, wenn er sich in Sotto il Monte aufhielt. 1958 wurde es von den Baronen und der italienischen Regierung geschenkt, gewidmet für ein Museum und ein Noviziat der »Schwestern der Armen«. (Quelle: Anmerkungen des I. Bandes der »*Briefe an die Familie*« Freiburg/ Breisgau1969)

Roncalli Anna (geb. 1923)

Lebt als Schwester der Comboni Missionare in Verona. Tochter von Giuseppe und Ida Roncalli. Wuchs in Sotto il Monte in der Colombera, im Heimathaus Roncallis, auf. Über ihren Onkel sagte sie 2001 in einem Interview mit Sr. Gertrud Höggerl: »Er hatte eine eigene Ausstrahlung. Mit allen Leuten verstand er sich gut. 1932 wurde ich mit anderen Kindern des Dorfes von ihm gefirmt. Und als er 1963 im Sterben lag, durfte ich mit den engsten Angehörigen die letzten drei Tage seines Lebens bei ihm sein.«

Roncalli Giovan Battista (1927–2005)
Geboren als fünftes von neun Kindern der Caterina und des Giovanni Francesco Roncalli, eines Bruders von Angelo Roncalli. Im Juli 1955 weiht ihn der inzwischen zum Patriarchen von Venedig avancierte Onkel zum Priester. Kaplan in der Diözese Faenza, später Kanoniker der Kathedrale von Bergamo und Seelsorgetätig in der benachbarten Pfarre Cisano.

Scalabrini Giovanni Battista (1839–1905)
Bischof von Piacenza und Pionier der katholischen Sozialbewegungen, gründete als »Vater der Migranten« zwei Ordensgemeinschaften, die *Congregazione dei Missionari per gli emigranti italiani*, zur pastoralen und sozialen Betreuung der italienischen Auswanderer nach Übersee. 1997 von Johannes Paul II. selig gesprochen.

Schumann Robert (1886–1963)
Deutsch-französischer Staatsmann und Pionier der Europa-Idee. Während der Amtszeit Roncallis als Nuntius in Frankreich war Robert Schuman Abgeordneter der französischen Nationalversammlung und Präsident des Finanzausschusses. 1946 Finanzminister und 1947 Ministerpräsident. Zwischen 1948 und 1952 Außenminister. Vorbild für politisches Handeln, orientiert an christlichen Werten. Zurzeit Verfahren über seine eventuelle Seligsprechung.

Stock Franz (1904–1948)
Katholischer Priester und während der deutschen Besatzungszeit im Zweiten Weltkrieg Seelsorger der Gefängnisse von Paris und der Hinrichtungsstätte auf dem Mont Valérien. Erstes von neun Kindern einer Arbeiterfamilie in Neheim in Westfalen; Theologiestudium u.a. am *Institut*

Catholique in Paris, während seiner Studienzeit Beitritt zu den »*Compagnons de Saint François*« (»Gefährten des heiligen Franziskus«) bei, deren Ideale das einfache Leben und die Verwirklichung des Friedens sind. 1934 bis 1938 Seelsorger für die deutsche Gemeinde in Paris. 1945 Regens des Seminars für gefangene deutsche Theologiestudenten. 1948 an Entkräftung gestorben.

Tardini Domenico (1888–1961)

Kurienkardinal, 1912 zum Priester geweiht, 1929 ernannte ihn Papst Pius XI. zum Untersekretär, 1937 zum Sekretär der Kurialabteilung für Außerordentliche Kirchliche Angelegenheiten. Wichtige Funktion in der Außenpolitik des Vatikans. Bekannt für seine scharfe Kritik, unter der auch Roncalli während seiner diplomatischen Missionen zu leiden hatte. Überraschend und klug, dass ihn Papst Johannes XXIII. am 17. November 1958 zum Staatssekretär am 14. Dezember zum Titularerzbischof ernannte, ihn einen Tag darauf als Kardinaldiakon in das Kardinalskollegium aufnahm und ihm am 27. Dezember selber die Bischofsweihe spendete.

Thomas von Kempen oder Thomas a Kempis (1380–1471)

eigentlich Thomas Hemerken, niederrheinischer Augustinerchorherr im Stift Agnetenberg bei Zwolle, geistlicher Schriftsteller des 15. Jahrhunderts. Ob die um 1400 entstandenen und schon 1434 erstmals aus dem Lateinischen ins Deutsche übersetzten »*Vier Bücher De Imitatione Christi*«, kurz »*Nachfolge Christi*« genannt, von ihm stammen oder nur von ihm abgeschrieben und in der Letztfassung bearbeitet sind, ist nach wie vor umstritten.

Weil Simone (1909–1943)
Geboren in Paris als Tochter agnostisch-jüdischer Eltern, Mittelschullehrerin für Philosophie, freiwillige Fabriksarbeit, ab 1937 starkes Interesse an christlicher Spiritualität, mystische Erfahrungen in Assisi und in Solesmes, Begegnung mit dem Dominikaner Jean-Marie Perrin, 1942 Emigration nach England, dort im französischen Widerstand tätig, 1943 an Entbehrung gestorben. Wichtige Werke sind u.a. ihre Notizen »*Cahiers*«, »*Das Unglück und die Gottesliebe*«, »*Die Einwurzelung*«.

Zeittafel

25. 11. 1881	geboren und getauft in Sotto il Monte, Provinz Bergamo
1892	Bischöfliches Kolleg in Celana
1892–1900	3. Gymnasialklasse bis 2. Jahr Theologie im Priesterseminar von Bergamo
1895	Beginn der persönlichen Aufzeichnungen (Geistliches Tagebuch)
1901–1905	Theologiestudium am Päpstlichen Römischen Priesterseminar
ab Nov. 1901	Einjähriger Militärdienst in Bergamo
1903	Pontifikatswechsel Leo XIII. – Pius X.
14. 7. 1904	Doktor der Theologie
10. 8. 1904	Priesterweihe in Rom
1905–1914	Sekretär des neuen Bischofs von Bergamo, Giacomo Maria Radini-Tedeschi, daneben Lehrtätigkeit am Seminar (Lehrstuhl für Kirchengeschichte)
1907	Höhepunkt der Modernismuskrise, Enzyklika *Pascendi* von Pius X.
4. 12. 1907	Vortrag in Bergamo: *Il Cardinale Cesare Baronio nel terzo centenario della morte*
1908	Beginn der Arbeit an der Herausgabe von *Gli atti della Visita Apostolica di San Carlo Borromeo a Bergamo (1908–1958)*
1909	Berufung zum Mitglied der Gesellschaft für Lombardische Geschichte
April 1910	Sekretär der Diözesansynode von Bergamo
Oktober 1910	Präsident der Sektion V (Frauen) der Kath. Aktion, Diözese Bergamo
12.–16. 9. 1912	Eucharistischer Weltkongress in Wien, Besuch von Mariazell

22. 8. 1914	Tod von Bischof Radini-Tedeschi
3. 9. 1914	Pontifikatswechsel Pius X. – Benedikt XV.
23. 5. 1915	Italien erklärt Österreich den Krieg
1915–1918	Militärdienst, Feldkaplan
1916	Fertigstellung einer Biographie über Bischof Radini-Tedeschi
1919/20	Spiritual am Priesterseminar von Bergamo
1921–1924	Nationalpräsident des Päpstlichen Werkes der Glaubensverbreitung
1921	Päpstlicher Hausprälat (»Monsignore«)
1922	Pontifikatswechsel Benedikt XV. – Pius XI.
1924	für ein Vierteljahr Professor der Patristik an der Päpstlichen Lateran-Universität
19. 3. 1925	Bischofsweihe in der Kirche San Carlo al Corso in Rom
1925–1934	Päpstlicher Visitator, dann Delegat in Bulgarien
1935–1944	Apostolischer Delegat in der Türkei und in Griechenland
28. 7. 1935	Tod des Vaters
1939	Pontifikatswechsel Pius XI. – Pius XII.
20. 2. 1939	Tod der Mutter
1945–1952	Apostolischer Nuntius in Paris
1953–1958	Patriarch von Venedig
12. 1. 1953	zum Kardinal kreiert
28. 10. 1958	Wahl zum Papst
1958–1963	Papst Johannes XXIII.
4. 11. 1958	Feierliche Krönung am Fest des hl. Carl Borromäus
25. 1. 1959	Ankündigung des II. Vatikanischen Konzils
26. 9. 1959	Enzyklika *Grata recordatio* über den Rosenkranz
6. 12. 1959	Besuch des Präsidenten der Vereinigten Staaten von Amerika Dwight D. Eisenhower
15. 5. 1961	Enzyklika *Mater et Magistra*

25. 11. 1961	80. Geburtstag
4. 10. 1962	Wallfahrt nach Assisi und Loreto
11. 10. 1962	Eröffnungsrede zum II. Vatikanischen Konzil *Gaudet Mater Ecclesia*
26. 10. 1962	Kuba-Krise, Friedensappell an die Führer der Weltmächte
25. 2. 1963	Empfang von Roger Schutz, den Prior von Taizé
7. 3. 1963	Internationaler Friedenspreis der Balzan-Stiftung; Empfang von Chruschtschows Schwiegersohn Adschubej, des Chefredakteurs der »Iswestja«
11. 4. 1963	Enzyklika *Pacem in terris*
15. 5. 1963	Letzte Generalaudienz im Petersdom
22. 5. 1963	Christi Himmelfahrt, letztes öffentliches Gebet *Regina Coeli* am Fenster des Arbeitszimmers
3. 6. 1963	Tod am Pfingstmontag
3. 9. 2000	Seligsprechung
27. 4. 2014	Heiligsprechung

Quellen

Johannes XXIII., Geistliches Tagebuch,
übersetzt von F. Johna, A. Scherer und M. Schätzle
© für die deutsche Übersetzung: Verlag Herder GmbH, Freiburg i. Br., 13. Gesamtauflage 1969
© Giornale dell'anima, Edizioni di Storia e Letteratura, Roma 1964

Johannes XXIII., Briefe an die Familie 1901–1962, hrsg. von Loris Francesco Capovilla, Redaktion und Auswahl von Franz Johna, übersetzt von E. Ellinger, P. Pagendarm, F. Schmal und E. Wagener
© für die deutsche Übersetzung: Verlag Herder GmbH, Freiburg i. Br., 2. Auflage 1972
© Lettere ai familiari, Edizioni di Storia e Letteratura, Roma, 1968 (hgg, Loris Francesco Capovilla)

Johannes XXIII., Erinnerungen eines Nuntius,
übersetzt von K. Faschian
© für die deutsche Übersetzung: Verlag Herder GmbH, Freiburg i. Br., 1965
© Souvenirs d'un nonce, Edizioni di Storia e Letteratura, Roma 1963

Loris Capovilla, Johannes XXIII. Papst des Konzils, der Einheit und des Friedens. Deutsche Übersetzung und Ergänzungen (Kap. VIII und IX) von Hochschulprofessor Dr. Friedrich Dörr. Johann Michael Sailer Verlag Nürnberg und Eichstätt 1963

Literatur

Leone Algisi: Johannes XXIII. Mit 20 Fotos auf Tafeln. Max Hueber Verlag, München 1960

Giuseppe Alberigo: Johannes XXIII. Leben und Wirken des Konzilspapstes. Aus dem Italienischen von Ansgar Ahlbrecht. Matthias Grünewald Verlag, Mainz 2000

Renzo Allegri: Johannes XXIII. Ein Lebensbild. Aus dem Italienischen von Stefan Liesenfeld. Verlag Neue Stadt, München 1994

Arendt Hannah: The Christian Pope (Review Essay on "the Journal of a Soul" by Pope John XXIII.) in New York Review of Books (June 17. 1965)

P. Chrysostomus Dahm: Johannes XXIII. Bildband mit einem Vorwort von Kardinal Augustin Bea, Verlag Burda, Offenburg/Baden 1961

Lawrence Elliott: Johannes XXIII. Das Leben eines großen Papstes. Ins Deutsche übertragen von Heinz Graef und Hans Schmidthüs. Verlag Herder, Freiburg i.Br. 1974

Hubert Gaisbauer: Ruhig und froh lebe ich weiter – Älter werden mit Johannes XXIII. Mit einem Essay von Ewald Volgger. Wiener Dom-Verlag, Wien 2011

Peter Hebblethwaite: Johannes XXIII. Das Leben des Angelo Roncalli. Aus dem Englischen von Wolfdietrich Müller. Benziger Verlag, Zürich, Einsiedeln, Köln 1986

Waltraud Herbstrith (Teresia a Matre Dei OCD): **Papst Johannes XXIII.** Einübung ins Gebet. Verlag Gerhard Kaffke o.J.

Wolfgang Hildesheimer: Exerzitien mit Papst Johannes. Vergebliche Aufzeichnungen. Suhrkamp Verlag, Frankfurt a.M. 1979

Cornelia M. Knollmeyer, Evaldine M. Ketteler: Lest in meinem Herzen. Exerzitien mit Johannes XXIII. Echter Verlag, 2005

Ignatius von Loyola: Die Exerzitien. Übertragen von Hans Urs von Balthasar. Johannes Verlag, Einsiedeln 1999

Giacomo Kardinal Lercaro: Johannes XXIII. Entwurf eines neuen Bildes. Mit einem Anhang Angelo Roncalli und Radini Tedeschi von Gabriele Rosa und Auszügen aus Werken Johannes' XXIII. Verlag Herder, Freiburg i. Br. 1967

Alessandro Manzoni: Die Verlobten. Aus dem Italienischen von Alexander Lernet-Holenia, Manesse Verlag Zürich 1958 (Das Zitat am Ende des Kapitels »Exerzitien mit Papst Johannes I« in diesem Buch wurde von Hubert Gaisbauer übersetzt.)

Helmuth Nürnberger: Johannes XXIII. mit Selbstzeugnissen und Bilddokumenten. Rowohlt Taschenbuch Verlag, Reinbek bei Hamburg 1985

Alexandra von Teuffenbach: Papst Johannes XXIII. begegnen. St. Ulrich Verlag, Augsburg 2005

Meriol Trevor: Pope John Blessed John XXIII. Mc Millan and Company LTd., London 1967. Neue Ausgabe by Gracewing Leominster, Herefordshire 2000

Herbert Winklehner (Hg.): Jeden Tag mit Franz von Sales. Franz Sales Verlag, Eichstätt 1997

Mitglied der Verlagsgruppe »engagement«

Bibliografische Information Der Deutschen Nationalbibliothek
Die Deutsche Nationalbibliothek verzeichnet diese Publikation
in der Deutschen Nationalbibliografie; detaillierte bibliografische
Daten sind im Internet über http://dnb.d-nb.de abrufbar.

2014

Umschlaggestaltung und Layout: Nele Steinborn
Schrift: Milo sans und Milo serif
Druck und Bindung: Theiss, St. Stefan im Lavanttal
ISBN 978-3-7022-3326-6 (gedrucktes Buch)
ISBN 978-3-7022-3356-3 (E-Book)
E-Mail: buchverlag@tyrolia.at
Internet: www.tyrolia-verlag.at

Alle Fotos im Innenteil, wenn nicht anders angegeben:
Foto Archivio Grafico & Arte, Bergamo. Die Veröffentlichung der Fotos erfolgt mit freundlicher Genehmigung von Kardinal Loris Francesco Capovilla.

Seite 112: Archivio »Raccolta Manzú« | Seite 121: Hubert Gaisbauer | Seite 155: Renato Sansaini | Seite 183: Ewald Volgger | Seite 210: ©kathbild.at | Seite 234: Luigi Chiesa

Die Übersetzungen aus dem Italienischen – soweit sie nicht den angegebenen Quellen zugeordnet sind – stammen von Hubert Gaisbauer.